农村民营金融研究

汪玉奇　詹继生 / 著

江西人民出版社

图书在版编目(CIP)数据

农村民营金融研究/汪玉奇,詹继生主编. ——南昌:
江西人民出版社,2011.12
ISBN 978 – 7 – 210 – 05033 – 9

Ⅰ.①农… Ⅱ.①汪… ②詹… Ⅲ.①农村金融－经济发展－研究
－中国 Ⅳ.①F832.35

中国版本图书馆 CIP 数据核字(2011)第 243989 号

书名:农村民营金融研究
作者:汪玉奇 詹继生 主编
责任编辑:胡滨
封面设计:关科
出版:江西人民出版社
发行:各地新华书店
地址:江西省南昌市三经路 47 号附 1 号
编辑部电话:0791 – 86898565
发行部电话:0791 – 86898893
邮编:330006
网址:www.jxpph.com
E – mail:jxpph@ tom.com web@ jxpph.com
2010 年 6 月第 1 版 2010 年 6 月第 1 次印刷
开本:880 毫米×1230 毫米 1/32
印张:11.5
字数:270 千字
印数:1 – 1000 册
ISBN 978 – 7 – 210 – 05033 – 9
赣版权登字—01—2012—15
定价:28.00 元
承印厂:江西嘉欣印务有限公司
赣人版图书凡属印刷、装订错误,请随时向承印厂调换

邬书林

　　繁荣社会科学，是建设有中国特色社会主义文化的重要组成部分。建设有中国特色社会主义文化的过程，也是社会科学研究在中国发展和繁荣的过程。积极发展哲学社会科学，这对于坚持马克思主义在我国意识形态领域的指导地位，对于探索有中国特色社会主义的发展规律，增强我们认识世界、改造世界的能力，有着重要意义。马克思主义指导下的哲学社会科学研究，集中代表着先进文化的前进方向。

　　社会科学的生命在于创造，在于创新，"若无新变，不能代雄"。新的世纪，新的千年，呼唤着社会科学的发展和繁荣，呼唤着社会科学研究的突破和创新。换言之，没有社会科学研究的突破和创新，也就没有社会科学真正的发展和繁荣。理论贵在创新，创新需要勇气，需要智慧，需要执著的追求和艰辛的探索；理论重在创新，创新需要有科学的精神、科学的态度和科学的方法；理论功在创新，只有创新的理论成果，才能探索规律、把握规律，才能启示实践、指导实践，才能认识世界、改造世界。坚持理论创新，是社会科学工作者的神圣职责和使命。

　　社会科学研究，必须坚持以马列主义、毛泽东思想、邓小平理论和"三个代表"的重要思想为指导，必须坚持理论联系实际的马克思主义学风，必须坚持"百花齐放，百家争鸣"的方针，必须坚持以我国改革开放和现代化建设的实际问题、以我们正在做的事情为中心，着眼于马克思主义理论的运用，着眼于对实际问题的理论思考,着眼于新的实践和新的发展。新世纪的世界,新世纪的中国,新世纪的江西,许许多多的新情况、新变化、新问题,许许多多的政治、经济、社会课题,迫切需要我们去探索、去研究、去解答。社会科学工作者任重道远,大有可为。

江西向为"文章节义之乡",素以"物华天宝,人杰地灵"著称。在历史的长河中,江西不但涌现出许多名扬中外的文学家、艺术家,而且涌现出不少影响古今的学问家、思想家。但是,我们不能沉湎于先哲的辉煌,而应该创造更加璀璨的未来。江西广大社会科学工作者一直在为此努力,并且取得了可喜的成绩。在世纪之交,江西省社会科学院、江西省社联大力实施"精品战略",积极组织和扶持社会科学精品力作的撰述和出版,其实现形式是:推出"江西社会科学研究文库"工程,每年拿出一笔事业经费,资助出版 10 本理论上的厚重之作。这是我省社会科学界的一件大事、好事、实事,如此年复一年,坚持下去,必将蔚为大观。

21 世纪,将是我国全面实现社会主义现代化,实现中华民族伟大复兴的世纪,也将是社会科学大发展、大繁荣的世纪。江西社会科学界的专家学者们,大家努力啊!

祝愿社会科学研究的精品力作不断问世。

目录

1

农村金融需求与民营金融

第一节 农村民营金融的内涵

　　"民营"是一个有中国特色的概念,据考证,我国首先使用民"民营"概念的是王春圃先生,他在1931年出版的《经济救国论》一书中,把民间经营的企业称为"民营",与官营相对。1942年,毛泽东在《抗日时期的经济问题和财政问题》一文中使用了"民营的经济"一词,他说:"只有实事求是地发展公营和民营的经济,才能保证财政的供给。"这里把"民营"与"公营"相对使用,是因为当时还没有取得革命胜利,根据地没有国有经济,只有公营经济,但含义上相当于国营经济。毛泽东使用的"民营"概念既包括私人经济,也包括各种合作社经济。改革开放后,在党和政府正式文件中比较早出现"民营"概念的是1995年5月《中共中央国务院关于加速科学技术进步的决定》,《决定》指出:民营科技企业是发展我国高校产业的一支有生力量,要继续鼓励和引导其健康发展。为了发展农村民营金融,首先有必要对民营金融的内涵加以讨论。

一、发展民营金融的有关理论

第二次世界大战以后,西方各国的经济取得了较快的发展,其金融发展迅速,金融体系高效运作。而为数众多的新兴发展中国家经济却发展缓慢,其金融发展滞后,金融体系低效运作。于是金融发展与经济发展的关系便引起经济学家们的关注,并取得了一些开创性的研究成果。

(一)戈德史密斯的金融发展理论

1969 年,雷蒙德·W. 戈德史密斯(Raymond · W · Gold-smith)的代表作《金融结构与金融发展》一书的出版,奠定了金融发展理论的基础。戈德史密斯从比较不同国家的金融结构入手,以长达百余年、多达数十个国家的统计资料,对金融结构与金融发展作了横向的国际比较和纵向的历史比较,从而提示出金融发展过程中带有规律性的结论。

戈德史密斯认为各国金融发展的道路基本上是一致的,差异仅在于起始点的不同。这种差异只是意味着在这同一条基本道路上按照政府(包括中央政府和地方政府)对某些金融机构的拥有及参与经营的程度有所不同而分成了两条不同的轨迹。在沿着第一条轨迹发展的国家中,实际上所有的金融机构都是由私人拥有和经营的,只是在其金融发展的后期出现了中央发行银行和社会保险组织。而在沿着第二条轨迹发展的国家中,几种重要的金融机构往往由政府所有与经营,或者是全部所有,或者是部分所有;或者是始于成立之初,或者是始于发展之后。

显而易见的是,在沿着第一条轨迹发展的国家中,金融机构的民有、民营性质十分明显,就连中央银行也往往由私人所有,只是政府对其具有较大的影响而已。在沿着第二条轨迹发展的国家中,其金融机构则往往由政府所有与经营,也就是说,国有(官有)金融是其金融的主要形式,甚至连沿第一条轨迹发展的国家中私人金融部门的核心即一部分或大部分商业银行也是政府所有的。目前沿着第二条轨迹发展的国家正在反复出现金融机构的国有化——非国有化——国有化——非国有化的循环变革。政府对金融机构的拥有和参与的程度正在逐步削弱,金融的民有化、民营化趋势明显。

从以上分析可以看出,由于政府对某些金融机构的拥有和参与经营的程度的不同,所形成的金融发展的两种轨迹正在逐步消除其差异,出现了两种轨迹的相向运动以至融合。政府对金融机构仅仅有一些监管和调控的措施,一般不拥有及参与经营金融机构,所有的金融机构几乎都是由私人拥有(民有)和经营的。

（二）麦金农—肖的金融深化理论

1973 年,爱德华·肖（Edward Shaw）的《经济发展中的金融深化》和罗纳德·I.麦金农（Ronald I Mckinnon）的《经济发展中的货币与资本》的出版,分别从不同的角度对货币金融与经济发展关系进行了开创性的研究,得出了大致相同的结论。因此,一般将两人的理论称为"金融深化理论（Financial Deepening）",或"金融压制理论（Financial Repressing）"。金融深化理论把货币理论与发展理论有机地结合起来,为发展中国家制定货币金融政策、推行货币金融改革提供了理论依据。

麦金农认为,发展中国家的经济是"被分割"的（Fragmented）。经济分割导致"市场不完全"。在金融领域表现为现代与传统并存的"二元"状态。另外,发展中国家的经济之所以欠发达,是由于"金融抑制"即可能是利率被人为地压低,或过高的通货膨胀;或二者兼而有之。这就要求政府放弃对金融业过多的干预,允许非国有化的金融机构进入,培育一个竞争性的金融体系。肖认为金融部门与经济发展是息息相关的,一国金融业处于金融深化状态还是金融抑制状态,直接会成为经济发展的动力或障碍。在落后经济中,金融业处于抑制状态,政府干预的程度似乎达到了顶峰，导致金融市场不完善。必须放弃利率限制，消除人为因素对金融市场的分割，打破金融体系内部行业垄断，大力发展各种形式的金融。

麦金农和肖都认为，发展中国家都存在着不同程度的金融压抑现象，滞缓了经济的发展，因此，应该破除金融压抑，实行金融的深化改革，扩大金融活动的深度与广度，挖掘国内闲置资金，提高金融资本存量，用现代金融机构取代资金黑市。在金融领域，充分利用市场机制的作用，放开金融市场，沟通储蓄与投资，增加投资总量和效率，增进经济发展。中国作为一个处于经济体制转轨中的发展中国家，正如金融深化理论所指出的一样，金融压抑问题较为严重。要使中国经济在体制转轨中持续发展，就必须消除各种抑制政策，开放金融业，通过发展非国有金融尤其是民营金融来克服国有金融固有的缺陷。

二、民营金融概念辨析

关于民营金融研究，学术界已经在发展民营金融的必要性和国际经验等方面取得了一些成果，但也存在一些认识上的误区以及迫切需要解决的问题，主要有：一些研究混淆使用多种民营金融概念，缺乏对民营金融本质特征的把握；对民营金融在我国金融基础设施方面的地位和作用缺乏合理定位；对发展民营金融的可行性缺乏充分论证，从而产生"大量放开民营银行"和"不宜放开民营银行"两种极端的认识；尚未形成切实可行的推动民营金融发展的战略措施。

以下从辨析民营金融概念入手，分析发展民营金融在建立金融基础设施方面的重要作用，正视发展民营金融面临的困难，研究提出稳步推进民营金融发展的政策建议。

一般来说，民营金融有广义和狭义之分。广义的民营金融是指，政府和国有企业之外的其他主体参与的金融活动。它与公营（或国营）相对应，在本质上与商业化、股份化是一致的。

狭义的民营金融是由私营资本主导参与的金融活动。当前,我们谈论民营金融问题,主要针对金融机构商业化、股份化之后有关民营资本准入的问题,因而属于狭义的民营金融概念。

然而,现存有关研究民营金融的文献中,大多混用民营金融、民间金融、社区金融等概念,没有把握民营金融的本质特征。主要问题有:

一是,把民营金融混为民间金融。

民营金融与民间金融之间,既相互联系,又相互区别。其共同点在于,参与者都是私有企业和个人。不同点在于,前者具有法定约束,有关当事人的权益受到法律和法规保护;后者则具有自发性和自主性,相关权利和责任缺乏相应的法律保护,有的甚至与地下金融或非法融资相联系。

有人提出,"民间概念是相对于国有而言的,除了国有的以外,都属于民间",并笼统地把农村信用社、农村合作基金会、合会、民间借贷、集资、典当行、私有银行、私人钱庄、互助会、储金会、各种信贷代理机构、代办人等称为农村民间金融(李丹红,2000a;2006b)。这种定义没有正确区分合法金融与非法融资。事实上,其中有的融资活动不一定在农村,再者,农村信用社具有合法地位,其合法权益受到法律保护。因此,上述概念混淆了合法金融与非法融资之间的区别。

有学者提出,通过在国有商业银行逐步退出的地区大力发展民间金融,组建地方中小银行,将有望解决金融业资源配置效率低下的问题(樊纲,2002a)。这里,将"地方中小银行"视为"民间金融"容易引起误解。也有学者提出,开放民营银行事关重大,如果没有在制度上和人才上作准备,非但败坏民间金融的名声,还会导致金融风险(徐滇庆,2002b,第2页)。在此,有关观点和主旨有可取之处,但是,概念上混淆了民营银行与民间金融的本质区别。

二是,把民营金融与社区金融相混同。

有的学者将民营银行与社区银行划等号，提出民营银行是"社区性质的民营银行""社区银行就是我们所提倡的民营银行""其准入法规采取社区银行的审批标准"等（徐滇庆，2002b，第3页，第11页）。国外的确有社区银行（Community Bank），如美国的社区银行是指资产规模不足10亿美元的商业银行，即中小商业银行。美国之所以建立8000多家社区银行，并与农村信用社相对应，主要为城市居民提供家庭存款服务。同时，社区银行为了增加收益，还与其他金融机构联合提供有关中间业务、保险产品和信用卡服务等（De Yong and Duffy，2002，p.9；p.12）。

尽管"采用社区银行的提法首先是化解阻力，为民营银行争取出生权"（张小彩，2002），但是，这种定义没有把握民营银行的本质。事实上，民营银行是与公营银行（或国营银行）相对应的一个概念。民营银行的本质特征主要不在于其社区性，而在于其私有性。当前，我们提倡民营资本的准入或民营化，主要是指其产权的私有性，而不完全在于其规模的大小。例如，20世纪90年代以来，民营银行得到快速发展的台湾省，便把民营银行定义为"官股"比率低于49%的银行（官青，2002）。印度尼西亚等国也把民营银行定义为 Private Bank，说明民营银行的本质特征在于非公经济控股，而不在于其服务的地区范围。一般来说，民营银行既可以是全国性的，如中国民生银行，也可以是地区性的。

三是，将民营银行等同于商业银行。

有人提出，民营银行中的"民营"是指，完全按照市场机制运作，建立起完善的治理结构，不受政府干预、自主经营、自负盈亏、自我约束和自我发展。民营银行除了包括由民间控股、民间经营的严格意义上的民营银行之外，还包括现有的股份制商业银行、城市商业银行、农村信用社，甚至包括国有银行（张吉光、郭凌凌，2002）。这里，将民营银行与国有或国家控股商业银行混同，不仅存在认识上的混乱，而且不利于把握发展民营金融的功能定位和政府取向。

甚至有人认为，一家国有或者国家控股的银行，如果采用规范化的经营机制，同样也是民营银行（巴曙松，2001）。这种观点把民营银行作为规模化商业银行的代名词，既混淆了民营银行与国有银行（或公营银行）的本质区别，又不利于把握民营银行的基本特征。

还有人提出，"民营银行是纯民营的，必须层层买保险才能营业"（张炜，2000）。事实上，金融改革过程中，金融机构组织形式的混合制、股份化特征日益明显，即便最初作为纯粹的民营银行也可能通过股权转让、兼并收购而出现新的股东，使之成为混合制金融机构。中国民生银行上市前参股的民营企业股东比例超过80%（张炜，2000），但是，其股权却处于动态变化中；台湾省在推行银行民营化政策上，对银行开设分支机构加以约束，对于规模较小的银行兼并收购则予以支持。可见，其民营银行的股权结构也处于变化之中。

三、农村民营金融的内涵及其特征

随着中国民营经济的快速发展，民营企业对金融业的参与越来越常见，民营金融开始浮出水面，并逐渐引起了社会各方的关注。2004年8月18日，浙商银行正式开业标志着中国民营金融发展进入快车道。浙商银行成立后不过一个多月的时间，已经吸收存款30亿元，放贷10多亿元。

目前，学术界已从几种不同的角度定义了民营金融，诸如产权结构说、资产结构说、公司治理结构说、经营者身份说等不同说法。金融业发展到今天这个阶段，历史的使命赋予了当代民营金融新的内涵。主要包括以下几个方面：

（1）经营目标的单一性。民营金融经营目标就是利润最大化，一切经营活动都应围绕这一目标展开。

（2）内部治理的民间性。民营金融应自主确立其治理结构,银行的董事会、理事会、监事会都在银行内部产生,政府对于该过程不参与、不过问,完全由民营企业自由决定。

(3)经营管理的独立性。民营金融作为一个独立核算、自负盈亏、自我激励、自我发展的独立法人经济实体,其经营决策权应完全掌握在自己手中。民营金融以"效益性、安全性、流动性"为基本原则,任何有违"三性"原则,牺牲其利益的外部干预都不能被接受。

(4)经营收益的自享性。民营金融机构取得的收益除上缴各种税费外,利润应完全由企业及其股东享有,股东有权每年获得红利或红股。它不必、也不可能再像国有商业银行那样将利润上缴国家财政。

总之,"民营金融"广义上指除国有和国有控股金融之外的一切金融组织。现阶段包括:股份制商业银行、城市商业银行、城乡合作金融和民营商业银行在内的多种混合所有制金融组织。只要经营权属于非国有、且经过注册登记的金融形式都属于民营金融,这其中有可能存在国有民营和非国有民营等形式。中国民生银行就是典型的民营金融,因为它是非国有法人正式登记注册经营的银行,但中国民生银行绝不是民间金融组织,因为一经注册登记,就代表它的设立必须符合国家《公司法》和《商业银行法》,必须服从中央银行和政府有关部门的信用控制和监督管理,它已经成为正规金融的一员。本书主要从狭义上,即从非公资本投资或控股的金融机构的角度,来研究农村民营金融。

民营金融主要特征为:①产权明晰,主要由民间资本入股组成,其中也包括一些国有资本,但不占控股地位。由于现代企业制度所有权与经营权的分离是建立在委托代理关系的基础上的,此关系须以产权明晰为条件,因此,民营银行首先是产权明晰的银行。民营金融的本质特征在于私人控股,而不在于其服务的地区范围,因此有别于社区金融。把民营银行作为规模化商业银行的代名词,既混淆了民营银行与国有银行的本质区别,又不利于把握民营银行的本质特征。②民营金融是依照《公司法》《商业银行法》等规范运作的,因此同民间金融有本质的区别,后者属于自发性和自主性操作,相关权利与责任缺乏相应的法律保护。③政府行政没有或很少干预民营金融,并由市场来选择经理人。

我国民营金融发展起步较晚,1996年,以新希望集团等民营企业为主要发起人的中国民生银行成立,这是我国第一家,也是唯一一家由民营资本控股的全国性股份制商业银行。目前民营资本拥有我国十家全国性股份制商业银行的总资产1628亿元,占股份制商业银行总资本23866亿元的6.28%。若再加上深发展、民生银行、浦发银行和招商银行四个上市银行公众股东持有的股份,民营资本拥有的股份制商业银行总资产可达3486亿元,占股份制商业银行总资产的14.6%。城市商业银行和信用社作为我国间接金融市场的重要组成部分,民营资本在其中也占有相当的股份。

第二节　农村金融需求和供给

实现农村金融供给和需求的一致性,最大限度地克服其非一致性,是发展农村民营金融的基本原则。农村金融供给,必须适应农村金融需求,因为农村金融需求决定着农村金融供给的合理性和有效性。只有把握农村金融需求的情况和特点,从满足农村金融需求出发,重构农村金融体系,才能有效发展民营金融,从而真正发挥农村民营金融对"三农"发展的支持作用。

一、农村金融需求分析

农村金融需求具有其自身的特点。农村金融需求主体可分为农户和农村企业。这两种金融需求主体各有其不同的情况和特点。

（一）农户金融需求

中国农村的基本单位是农户，即既有消费功能，又有生产功能的农村家庭。农户金融需求，是农村金融需求的主要组成部分。农村金融体系重构必须充分考虑农户金融需求，使金融供给与农户金融需求相适应。

农户金融需求，正在由需求抑制向需求扩大发生转变。农村金融抑制表现为两种形式：一种是供给型金融抑制，即由于金融机构供给不足，导致农户难以从正规金融机构获得贷款，从而造成农业投资不足；另一种为需求性金融抑制，即由于农户金融需求不足，致使农户贷款意愿不高，从而引起农村投资不足。长期以来，农村金融的确存在供给型金融抑制和需求型金融抑制两种状况，这两种形式的金融抑制相互影响，相互作用，从而制约了"三农"问题的解决，而"三农"问题不能解决，两种形式的金融抑制就必定难以解决。影响农户金融抑制的因素较多，随着农村经济和农村市场的发展，农户的金融需求抑制正在向需求扩大发生转变。农户在经济和社会转型过程中，面临着许多风险，对未来预期也存在着较多的不确定性。诸如养老、医疗、教育等问题，严重地困扰着农民的投资意愿，造成农村金融需求不足。但是，随着农村社会保障体系的不断完善，农村医疗和教育问题的逐步解决，农户的生活条件得到改善，从而其金融需求愿望将逐步增强。农户金融需求愿望的强弱，也同其投资效益高低的预期有关。与其他产业相比，农业还是弱质产业，长期处于微利状况之中，稍有不慎则可能陷于勉强保本甚至亏损的境地，农业的弱质性难以激发农户农业贷款的需求愿望。然而，工业对农业的反哺、城市对农村的支持，农业产业化发展和农业地位的改善，农业市场竞争力和农业综合效益的提高，将增强农户农业投入和农业信贷的积极性。同时，随着农村经济的全面发展和繁荣,农户将进一步分化出种养殖农户和工商专业户,他们面临着更多的产业和产品发展选择,因而也面临更多的投资方向的选择。农户根据其对投资收益的预期,可以投资于不同的产业,即使是从事种植和养殖业的农户,也可以在许多不同的产品上选择具体的投资方向。农村市场多元化和农户选择的多样性,必然导致农户金融需求非但不会减少,反而会增加。随着农村经济的发展,农户借贷规模在不断扩大,而且农户贷款发生率和户均贷款次数也在增加。

当前,农户资金存在很大缺口,农户贷款难的问题相当突出。在许多种养殖业地区,农户对农业保险的需求日益强烈,但这方面的需求难以得到满足。他们希望从正规金融机构获得贷款,但是,由于各种原因,这种贷款往往难以成功,这促使农户转向非正规金融借贷。据调查,在农户融资总量中,从非正规金融中融入的资金占70%左右。

农户的金融需求有以下特点:借款规模小,单笔借款数量少,且相当分散;借款用途可分为生活性借款、生产性借款、非常性借款,其中非正常性借款占比较大,但近几年生产性借款的比重呈上升趋势;从正规金融获得信贷的主要是较为富裕的农户,而从非正规金融获得借款的主要是较为贫困的农户;农户的抵押担保资产非常有限,难以达到正规金融的信贷要求,因而他们渴望少抵押和无抵押的贷款方式,要求借款品种和期限能与农业生产特点和周期相适,希望贷款手续简单、方便和灵活,能快速、就近、简便地贷到资金。

(二)农村中小企业金融需求

农村中小企业包括乡镇企业和大量的民营中小企业。农村乡镇企业在国民经济发展中具有重要的地位和作用。乡镇企业在中国经济增长中扮演着非常重要的角色,对国内生产总值的增长作出了重要贡献。乡镇企业对国家财政收入具有较大影响,为国家提供了可观的税收收入。乡镇企业对农村产业结构调整产生积极影响,并对国民经济产业结构的优化升级具有一定的促进作用。乡镇企业积极引进外资,发展出口创汇,成为国家外汇的一个重要来源。乡镇企业吸纳众多的农民工,为农村剩余劳动力提供就业机会,成为推进城镇化的重要支撑。除乡镇企业外,农村还活跃着数以万计的民营中小企业,其中9成以上企业是县及县以下企业,他们大多由独家农户或农户联合投资兴办。农村中小企业的发展,对于农民增收、农业增效和农村发展,具有十分重要的意义。农村中小企业发展势头良好的地区,往往是经济较为发达的地区;而农村进步和发展,又要以中小企业的持续发展为支撑。农村中小企业在创业和发展中,具有普遍的融资需求。资金是中小企业的命脉,是中小企业顺利开展经营活动的前提和保证。

　　但是,农村中小企业的发展,长期受到融资难的困扰。农村中小企业的竞争能力和盈利能力较弱,创业中的中小企业自我积累甚少,通过自身积累无法满足其资金需求。采取股票市场上市的途径来解决融资问题,对于农村中小企业来说更是困难重重。农村中小企业的融资,主要依靠间接融资,即通过银行提供信贷。农村民营中小企业的金融需求有其自身的特点。农村中小企业对贷款的需求快,来得急。中小企业生产直接受市场需求的调节,市场需求快速多变,要求中小企业的资金供给迅速适应这种变化。中小企业生产批量小,计划性不强,其产品结构和生产批量常常处于变动之中,一旦不能适应用户需求的变化,便可能失去市场机会,使生产经营受到损失。中小企业的融资需求往往具有突发性,要求迅速得到满足。中小企业融资频率高,在一定时间里要求贷款的笔数较多,这与他们的生产规模小、产品调整快密切相关。据统计,中小企业的贷款频率是大型企业的5倍以上。中小企业由于资本规模和经营规模小,因而单笔贷款的数额较为有限。中小企业信贷管理成本较高,其单笔贷款的经办程序、企业调查、项目评估、贷款使用监督等,与大型企业信贷大体相同,因此金融机构对中小企业贷款的交易成本和交易费用,大大高于对大型企业的贷款。

农村中小企业贷款渠道包括正规金融和非正规金融,向正规金融贷款主要满足其大额资金需求,而向非正规金融借款则主要满足其小额资金需求。中小企业可抵押资产不足,其设备大多简陋而陈旧,房屋破旧,自有资产不多,适宜作贷款抵押的更少,大部分符合抵押条件的资产一般都办理了抵押,因而难以通过银行融入更多资金以扩大生产经营规模。从银行角度来看,他们为维护资金的安全性,一般都要求中小企业提供资产抵押。然而由于中小企业许多资产不符合抵押条件,同时,一旦企业不能按约还贷,银行将抵押物变现,手续繁杂,关卡林立,还会遭遇到来自多方面的压力和阻力,因而银行往往不愿为其提供抵押贷款。中小企业由于规模小、负债能力弱,在市场竞争中破产率高,寿命周期短,因而信用资源较为短缺。农村中小企业往往业务历史较短,信用资源积累严重不足,信用观念薄弱,信用管理较差,与金融机构长期存在信息不对称的问题,使得金融机构在对其是否提供信贷时存在许多忧虑和担心。农村中小企业信用担保体系很不健全,许多农村地区缺乏实行市场化经营的担保机构,即使部分地区建立了这样的信用担保企业,其发挥的作用也非常有限,这无疑加大了中小企业融资的困难。中小企业在创业阶段的资金需求较为迫切,但由于缺乏信用资源,因而向正规金融信贷受到限制,这迫使他们转向民间借贷。

随着农村经济发展,农村中小企业资金需求规模在扩大。农村中小企业单笔贷款的数额较小,为了满足企业的发展,他们不得不进行多次融资。农村中不同种类企业的融资渠道存在较大差异,个体私营企业更多地向农信社和非正规金融融资,而规模相对较大的企业依赖正规金融融资的比重逐渐增加。农村中小企业融入的资金主要用于短期周转,而长期投资主要依赖于企业的内源性融资,但是短期借款制约了长期投资,这使得企业将短期借款转化为长期来使用,短期借款频繁,因而流动性风险不断增加。农村中小企业的借款逾期率较高,其中中长期借款逾期率高于短期借款,许多企业借款到期后只付息而不还本,使本金转为下一期的借款而循环使用。

(三)农业产业化龙头企业的金融需求

农业产业化是发展现代农业的必由之路,而龙头企业作为农业产业化利益共同体的核心组织,是推进农业产业化的重要发动者和组织者,是农业生产经营中抗击风险、获取效益的主体。龙头企业一般都具有较大的生产规模、一定的资金和技术实力,具有开发产品,开拓市场,开展产前、产中、产后服务的能力。龙头企业一头连着市场,一头连着千家万户的农民,能根据市场需求及当地生产条件,调整产品结构,开发主导产品,使生产与需求联系起来。有些大型龙头企业还对市场产生较大影响,甚至能在一定的时间和空间范围内发挥对市场的调控作用。龙头企业使千千万万的农户联结成具有较高效率的农业生产共同体,通过其组织能力、服务能力和抗风险能力的发挥以及共同体利益的分配和调节,吸引更多的农户加入共同体,从而使自身不断地做强做大。因此,发展和壮大龙头企业,是实现农业产业化的重大关键,也是推进农业现代化和城镇化的重要途径。我国农业产业优化龙头企业已有 3 万多家,带动农户 3900 多万户,占全国农户的 15%。不同类型龙头企业的金融需求,各有其不同特点,例如处于产业链上游的龙头企业,其融资需求规模相对较小,主要是用于流动资金周转,融资的季节性较强;处于中间产业的龙头企业,其资金需求规模相对较大,借款频率较高,由于他们拥有一定的固定资产,因而可获少量的抵押贷款;处于价值链末端的龙头企业,多为农产品加工和销售企业,其资金需求规模较大,这类龙头企业由于有一定的品牌、较多的固定资产,加上地方政府的扶持,因而在融资方面优于前二者。龙头企业通过产权交易、兼并重组进一步扩大资本和经营规模,实现直接融资的意愿逐步增强,也希望农村金融推出更多创新产品以满足其间接融资的需要。

发展龙头企业必须解决的一个重要问题,是对其提供强有力的金融支持。龙头企业具有较大的信贷需求,随着农业产业化的发展,其借贷规模将相应扩大。龙头企业只有在强有力的金融支持下,才能扩大其资本规模和经营规模,增强市场应变力和竞争力,改善经济效益,完善利益机制和运行机制,提高辐射力和凝聚力,加强并发挥其龙头作用。但是,当前龙头企业融资困难,这恰恰是制约其做强做大的重要因素。龙头企业直接融资不足,已上市的龙头企业在龙头企业中所占比重甚低,要求上市的龙头企业往往因门槛高而难以上市。在间接融资方面,由于复杂的原因,包括金融机构和龙头企业自身的原因,龙头企业的融资需求也较难得到满足。

(四)新农村建设使当前农村金融需求呈现出新的情况和特点

当前,社会主义新农村建设,正在广阔的农村地区兴起。新农村建设过程,是一个转变农业增长方式、优化农村资源配置、提高农村经济效益、促进农村全面进步、实现农民增收的过程。随着新农村建设的推进,农业产业化、农村工业化、农民新型化、贸工农一体化、城乡一体化进程将显著加快,由此将有力促进县域经济的快速发展和城乡经济的不断融合。新农村建设正在加快激活多层次、多方面的金融需求,使农村金融需求出现一系列新的特点。

农村金融需求总量将大为增加。据国家统计局测算,到2020年新农村建设新增资金需求总量约为15万亿元,其中大部分由金融机构提供。当前,农村金融需求中的小额贷款较为普遍,但是这种分散的小额借贷正在向集中的大额借贷发生转变。提高农业生产的经济效益,促进农民增收,需要加大农村金融对农业产业化龙头企业、现代农业企业和农业经济多元化、规模化的支持力度。转移农村富余劳动力,增加农民的就业机会,需要扩大对农村中小企业尤其是劳动密集性企业的信贷总额。改善农村生产条件和农民生活条件,增强小城市和广大城镇对农村劳动力的吸纳能力,需要农村金融加强对农村城镇化和农村基础设施建设的支持。农村市场体系的建设和现代物流的发展,农村生态环境的改善和农村特色资源的开发,农民素质的提高和农村科技教育事业的发展,都对农村资金的投入规模提出了越来越高的要求。在推进新农村建设中,县域工业园区和各类农村企业发挥重要的实体支撑作用,他们的快速发展将促进各类经济实体加快征用土地、构建厂房、增购设备、扩大营销,使农村资金投入随之加大。农村金融需求不仅总量规模将快速扩大,而且单笔资金需求也将由过去的数千元、数万元,增加到数十万元、数百万元乃至更大的金额。

农村金融需求结构将进一步复杂化。随着农业产业结构的优化,种植业和养殖业中传统的散养、一般性的种养项目虽然也存在金融需求,然而诸如无公害蔬菜、优质果品生产、规模化和标准化种养业将加快发展,对资金的需求将大大增加。在农户资金需求中,不仅温饱型农户在创业中存在金融需求,而且小康型农户和富裕型农户在追求一定的规模经济中对资金的需求量更大,从农户中分离出来的个体工商户和私营企业更是融资心切,其资金需求量呈加速扩大之势。随着农村产业结构的调整和优化,真正用于农业生产的资金需求虽然仍将增长,但其在农村融资总额中的比重将相对减少,而农村中小企业、农村社会化服务的各类经济组织、农村基础设施建设等方面的资金需求加速扩大,其在农村融资总额中的比重明显提高。随着新农村建设的推进,农村消费性金融需求仍将存在,但生产性金融需求日渐旺盛,这方面的供需矛盾日益突出。传统的农村流通业仍存在一定的资金需求,但现代农村物流业将加快发展,这方面的资金需求呈现较快的上升趋势。在农村产业发展的同时,农村公共基础设施,尤其是水、电、道路和小城镇建设将加快发展,这些方面的资金需求将进一步加大。

当前的农村金融需求,也呈现出地域上的特点。各地农村情况千差万别,经济发展和农民收入很不平衡,因而金融需求也存在很大地区差别。一般来说,在经济较发达、交通便利、自然资源条件较好、农民收入较高的农村地区,尤其在大中城市的城乡结合部,第二、第三产业和特色农业、外向型农业得到较快发展,因而生产性金融需求较大。而交通不便、信息不灵、农民生活水平相对较低的地区,尤其地处偏僻的山区,农民仍以农耕为主,许多青壮年农民以外出打工为主增加收入,其消费性金融需求较多,生产性金融需求相对较小,但是,这些地区依靠开发脱贫、项目致富的要求逐渐增多,因而生产性金融需求也相应增加。

社会主义新农村建设的推进,使农村金融需求种类日益丰富,不仅传统的金融服务需求在发展,而且潜在的金融服务需求不断被激活,加快转化为现实的金融需求。当前,广大农户和农村中小企业普遍要求金融机构提高资金汇兑、结算等金融服务的效率,希望享受优质的金融服务,渴求简化信贷手续,解决农村信贷难、担保难、抵押难等一系列困难。许多农户和民营企业主存在掌握更多金融知识、办理有关金融业务程序的愿望。不少农村地区希望提供非银行业金融服务,要求发展农业保险业务并将其同农村信贷结合起来。部分富裕起来的农户希望用好自己的闲置资金,产生了投资需求,购买国债和企业债券、投资股市的愿望日益强烈,希望在个人金融理财方面能得到更多更好的服务。

二、农村金融供给状况

中国正规的农村信贷,是由以下六类金融机构提供的:大型商业银行主要是农业银行、农业发展银行、农村信用社、农村商业银行、农村合作银行、邮政银行。2005 年末,这几类金融机构分布于县市及以下地区的金融网点 10.5 万个,占全部网点的84.2%;资产总额 10.8 万亿元,占金融机构资产总额的28.8%;负债总额为 10.6 万亿元,占金融机构存款总额的 29%;贷款总额为 5.8 万亿元,占金融机构贷款总额的 28%(本节数据引自韩俊等著《中国农村金融调查》)。2005 年末农村信用社、农业银行、农业发展银行的涉农贷款余额为 4 万亿元,占全部金融机构贷款总额的 19%,其中农业贷款 1.2 万亿元,占涉农贷款余额的比重不足 30%。近几年来,农业与农村相关贷款有所增加,但投入总量无显著增加,而直接投入农户和农村企业贷款的相对比例较 2002 年还有所减少。

商业银行一方面提供城市信贷,为大型企业和重大建设项目提供金融服务,另一方面又提供某些农村金融服务。大型商业银行面向农村金融市场,向数量众多且高度分散的农户和中小企业提供信贷,面临着一系列问题和风险。大型商业银行不可能一一掌握农户、工商户和农村中小企业的信息,信贷双方处于信息极不对称的状态中,从而使得大型商业银行的信贷存在很大风险。大型商业银行为了开展农村金融供给,必然在农村大量设置业务网点,大量聘用网点业务人员,因而要增加许多费用。由于大型商业银行在农村的业务量较小,经营收益较低,他们开展农村金融并不符合成本收益核算的原则。大型商业银行建有较为严格的管理制度,尤其在信贷方面设立了具体的业务程序和操作规范,要求非常严格,手续较为繁琐,这与大量农户的金融需求不相适应。由此可见,大型商业银行难以成为服务农村的主要金融机构,强行要他们成为农户中小企业金融需求的主要提供者,既不符合农户和中小企业金融需求的具体情况和特点,也不符合大型商业银行自身发展的经营特点。

随着金融改革的深化,国有商业银行在进行股份制改造、实行市场化经营方面迈出了步伐。近几年来,大型商业银行在信贷上进一步向大中城市、重点行业、大型企业倾斜,大量撤出农村县以下分支机构。大型商业银行削减农村金融供给,一方面给其他金融机构发展农村金融服务提供了更大空间,有利于农村金融组织的多元化发展;另一方面在农村金融体系还不完善的情况下,也造成了农村金融供给严重不足,农村融资相当困难等问题。但是,大型商业银行大批撤出农村县以下机构,向大中城市、大型企业和重点建设项目进一步实行信贷倾斜,又是无可非议的。金融改革要求大型商业银行建立现代金融企业制度,建立和完善法人治理结构,成为自主经营、自负盈亏、自我发展、自我控制的经济主体,实行市场化经营。大型商业银行自主确立自身的市场定位,按照"成本——收益"计算的原则,面向市场开展经营业务,在信贷上实行倾斜,从农村大量撤出县以下分支机构,应该说是符合其经营原则的。至于大型商业银行大幅缩减农村金融供给,给农村金融和"三农"发展造成了消极影响,人们不应一味质疑大型商业银行从农村撤出的合理性,也不可能要求他们重新恢复以往在农村基层的业务网点,而应在他们撤出农村后,加快建立与农村金融需求相适应的农村金融供给体系。这里应该指出的是,大型商业银行虽然从农村大量撤销了基层经营机构,但他们并未完全脱离农村金融市场,仍在从农村吸纳资金。大型商业银行在行政推动下,目前对中小企业和农户提供少量的小额信贷,但由于条件苛刻、手续繁杂及其他原因,其难以做大,这说明他们的金融供给不能适应农户和中小企业金融的需求特点。

(一)中国农业银行

在以往长时间里,农业银行的贷款主要投向农村和农业。20 世纪 90 年代中期以后,农业银行加快了对农村基础设施建设的投入,其金融网点逐步退出农村,农贷增速减缓,其业务逐渐向城市和非农产业转移。进入 21 世纪以来,农业银行大量撤并乡镇营业机构,至 2005 年只有 62% 的机构网点、51.5% 的在岗员工、34.9%的贷款分布在县及县以下,而农业贷款仅占其贷款总额的一成左右。当前,农业银行实行市场化经营,定位于服务三农和县域经济。

（二）以政策为导向的农业发展银行

政策性银行,是由政府设立,以贯彻执行国家产业政策、区域发展政策为目的,不以盈利为目标的金融机构。农业发展银行作为以政策为导向的农村金融供给机构,其资金主要用于粮、棉、油等农副产品的收购,以保证国家的粮食和其他主要农副产品的供应安全,并不与广大农户、工商户和中小企业发生信贷业务关系。2005年末,农业发展银行贷款余额为7871亿元,比上年增长了8.6%,其业务有所延伸,扭转了多年来萎缩的局面,但总体上来说仍相当狭小,没有大的拓展。粮棉收购与储备的贷款占信贷资金总额的比重仍高达98%,而其他业务却难以向农村基层延伸,至于开展面向农户和中小企业的信贷,更是力所不及。

（三）农村信用社的金融供给

农村信用社的业务主要包括:办理个人储蓄,办理农户、个体户、农村合作经济组织的存款贷款,代理银行委托业务和办理批准的其他业务。随着农村经济的发展和金融改革的深化,农村信用社在坚持发放农业贷款的前提下,逐步扩大对乡镇工商企业的贷款,增办中国人民银行批准的新业务,进一步促进城乡一体化发展。

农村信用社自成立以来,其管理体制几经变化,走过了一条曲折的道路。农村信用社的历次改革,虽然都有良好的初衷,国家为之投入了巨额资金和配套的优惠政策,但始终未能脱离行政的主导和推动,使得农村信用社带有浓厚的官办性质,难以成为真正的合作金融组织,难以成为自主经营、独立核算、自负盈亏的金融实体。2003年,国务院下发了《深化农村信用社改革试点方案》,提出了试点改革要解决两个主要问题:一是改革农村信用社产权制度,二是改革农村信用社管理体制,明确提出农村信用社由地方政府负责管理,由国家监管机构依法实施监管,农村信用社自主决策、自我约束、自担风险。为推进这次改革,国家提供了一系列支持政策,主要包括:对亏损农村信用社因执行国家宏观经济政策开办保值储蓄而多支付的保值贴付息,由国家给予补贴;对试点的农村信用社3年内减免企业所得税;发行专项中央银行票据用以置换农村信用社的不良贷款;安排专项再贷款,由省级政府统借统还;在民间借贷较活跃的地方,允许农村信用社实行灵活的利率政策。各地农村信用社在新一轮改革中,从本地区本单位的具体情况出发,选择不同的金融组织形式,但是从全局来看,农村信用社在今后较长时期内仍会存续下来,并且成为农村金融供给的重要力量。

在大型商业银行大量撤出县以下分支机构后,农村信用社成为农业贷款的主要渠道。截至2006年3月底,全国农村信用社提供的农业贷款余额达到11.67万亿元,占其全部贷款的49%,占全国金融机构农业贷款的91%。当前,农村信用社的网络基本覆盖了广大农村地区,其信贷资金投放具有较大增长,农业贷款的直接到户率超过了80%,但是,仅靠农村信用社的供给,远远不能适应农村金融需求。目前,仅有31.88%的农户能获得正规金融的贷款。农村信用社在农户存贷款活动中的存贷差额较大,对农户"惜贷"现象较为严重。农村信用社在改革中成为自主经营的主体,强调市场化经营,其资金使用出现了离乡进城、弃农支工倾向,他们在降低农业贷款比重的同时,增加非农贷款的比重,使农村资金外流更加严重。农村信用社资本充足率达不到要求,许多农村信用社的资本金率甚至为负值,经营基础极为薄弱,抗风险能力甚差,对央行的紧急再贷款和支农再贷款的依赖性很大。农村信用社历史包袱沉重,不良贷款率过高,数量巨大的不良贷款难以盘活,其大面积亏损及资不抵债的局面延续至今。农村信用社法人治理结构不够完善,加之结算手段单一,结算渠道不畅,致使其功能和作用的发挥受到许多制约。农村信用社发放大额贷款的能力相当有限,向农户和中小企业提供的小额贷款尤其长期贷款严重不足,其金融供给总量和供给结构,均远不能适应农村金融需求总量和需求结构。

（四）邮政储蓄机构

邮政储蓄机构由邮政部门投资兴办,近几年来获得超常发展,其存款规模仅次于四大商业银行居第五位。邮政储蓄机构在农村主要提供储蓄、个人汇兑等负债、结算业务,不办理发放贷款等资产业务。目前,邮政储蓄网点已近 4 万个,其中 2/3 在县及县以下农村地区,其储蓄余额从 1998 年的 3200 亿元,增加到 2005 年的 1.36 万亿元,这些储蓄资金大部分来自农村。2008 年,邮政储蓄机构已改造为邮政银行,其在农村的金融供给业务发生了相应变化。

（五）农村商业银行和合作银行

这两类金融机构是农村金融体制创新和改革的成果。2003年 3 月,全国首家股份合作制银行——宁波鄞州农村合作银行,在宁波鄞州农村信用合作联社的基础上组建,其定位于为辖区内农民、农业和农村经济提供金融服务。2005 年 6 月 30 日,全国首家省级农村合作银行——天津农村合作银行正式成立。目前,农村地区尤其是经济较为发达农村地区,已涌现出一批由农村信用社发展而成的农村合作银行,同时,农村民营金融机构村镇银行、小额信贷机构等也开始出现,他们对改善农村金融供给,正在发生积极作用。

（六）非正规金融

农村非正规金融包括民间借贷和小额信贷。农村民间借贷形式很多,主要包括向自由借贷、银背、私人钱庄、合会、典当业等。农村非正规金融非常活跃,规模日益扩大,借款额在其借款总额中占 70% 左右。关于民间借贷的情况和分析,本书另辟专章加以讨论,在此不多加赘述。

三、当前农村金融存在的主要问题

当前,农村金融体系很不健全,农村金融供给与金融需求不相适应,"三农"发展与新农村建设的金融支持力较为弱小。

(一)农村金融主体较为单一,缺乏多种所有制和多种经营形式,存在结构性缺陷结构

农村银行业缺乏多种经济成分,政府主导型的金融机构占垄断地位。农村缺少外资银行的问题姑且不论,这里所指的主要是缺少民营银行。活动于农村金融领域的公有金融机构,缺乏非公经济的进入。如前所述,作为目前农村信贷主要渠道的农村信用社,一般都缺少民营资本的大股东。许多农村信用社至今仍存在产权关系不明晰,法人治理结构尚未建立起来的问题。多元化的非银行金融机构普遍缺失,诸如多元投资的农村信贷担保公司、商业性的农业保险公司、农村投资银行、农村租赁及信托公司等,在许多农村地区处于空白状态。农村金融主体的单一性,使得农村金融力量与农村经济发展的要求不相适应,限制了农村金融市场的竞争,影响了农村现有金融企业法人治理结构的建立和完善,导致农村金融一系列深层次问题难以解决。

(二)农村金融存在功能性缺陷

农村金融机构功能不健全,农业发展银行主要依靠央行再贷款来维持运行,业务范围狭窄,功能单一,资金使用效益不高,难以承担农业政策性金融的职责和任务;国有商业银行在农村金融领域的功能明显弱化,即使农业银行的贷款也逐步从农村投向城市,业务范围向其他大型银行趋同,农业贷款仅占其总贷款余额的一成,其在服务"三农"中的主导作用,也远未充分发挥出来;农村信用社作为农村的金融组织,同农村经济的发展还存在相当大的差距。农村金融机构的不良资产规模较大,不良资产率较高,可持续发展能力较弱。农村金融缺乏风险转移与

分散机制,农村金融风险基本上集中于农村银行业金融机构,直接融资比例过小,农业保险和农村融资担保业的发展严重滞后。农村金融的功能性缺陷不仅表现为功能不健全,而且表现为功能错位。农业银行和农村信用社本是提供私人金融产品的商业性金融机构,却承担着较多的提供公共金融产品的职能。农村信用社既不具有合作性金融的性质,也不具有商业性金融和政策性金融的性质,但在实际运行中,这种"三不像"的金融机构,又似乎同时兼有合作金融、商业金融、政策性金融的功能。农村金融机构功能的错位,很容易产生将经营风险通过公共产品而外部化、侵害私人金融产品、以私人金融产品排挤公共金融产品、加大政府的财政压力等一系列弊端。

（三）农村金融供给总量不足,且金融供给结构单一,同多样性不断扩大的农村金融需求不相适应,制约了农村经济的发展

同农村巨大的金融需求相比,农村金融供给严重不足。近几年来,农村金融改革取得了许多进展,农村金融服务获得了一定改善,但是,农村经济发展的金融资源依然不足,农户和中小企业受到信贷约束普遍存在,这种信贷约束既包括有金融需求但不能获得正规金融贷款,也包括虽然得到了正规贷款,但是实际借款规模小于期望借款规模。有关调查显示,2001—2004年,在有借款需求的农户中,没有获得正规借款的农户占42%;在获得正规借款的农户中,所获借款不能满足需要的农户占35.6%。农村中小企业普遍存在信贷难问题,企业信贷获得率为74%,而获得贷款额占期望贷款额的比重仅为15.5%。

农村金融供给结构,同农村金融需求结构不相适应。随着前几年国有商业银行退出农村金融领域,农村金融市场更是出现了以农村信用社为主的单一模式,而农村信用社的业务结构长期处于以存贷款为单一内容的状况。农村金融组织结构和业务结构的单一性,加大了商业银行尤其是农村信用社的压力,不

利于分散和控制农村金融风险;直接导致了农村融资结构的单一性,使农村间接融资的比重过高,融资结构长期得不到改善。农村金融业务结构和金融工具的单一性,不仅远远不能适应现实的农村金融需求,而且难以激活农村潜在的金融需求,从而不利于农业产业化和城镇化的推进,不利于农村资本市场的培育,这对于农村金融供求双方都将造成不良影响。

(四)农村资金不断流入城市,"非农化"现象严重

大型商业银行收缩在农村的分支机构,限制县级分支机构对农村信贷的审批权,在信贷上进一步向重点城市、重点企业、重点项目倾斜;另一方面,他们在农村吸纳存款的经营活动从未停止,并将农村资金进一步投向城市。大型商业银行成为农村有限资金的吸管,吸得多而贷得少,许多县级机构甚至完全不对农户、工商户和中小企业放贷。

在大型商业银行从县域经济撤离以后,农村邮政储蓄得到长足发展。过去,邮政储蓄全部上存中央银行,相当于中央银行回笼基础贷款的一个渠道。虽然这部分资金通过支农再贷款返回农村,但返回的数额非常有限。多年来,邮政储蓄成为农村资金的最大吸管。即使邮政储蓄改变成邮政银行,如果没有有效的回流机制和有力的措施,它就很可能继续成为农村资金外流的一条重要渠道。

农村信用社是农村目前融资的主要渠道,其市场定位便是服务"三农"。然而由于农业的弱质性、农村的弱位性、农民的弱势性,农信社实行市场化运作,追求自身的经济效益,其信贷同样出现了非农化倾向。农信社对涉农大户的信贷不增反减,而对非农大户的信贷却大幅度增长。在许多农村地区,农信社已出现了"弃农支商、离乡进城"的现象。

总之,农村资金本来就有限,支农的信贷资金本来就短缺,但是农村金融机构在不断从农村吸纳资金的同时,又不断地将资金投向城市和非农产业,在很大程度上已成为农村资金的

"抽血机"。农民将这种现象称为"农村抽血,城市吃肉"。农村资金的"非农化",进一步加剧了城乡金融的失衡,加大了农村信贷的紧缺,弱化了解决"三农"问题的金融支持力,是当前农村需要解决的紧迫问题。

（五）非生产性借贷与金融机构生产性用途要求的矛盾

金融机构提供信贷,要求借贷者应有优质项目,将资金用于生产性项目的开发,并且对项目进行评估,在项目开发过程中对借贷资金的使用情况进行检查和监督,以保证信贷资金的安全性和效益性。但是,由于种种原因,农村信贷中有很大一部分并不是用于生产性项目开发,而是用于日常生活的消费方面。尤其是在广大农户的小额借贷中,用于日常消费的借贷比重更大。一般来说,农民的收入较低,增收困难,在消费方面常常会遇到一些困难,例如农户在婚丧嫁娶、治病求药及办理其他一些问题时,常常会出现支出能力不足的问题,这就使他们产生了小额融资的需求。但是,这种非生产性借贷,与金融机构生产性借贷的要求相悖,往往遭到金融机构的拒绝,而农户不得不转而求助于民间借贷。

（六）农村金融市场长期存在的三大难题,这是造成农村信贷难的重要原因

以往多年,农村信贷难一直是困扰着解决"三农"问题的因素。农村信贷难的问题长期难以解决,既有农村金融机构方面的原因,也有信贷对象方面的原因。总的来说,农村金融市场存在着以下3个方面的难题:

（1）项目评估与信息不对称的矛盾。金融机构对农户、农村工商户、农村中小企业贷款,首先要对其信贷项目进行评估。在项目评估的基础上,金融机构才能作出是否提供信贷的决策。但是,农村信贷主体和信贷对象之间,往往存在信息很不对称的情况。我国城乡社会信用体系尚未建立,个人信用系统和中小企业信用系统更是一片空白。由于缺乏有效的财务报表和数据

资料,不少中小企业为了获取贷款而不惜提供虚假财务资料,农村金融机构需要与农户、工商户和中小企业进行较长时间的交往才能收集到足够的信息,并通过信息分析来判断能否提供贷款。由于这种信贷点多面广,规模甚小,农村金融机构很难获取客户的个人活动信息和企业的真实经营信息,同时也无法承担信息收集的成本及时间,因而往往不愿为之提供信贷。

(2)农村信贷对象缺乏抵押物与金融机构要求财产抵押的矛盾。金融机构向农户、工商户和中小企业提供信贷,一般要求后者提供财产抵押,而后者由于缺乏合乎金融机构要求的抵押物而难以获得贷款。农村中小企业大多设备陈旧,厂房大多没有房产证,许多房屋是租赁的,自有资金少。许多农户的抵押品甚至是农产品和农业生产资料。抵押担保手续繁琐,双方在估价方面往往存在很多差距,评估成本甚高。抵押物变现困难,即使金融机构接受了这些抵押品,一旦借贷者还不了贷,金融机构也难以变卖这些抵押品,因为在变卖过程中,不仅手续繁多、关卡林立,而且会遇到来自各方面的阻力。

(3)农业特质风险与金融资本运行安全性之间的矛盾。金融资本其有流动性、安全性、效益性的内在特点,它在提高资金的流动性和效益性的同时,首先要保证资本的安全性。金融机构在农村开展信贷活动,同样把信贷资金的安全性放在重要位置,这是因为一旦缺乏安全性,金融机构的资金在流动中就难以获取应有的经济效益,甚至血本无归,使不良资产率增加。农业属于弱质产业,缺乏现代技术的支持,"靠天吃饭"仍占相当大比重。各种自然灾害对农业的影响极大,加之市场风险、社会风险的存在,造成了农业的不经济性特点,增加了做大做强农业经济的难度。农业的弱质性,导致了农业金融的低效性。农村金融机构为提高资金的流动性、安全性与效益性,往往规避农村特质风险,转而采取弃农支工、离乡进城的经营方略,使农村资金外流、农业信贷困难的局面难以改观。

（七）非正规金融顽强生存与难以对其实行监管的矛盾

民间借贷作为非正规金融形成，在广大农村存在远久。随着市场经济的发展，农村民间借贷日趋活跃。虽然民间借贷不具备合法地位，长期以来成为限制的对象，但是民间借贷不仅没有消失，其规模反而越来越大，形式越来越多。在许多农村地区，农户、工商户和中小企业主求助于民间借贷来解决融资问题，他们通过民间借贷的融资额大大超过从正规金融所获取的融资额。在解决"三农"问题中，民间借贷既发挥着积极作用，存在正面效应，同时也具有消极作用，存在负面影响。时至今日，农村民间借贷并未得到法律上的承认，民间借贷的有关法规还处于空白状况，加之民间借贷大多"沉入水底"，进行暗箱操作，从而给金融监管造成了极大困难。当前，农村非正规金融虽有其存在的合理性，但又不具备存在的合法性；在解决"三农"问题方面虽具有积极作用，但不能对其加以扶持；其消极作用和负面影响虽显而易见，但又难以对其实行规范和监管，这是完善农村金融体系需要认真研究和解决的一个现实难题。

第三节　发展民营金融以适应农村金融需求

农村市场经济不断向深度和广度发展，农村金融需求的发展变化，客观上都要求发展农村民营金融，以提高农村金融的有效性和适应性。但长期以来，人们对发展民营金融存在着种种认识上的误区。消除这些误区，才能使农村民营金融真正发展起来。

一、发展民营金融是农村市场经济的客观要求

许多论著认为，由于公有金融的力量不足，所以才需要非公经济进来补充。在金融业对外开放中，人们又认为，由于允许外

资进入中国金融业,因而也应允许国内非公经济进入金融领域。笔者认为,以这些观点解释民营金融存在的原因,从某个角度、某种层面看是正确的,但存在表面性和片面性,并未揭示出民营金融存在的内在深层原因。不论何种形态的市场经济,都要求多元化、多层次的金融资本,同多元化、多层次的产业资本相互适应。两者的结构性失调,必然导致经济结构的失衡。只要存在市场经济,就必然存在多元化的金融企业。中国的社会主义市场经济已经驶入快速持续发展的轨道,同时,产业资本的多元化,客观上要求金融的多元化。金融的多元化,不仅表现为金融市场和金融工具的多元化,而且表现为金融主体和金融所有制结构的多元化。非公经济进入金融领域,发展包括非公有制经济在内的多种所有制金融企业,本来就是社会主义市场经济的题中应有之义。非公有制经济不仅发展于第一产业和第二产业,而且存在于第三产业的金融领域。中国仍处于并将长期处于社会主义初级阶段,即使未来农村市场经济达到了相当发达的水平,非公经济仍将不可避免地存在和发展。缺乏非公经济进入的金融,是不完善的现代金融;缺乏多种所有制金融企业的市场经济,则是不完善的社会主义市场经济。至于金融业的对外开放,本应以对内开放为基础,是对内开放的必然趋势,而不是相反。发展农村民营金融业,在对内开放的基础上稳步推进对外开放,理顺两者的关系,实现两者的良性互动,也是社会主义市场经济的内在要求。

在社会主义市场经济中,价值规律和平均利润率规律的作用,促使资本在实体产业部门和金融产业部门之间流动。价值规律通过竞争规律为自己的作用开辟道路。在竞争规律的驱使下,不仅公有金融机构之间将展开竞争,而且非公经济也势必进入金融竞争领域,同公有金融机构展开竞争,以打破国有金融机构一统天下的垄断格局。供求规律是非公经济进入金融领域的直接动力。中国农村长期面临着资金需求巨大而资金供给不足的矛盾。对于民营经济来说,资金供给的巨大缺口日益成为制约其发展的瓶颈。资金供求规律吸引着非公经济进入农村金融领域。作为非正式金融的民间借贷,虽然长期成为人为限制和打压的对象,却依然顽强地存在,活跃于农村金融领域,并呈现出规模不断扩大之势,这是市场经济规律作用的必然结果。由此可见,非公经济进入金融领域,是市场经济规律的客观要求,人为地阻碍其进入,与市场经济规律的要求是相悖的。

二、发展农村民营金融是提高农村金融适应性和有效性的必然选择

有效性低、适应性弱,是长期以来农村金融存在的两个相互联系的深层次问题。提高农村金融适应性和有效性,关键在于构建与金融需求相适应的农村金融组织结构,形成多种所有制和多种经营形式的农村金融体系。积极稳妥地发展农村民营金融,便是提高农村金融适应性的必然选择。

农村金融的有效性,是指农村金融机构通过向农村金融需求主体有效提供金融产品和服务,满足后者的金融需求,促进农村经济发展,在此过程中提高自身的金融效率。

农村金融的有效性,包括两个方面的含义:其一,农村金融产品供给的有效性。农村金融机构必须提供有效金融产品,才能使其运行得以继续和深化,如果供给无效,则金融有效性便无从谈起。其二,农村金融机构提供产品后价值实现的有效性。如果金融需求主体通过使用金融产品和服务,能有效地发展经济,创造良好的经济效益,则农村金融机构便拥有相应的优质资产,能获取预期的效益,其金融有效性便提高;反之,金融需求主体在使用金融产品和服务后,却因种种原因产生经营失效甚至出现了亏损,本息逾期难以归还,则金融机构由此多了一分不良资产,其金融有效性便降低。至于金融需求主体逃废债务,则会使金融机构血本难归。

当前,农村金融的一个基本特点是低效性,其主要表现为:农村金融机构推出的某些产品,难以为客户、中小企业所接受;而农户、中小企业企盼和欢迎的产品,农村金融机构又难推出来。许多农村经济主体对信贷资金的使用缺乏效益,还本付息存在问题,使农村金融机构的不良资产增加。农村金融机构的信息成本和交易成本较高,农村金融效益远低于城市金融效益。农村金融低效性的原因很多,归纳起来,一是农村金融机构自身的原因,主要包括农村金融结构不合理,金融机构管理水平不高、创新能力不强、经营机制不活等。二是农村经济较为落后,农业经济存在较高风险,农民收入总体较少,农村经济实体的规模化经营水平较低,农村制度尤其是土地制度对农村金融产生抑制作用,农村社会信用体系不完善等。

农村金融低效性,给农村经济金融发展带来了诸多问题。低效性使得金融机构的生存和发展能力衰弱,导致许多农村信用社陷于资不抵债的困境,而追求利润最大化的商业银行纷纷撤离农村金融市场,转而进入城市金融市场,即使是定位于服务农村的商业银行和信用社,也减少了不少支农业务。农村资金供给原本就存在巨大缺口,但低效性使得农村资金大量外流,这对于农村经济无疑是雪上加霜。农村亟待形成多种所有制和多种经营形式的金融体系,然而低效性却增加了非公资本进入农村金融业的忧虑。低效性给农村经济实体造成许多困难,农户和中小企业向正规金融机构融资困难重重,这迫使他们转向高利率的民间借贷,从而增加了他们的生产成本。农村金融的低效性加重了农村经济低效性,而农村经济低效性又使农村金融难以摆脱低效性的困境。

提高农村金融有效性,不仅是农村金融发展的重大课题,而且是解决"三农"问题的迫切需要。农村金融改革和创新的目标,在很大程度上便是提高农村金融效率,增强农村经济发展的金融支持力,实现两者的良性互动和相互促进。

农村金融适应性,是指农村金融供给与农村金融需求相互适应。农村金融适应性包括两个方面的内容:一是总量的适应性,即农村金融供给总量,与农村金融需求总量相互适应;二是结构的适应性,即农村金融供给结构,与农村金融需求结构相互适应。

农村金融有效性与农村金融适应性,是相互促进、相互制约的。农村金融有效性,既是对适应性的检验,又是提高适应性的动力,它透视出农村金融适应与否及适应程度,为提高适应性提供推动力。适应性是有效性的基础和前提。农村金融与农村经济相互适应,农村金融供给与金融需求相互适应,才能提高农村金融有效性。农村金融曾出现过一些奇怪而有趣的现象:国家为提高农村金融有效性,设立了政策性金融、商业性金融和合作性金融构成的农村金融体系,但是,这三类金融机构并未解决农村金融需求的缺口问题,而农村民间借贷在满足农村金融需求方面,却表现出了较强的有效性,农户融入资金的70%是通过民间借贷而实现的;大型商业银行出于支农考虑推出了小额农贷产品,但是这一产品却难以做大做强,小额农贷甚至贷不出去,而另一方面农户和中小企业融资心切,农村资金需求缺口呈扩大之势;大型商业银行出于有效性考虑,纷纷撤出农村县以下机构,而民间借贷同样由于有效性原因,反而规模越做越大、形式越来越多。究其原因,主要在于大型商业银行的金融供给,不适应农户和中小企业的金融需求特点;小额信贷虽有创新之名,但其限制太多、要求过严,手续甚繁,因而与农户金融需求相背离;民间借贷虽不具备合法地位,但由于其适应农户和中小企业金融需求,因而效率较高,发展较快。由此可见,农村金融适应性是有效性的决定性因素。

长期以来,农村金融存在许多弊端,然而根本性问题,在于金融供给与农村金融需求不相适应,由此派生出许多具体的矛盾和问题。农村金融体制几经改革,但由于未将适应农村金融需求作为基本依据,而是在自上而下的行政推动下,对原有的适应性颇弱的金融供给框架予以小修小补,因而问题未能根治,甚至不相适应的程度有增无减。例如,农村信用社的改革,陷于中央政府与地方政府的相互博弈中,囿于双方对农村信用社的修补成本的分摊,而农村金融需求主体即农户和中小企业未被纳入其中,适应性原则未被置于应有的位置,致使农村金融的适应性难以提高,有效性自然也就难以增强。

随着农村经济发展和新农村建设推进,不仅农村金融需求总量快速扩大,而且农村金融需求结构日益丰富;不仅现实的金融需求更为强烈,而且潜在的金融需求被不断激活,并加快向现实的金融需求转化。多元化、多层次性的农村金融需求,客观上要求多元化、多层次性的农村金融供给与之相适应。

当前农村金融恰恰存在两种不适应性,即总量的不适应性和结构的不适应性。我们只有提高这两个方面的适应性,才能从根本上提高农村金融的有效性,增强农村经济发展的支持力。

提高农村金融的有效性和适应性,关键在于构建合理的农村金融结构,尤其是所有制结构。在农村金融研究中,人们较为关注的是农村金融总量增长,尤其是农村信贷总量增长。但是,农村金融所有制结构问题绝不能被忽视。农村金融所有制结构,是指农村金融组织体系中各个组成部分和种种构成要素的数量比例、空间分布、相互作用、相互配合的状态。

当前,农村金融供给结构与需求结构存在许多矛盾。农村金融的结构性缺陷主要表现为:随着农村经济发展,农村金融产品需求越来越呈现多样化趋势,潜在的金融需求被加快激活,而当前农村金融产品供给却十分单一,几十年一贯制的"存贷汇"产品结构,同日趋复杂的金融产品需求不相适应。农村金融行业单一,主要是银行业,非银行金融业缺乏,其供给远不能适应农村金融需求。农村银行业存放类资产占比过高,贷款类资产占比较低,长期贷款类资产比例尤低,证券和保险类资产的比重甚微,投资类资产不断萎缩。农村金融属于银行业占绝对主导的模式,基本上是一种间接融资,不能满足农村企业尤其是农业产业化龙头企业直接融资的需要。农村公有金融垄断着农村金融市场,大型商业银行的金融供给难以适应农村金融需求的特点,而能适应农村金融需求特点的非公金融,"只听楼梯响,难见人下来"。

农村金融结构,包括许多具体的子结构。根据农村金融需求当前情况和进一步发展的客观要求,我们应通过构建以下子结构,达到农村金融整体结构的合理状态。一是完善农村金融产品结构,不仅要在资产抵押贷款、关系融资等方面创新产品,而且要在资本市场投资、农业保险等方面,推出非银行业金融产品。二是构建合理的农村金融资产结构,农村存款类金融机构应降低存放类资产比重,增加贷款类资产比重,扩大中间业务和投资业务,适当提高投资类资产的占比。三是逐步改善农村融资结构,在继续扩大间接融资量的同时,大力提高农村经济规模化、市场化、股份化和证券化程度,大力培育农村资本市场,通过股票上市、发行企业债券等形式,扩大直接融资的比重。四是构建合理的农村金融行业结构,在继续壮大农村银行业的同时,积极发展农村非银行金融业,包括农业保险业、农村信用担保业,创造条件逐步建立农村投资银行业,相应发展农副产品期货业、农业资产评估业、产权交易业、信托投资业、租赁业、典当业等。农村金融结构中一系列子结构的调整和优化,都同所有制结构密切相关。换言之,农村金融所有制结构,是农村金融结构的基础性结构,对其他种种子结构的调整和优化具有重大影响,产生重大作用。因此,要高度重视构建合理的农村金融所有制结构,在公有金融为主导的前提下,积极稳妥地发展民营金融,支持非公资本进入农村金融领域,形成投资主体多元化格局。

解决农村金融供给总量与金融需求总量的矛盾,单靠公有金融的力量是不够的,而必须支持非公资本进入农村金融业,发挥农村民营金融的生力军作用。提高农村金融的适应性和有效性,同样要求发展民营金融,建立多种所有制的农村金融体系。以农村银行业来说,农户和工商户的信贷,具有单笔数额小、项目分布散、借贷时间短、申请频率高、要求提供及时、缺乏抵押条件等特点。农村中小企业的信贷,也具有借贷规模不大、借贷要求紧迫、借贷频率较高、抵押资产不足等特点。显然,大型商业银行和外资金融企业从事这类借贷,并不具有经营优势,同时,他们出于信息不对称、借贷成本高等方面的考虑,往往不愿意开展这类借贷业务。民营金融机构则不同,他们在服务民营中小企业、农村个体户和专业户方面,具有自身的优势。民营金融机构的资本规模较小,更适宜开展小额借贷业务,通过高频率的小额信贷,将这一品牌做大,从而积小胜为大胜,聚小利为大利。农村民营金融机构对所在社区的情况较为熟悉,同当地农村经济的联系较为紧密,从而更有利于解决信贷中的信息不对称问题,增强农村金融的适应性,提高资金的流动性和安全性。

35

三、走出几种认识误区

以往多年,在计划经济体制下,农村金融是公有金融的一统天下,使农村金融业成为非竞争性行业。在农村经济和金融转型时期,金融垄断的思维模式仍然根深蒂固,长期形成的金融利益格局依旧不变,不易消除发展民营金融方面存在的诸多认识误区,从而阻碍了多种所有制金融企业的建立与发展。

误区之一:金融是高盈利性行业,发展多种所有制金融企业,会使肥水流入非公有制经济之田。长期以来,非公经济被排斥于金融领域之外,几家国有商业银行垄断金融,其经营规模很大,利润总量较多,却掩盖了利润率水平并不高的事实。在市场经济条件下,金融业属于利润率水平较低的行业。金融企业若经营不善,便随时可能发生亏损。就农村金融而言,大型商业银行在深化改革中大量撤销县以下分支机构,农村信用社在长期经营中竟有半数以上的机构资不抵债,其原因甚多,而其中一个重要原因,便是农村金融市场具有低效性,农村金融业的利润率水平较低。至于非公经济进入金融领域并获取了一定的利润,这是利国利民的好事。非公有制金融企业在自身获利的同时,也为国家提供了相应的税收,同时为提供就业机会、启动民间资本、解决中小企业融资困难等问题作出了贡献。担心非公经济在金融领域盈利而排斥其进入,力图以垄断利润来维护公有金融企业的利益,其结果只能损害农村经济和金融的发展。

误区之二:金融是个低风险领域,只要进入金融领域便能坐收稳定的收益。因为金融业风险低,所以非公经济不能进入,这显然有失公平。其实,金融是个充满风险的领域。金融业作为特殊的高风险行业,是存款人与借款人之间的中介。金融机构以吸纳的存款来发放贷款,如果贷款收不回来,存款人到银行挤提存款,而银行一旦无钱支付,就会发生支付危机,甚至导致破产。金融危机有一个重要特点,就是一家金融机构出现危机,则很容易引起连锁反应,很可能引发系统性的金融风波。开放性的金融市场中,金融风险无时不在,无处不有。在国际金融中,一国金融危机引起国际区域性金融风波的事例屡见不鲜,大型金融机构无力抵御金融风险而破产的现象频频发生。为控制金融风险,一国政府对大型金融机构实行特别的支持政策,以助其度过危机,这不能说明金融机构没有风险,而恰恰说明金融风险不仅可能引起中小金融机构的倒闭,而且可能导致大型金融机构的覆没。非公经济进入农村金融领域,完全是风险与收益并存,困难与希望同在。中国有些大型金融机构在以往长时间里不良资产率过高,资本充足率甚低,如果不是国家承担部分历史性亏损并采取巨额注资等支持政策,他们早就存在破产的可能。在我国农村金融中,农村信用社就出现过大面积的亏损,政府为此而大量注资。在新一轮农村信用社改革中,国家对农村信用社采取减免所得税、减征营业税的优惠政策。除此之外,中国人民银行还采取两种方式给予资金支持:一是安排部分专项再贷款,其利率按金融机构准备金利率减半计算;二是发行央行票据,用以置换农村信用社的不良贷款和亏损挂账。至 2004 年底,8 个试点省市社发行了央行专项票据 361 亿元,财政部门共核定保值贴补息 29.2 亿元,如果农村信用社改革全都完成,仅中央政府的投入资金就要达到 1000 多亿元,地方政府的投入尚未计算在内。如果没有政府资金投入,许多农村信用社就很可能关闭。由此可见农村金融风险之大之多。农村民营金融机构完全实行自负盈亏,并将遵守严格的退出标准,一旦他们出现损失,政府不可能为其承担经济责任,也不可能为其注入资金。

误区之三:发展农村民营金融,将引发农村金融的恶性竞争,从而导致农村金融的损失。不言而喻,发展农村民营金融,的确会促进金融竞争。农村金融体制改革的目标之一,便是打破金融垄断的格局,建立良性竞争的环境。开展金融竞争,是金融领域不可阻挡的洪流,是强化农村金融竞争力的必由之路。实践证明,金融垄断只会弱化农村金融企业的生机,降低农村金融的竞争力。至于金融企业的恶性竞争,这同非公经济的进入并无必然联系,而同金融监管、金融宏观调控、金融微观基础构建等密切相关。通过完善金融监管体制,提高金融宏观调控水平,构建良好的金融微观基础,搞好各类金融机构的市场定位,建立和完善农村金融的适度竞争和相互合作机制,农村金融企业之间的恶性竞争是可以控制和避免的。

误区之四:金融是现代经济的核心,发展民营金融会影响经济和金融发展的稳定性。金融之所以是现代经济的核心,主要是因为金融在资源配置中发挥核心作用,促进储蓄向投资的转化,引导生产要素的流向和流量,是调控宏观经济的重要杠杆。发展民营金融有利于农村金融市场的发育和完善,有助于金融资本规模的扩大和资本结构的改善,农村民营金融机构更能把对宏观经济调控政策的执行,建立在对自身利益关心的基础上,使宏观调控传导机制更为灵敏和健全。这一切,都有利于增强现代经济的核心力和金融竞争力,从而能促进农村经济稳定持续的发展。尤其要看到,"三农"问题不解决,中国经济的稳定发展就缺乏牢固的基础。发展农村民营金融,对于完善农村金融体系,强化农村金融的服务功能,促进农村金融供给与金融需求相互适应,加快社会主义新农村建设,从而对于促进经济全局的稳定发展是有利的。诚然,农村民营金融机构在运营中,会出现某些盲目现象,但是,公有金融机构不也是出现过不少盲目行为吗? 农村民营金融机构的某些盲目行为,可以通过金融监管、宏观调控和金融司法等途径加以解决。

未能从社会主义市场经济的内在要求和市场经济规律的高度,认识非公经济进入金融领域的必然性,是产生以上认识误区的重要原因;而长期以来形成的金融领域里的利益格局,则使不少人金融垄断的思维模式相当顽固,难以走出这些认识误区,因而对非公经济进入金融领域往往持抵触的态度。在农村金融和经济转型的今天,只有解放思想,转变观念,走出各种认识误区,才能真正支持非公经济进入金融领域,加快建立和完善多元化、竞争性、功能强、效率高的农村金融体系。

第四节　农村民营金融的作用

一、民营金融的优势使其能更好地为新农村建设服务

（一）民营金融在满足农民资金需求方面具有天然优势

民间借贷之所以在政策抑制下仍能长期存在和发展,并占据农村金融市场的重要地位,根本原因是在满足农民资金需求方面具有天然优势。一是管理层次较少,与地方经济联系密切,信息反馈灵活,金融交易成本低,因而更适合以乡镇的中小企业

和种植大户为服务对象,便于从事零售业务,发挥国有大银行不可替代的作用。二是民营金融可以凭借灵活机制,进行技术、业务、管理、市场开拓等方面的创新,针对农村中小客户的不同需要设计不同的金融服务种类。

(二)民营金融通过关系放贷特点明显

民间借贷多以亲缘、社缘、族缘、地缘关系为基础,借贷双方信息对称,交易成本低,利率灵活多样,设限条件简单,操作便利,赖账不还的现象很少出现,多以信用放贷为主。同时,民间金融所具有的天然契约信用优势是现有金融机构所无法比拟的。一是在农户居住集中的区域民营金融就能存在,而且大银行不可能生存的较偏僻地区,民营金融企业也可以生存。二是通过关系放贷,民营金融企业获取信息的成本和对客户的监督成本较低,这是由于民营金融企业对客户的经营和发展、资金使用、生产技术、产品前景以及收益等情况比较了解,容易搜集有关信息。三是民营金融企业没有复杂的放贷审批程序和较高的放贷标准,通过关系放贷过程中的严密监督,信用较差的客户也可获得贷款,且不需要抵押要求。四是民营金融企业放贷的数额不大且周期快,采用分散放贷的方式容易控制放贷风险。五是运用关系借贷模式可降低放贷成本。在民营银行与农户建立关系初期放贷利率水平较高,随着关系的延伸利率会相对降低。特别值得肯定的是,民间融资的形式有了跨越式的发展,即原来以无组织的民间借贷为特征,主要表现形式为私人之间借贷、企业间借贷和集体集资;而现在以民营金融为特征,主要表现形式为信息公司模式、互助基金会模式、当铺模式和其他组织模式(如地下钱庄),开始由粗放型向集约型的转变,使民间融资具备了银行的雏形,建立民营银行已是水到渠成。

(三)民营金融企业在体制机制上的优势

如果把民营金融纳入中小银行的范畴比较研究,优势更加明显。我国现有的中小银行基本上是官办的,暴露出不少问题。一是组织构架和管理层中官本位特征明显,不能充分体现银行内部应具有的相互协作、必要的监督和制约的特征,对主要责任者和职员缺乏有效的监督和激励机制,不利于规范运作。二是经营运作模式比较落后。我国中小银行的经营管理模式主要是从国有大银行继承过来的,大银行做什么,中小银行也跟着做什么,没有自己专有的金融产品,竞争力不强,经营成本较高,业务量减少,没有发挥出中小银行的真正优势。三是缺乏有效的贷前决策和贷后监督体系,银行寻租行为盛行,造成贷前的逆向选择和贷后的道德风险增大,导致银行的不良贷款降了又增。以上这些弊端和缺陷,都可以在民营金融得以控制和解决,因为民营金融具有先天长处。其一,具有体制上的现代性。民营金融企业具有现代公司的产权属性,投资人既是所有者,又是经营者,两权合一,产权清晰,权责明确。其二,具有机制上的灵活性。民营银行布点设网完全以市场为导向,不受行政区划的约束,可以大胆地开发金融新产品,服务于不同的需求者。其三,具有信用上的创新性。民营金融的信用渗透能力非常强,工、农、中、建银行"瞧不上"的蛋糕,它都可以拿来吃,具有"填空"作用。其四,具有管理上的民主性。民营金融具有民主管理的先天性,这是因为民营金融的自有资金(股本)是通过民主化程序融资而形成的,其出资人同时又是管理者和风险承担者,这就决定了原始股东在成立之初便达成了经济契约关系,具有完全意义上的劳资结合色彩,利益共享、风险同担。经营者要竭力保护自身投资者的权益,包括他们作为股东的知情权、表决权、分配权以及获取真实、准确、及时信息的权利,建立起贷前民主决策和贷后民主监督的管理体系,有效杜绝以权放贷和权钱交易现象发生。

二、民营金融企业的建立有利于农村金融市场的公平竞争,推动农村金融体制的深化改革

发展民营金融,有利于促进农村金融市场的竞争和对竞争

的管理,最终将推动国有金融深化改革。经济理论和实践都反复证明,垄断性越强,竞争性就越弱。只有出现了大量生机勃勃的民营金融企业之后,国有金融企业才会真正感到竞争的压力,才能从比较中认识到自己的差距,努力提高服务水平。较之于国有商业银行,现存的股份制银行已有了一些改进。然而,大多数股份制银行的内部结构、营运方式、决策过程等都在不同程度上受到国有商业银行体制的影响,甚至主要经营者都是从国有大商业银行调去的。如果能够建立一套行之有效的规章制度,有可能使得新建立的民营金融企业摆脱不必要的行政干预,更加适应市场竞争。

发展民营金融,是对我国金融体制改革的一种新突破。民营金融企业总体上能摆脱各级政府对其经营的干预,从产权结构上和经营体制上充分保护自身自主经营,按市场经济的客观规律发展,对国有金融体制改革的推动和示范意义将会非常显著。同时,民营金融企业在发展过程中可利用兼并收购等方式实现规模扩张,这十分有利于化解目前我国部分中小金融机构存在的风险,为国家减轻负担和维护金融稳定作出一定贡献。

三、发展民营金融企业有利于调整和完善农村金融组织结构

构建科学的符合我国国情的金融组织体系,必须是大中小银行、国有和民营金融企业并存。这是因为:在市场经济条件下,商业银行等金融企业的规模大小,必须与整个社会经济发展水平相适应。依据我国目前农村经济发展水平,不同地区的经济发展存在较大差距,且整体水平低、层次多、地方性强,重视和鼓励发展适合各地区经济发展状况的多层次、多元化和多种所有制形式的中小金融机构是完全必要的。

民营金融机构的产生和发展,进一步完善了金融机构组织体系。改革开放以来,我国的金融体制改革取得了一定的进展,初步形成了以中国人民银行为领导,国有独资专业银行为主体,

多种金融机构并存的金融组织体系。但就总体而言，为国有企业服务的国有金融机构占据绝对垄断地位，民营金融机构的数量和规模微乎其微，致使多种所有制的经济成分得不到多种所有制的金融服务配合。而民营金融的发展壮大在一定程度上改革了传统的国有金融一统天下的格局，形成多层次、多种所有制的金融机构共存的新局面，从而弥补了原有金融机构体系的不足。民营金融机构的发展，多种所有制的金融机构体系的逐步形成，将推进我国农村经济的货币化和工业化程度，改变非国有经济以往内源融资占主导地位的融资结构，使其获得充足的外部资金来源。

四、发展民营金融能促进新农村建设

金融体系的模式选择一定要服从和服务于实物经济中产业部门发展的需要。我国金融体制改革，确实强化了城市金融服务功能，但却旁落了农村金融服务功能，没有激活农村经济，使农村的融资环境并未得到应有改善。"包产到户"的农业经营模式发展了30多年，但由于城乡"二元结构"的矛盾突出，加上体制机制政策等多方面的原因，致使农村缺乏投资，农业发展缓慢，农民无力消费，"农村贫穷、农民困苦、农业落后"的状况没有根本改变。农村金融服务是贫困农民寻求发展的重要支持，投资和消费将是新农村建设的两大主线，解决"三农"问题的根本措施仍然在于搞活农村金融，加强信贷支持。

"三农"问题的核心在于增加农民收入难。究其原因，一方面是由于农民劳动创造的价值无法通过市场交易得到真正体现，另一方面是农民融资困难、农业经营落后制约着农村发展。

在财政支农方面，2005年仅中央财政用于"三农"的支出就超过了3000亿元，2006年中央继续加大财政支农力度，加快新农村建设，一是全面取消农业税。从静态看，这无疑是惠农的重大举措，但从动态看，中央的政策效应已被迅猛上涨的农资价格

所抵消。二是积极推进农村综合改革试点,加大财政转移支付力度。三是完善并加强"三补贴"政策,13个粮食主产省(区)的粮食直补资金分别再增加10亿元,全部达到本省粮食风险基金总规模的50%。表面看数额可观,而落到农民手上则微乎其微。据调查,2004年兰州市区农民每亩地得到粮食直补2元左右,2005年也只有3元多一些。四是积极支持农业综合生产能力建设,重点支持农村"六小"工程等项目建设。我国上世纪六七十年代大兴农田水利建设以后,农业基本上依靠农民自主经营、自我发展,国家欠账太多太大。五是将新型农村合作医疗改革试点范围扩大到全国40%的县(区),中央和省级财政补助标准分别由10元提高到20元,这在西部的一些省份配套资金很难落实。六是继续加大对农村公共卫生、义务教育、科技发展、环境设施、便民服务和文化设施建设项目的支持力度。以上后几条规划,需要庞大的支出,尽管国家的财政支持将达到前所未有的力度,但是仅靠各级财政的刚性投资仍然难以有效推动新农村建设。

在银行支农方面,目前我国农村金融体制总体上由政策属性的中国农业发展银行,商业属性的中国农业银行,合作属性的农村信用社、农村商业银行和农村合作银行以及便民属性的中国邮政储蓄银行组成。表面上构成了完整的农村金融体系,但实际上这几个金融部门都由政府主导建立,功能定位不清,在许多方面管得既严又死,对"三农"的支持形似神非,根本不能满足农村金融市场的需要,甚至制约了农村金融的改革发展。表现在:农业发展银行专营农副产品收购资金的供应和管理,主要服务于粮棉油购销企业,业务范围太窄,随着粮棉购销全面市场化,其作用也大大减弱,对农业发展的支持不足。农业银行日渐收缩县及县以下业务,机构和网点大幅度减少,而且贷款权限上收,资金大量流入城市,其在农村的金融主导地位不复存在。农村信用社商业化趋势明显,加之资产质量不佳并缺乏政策环境的支持,其帮农、扶农的作用也成了一句空话。邮政储蓄银行只存不贷的缺陷导致农村资金大量流向城市,农村得不到基本的金融服务。可见,农村正规金融的整体功能已经无法满足农村经济发展的需求。

此外,农村民营金融存在的形式灵活多样,适应了农村经济主体多样化的需求。现阶段我国农村民间金融十分活跃,主要是那些处于央行或银监会监管之外的金融交易和存贷款行为。表现形式包括合会(标会、轮会、摇会、抬会等,国外称为"轮转基金");民间借贷(无组织的民间自由拆借活动);集资(生产性、公益性、互助合作办福利等集资);农村合作基金(1999年被撤销,但在部分地区转入地下经营,类似于地下钱庄)。同时,农村民营金融已占农村借贷市场的很大份额。据国际农业发展基金的研究报告,中国农民来自非正式市场的货款大约为来自正式信贷机构的4倍。农业部经济研究中心数据显示,2003年农户户均借款来源中,私人借款占71%。东部地区农户81%的信贷资金来源于民间金融,中、西部地区农户也分别有76%和60%的信贷资金来源于民营金融,民营金融以绝对的优势占领农村借贷市场。有需求就应该创造供给,自发存在的东西必有其合理性。我们不能只停留在研究为什么农村民间金融具有旺盛的生命力,而应当探索新路,组织和汇集民间金融的力量为"三农"服务,这条新路就是创设新农村民营银行。

五、有利于提高农村金融监管的水平

民营金融中很可能会出现各种问题,不出问题就没有发展,现在许多问题不解决的原因就是怕出问题。出问题是正常的,出了问题才给我们提供机会去完善体制和制度,完善法律。管理者的成熟不是天生的,是随着问题的解决而形成的。政府对市场的管理水平,是随着市场竞争的展开而逐步提高的,管理者只能随着被管理者的成长而成长。只有市场竞争主体发展了,

竞争存在了、展开了,管理者才会知道问题出在什么地方,应该管什么、怎么管,金融监管的水平才会提高。当然并不是说在发展过程中什么问题都要经历一遍,我们完全可以利用"后发优势"学习和借鉴发达国家的经验,使我国的制度一开始就处于一个较高的水平上,少走弯路,加快发展。但中国的情况有共性,也有个性,别国的制度不可能照搬,有些问题还得自己摸索着解决,在实践中不断提高自己的监管水平。

六、有利于规范农村民间金融市场

规范的民营金融机构的存在和发展,可以引导一些地下金融活动转为地上金融活动,从而强化中央银行的监管和调控。

由于我国农村民营经济的发展不断内生出对民营金融制度的需求,因此作为一种制度供给,农村民营金融业就自然会不断产生并存在下去。如果国家抑制其发展,民营金融就转为地下金融。存在于民营经济比重较大的农村的民间借贷市场即是一例。作为一种来自民间的"金融创新",民间借贷在很大程度上解决了银行信用与非国有经济之间信用断层带来的民营企业融资难题,为农村经济起飞提供了原始动力。但民间借贷毕竟是金融压抑的产物,最终必将而且应当为规范的商业银行所替代。随着对金融业市场准入的逐步放松,规范化的多种民营金融机构的发展,使得地下金融逐步从地下转为地上,这一方面有利于充分释放地下金融所蕴涵的巨大能量,另一方面也将其纳入了中央银行的有效监管范围,从而有利于规范金融秩序、防止区域性金融风险的发生。

农村民营金融业的稳健发展,地下金融活动的相应减少,对改善中央银行的宏观调控也具有十分明显的作用。如果地下金融活动大量存在,必然导致大量现金在正规金融体系之外的"体外"循环,增加中央银行现金回笼的压力,使其调控目标难以有效实现。而通过民间金融业的规范化良性发展,中央银行的统一货币政策可以得到有效实施,从而能合理控制货币供应量和社会信用总量,优化资金投向结构。

从国外的成功经验和我国民营经济发展的具体实际来看,发展民营银行的时机已经成熟。政府应当顺应这种需求,通过制度安排和金融市场的诱导,为民营银行提供比较有利的发展条件。随着国有企业的深化改革和市场机制的逐步完善,最具竞争力的企业是生产活动处于具有自生能力的产业区段内的企业,这些企业的主体是城乡中小企业,特别是劳动密集型民营企业。同时新农村建设的推进,主要是农村教育、医疗、道路、服务等公共设施的建设,需要大量的资金支持。这就决定了中国金融体制的改革方向应该是满足中小企业和农村的融资需求。目前以四大国有商业银行为主,股票市场为辅的金融体系并不能很好地为中小民营企业和农村服务,相反,农村的资金通过银行大量逆向流入城市。也就是说,主要依靠农业银行和农业发展银行为主的支农金融体系,是难以承担新农村建设重任的。如果在农村成立民营银行,既拓展了民间投资渠道,又开辟了民间融资市场,也为民营银行提供了坚实的生存基础和宽阔的活动舞台。

第二章

农村民营金融的特点及优势

随着社会主义市场经济体制的逐步完善和农村经济体制改革的不断深化,尤其是在全面建设小康社会和建设社会主义新农村的新形势下,农村民营金融将逐渐成为农村社会经济发展的重要力量。农村民营金融具有自身的特点及优势,农村社会经济的发展已经内生出民营金融这一创新主体。

第一节　农村民营金融的发展及特点

长期以来,对于中国农村民营金融的发展存在各种疑问,不管是在理论研究还是在实践中均没有很好展开。事实上,随着农村社会经济的发展,围绕发展农村民营金融的探索一直没有停止过。特别是农村社会经济发展的金融需求得不到很好的满足,进而影响社会主义新农村建设和农村小康社会建设。农村金融发展需要创新思路。而现实中农村民营金融的发展一再表明,内生于农村社会经济发展需求的农村民营金融已成为农村金融体制改革和发展的必由之路。

一、农村民营金融的发展概况

由于种种原因,中国民营金融的发展一直没能自由地展开。尽管如此,仍然有一些民营金融获得了一定程度的发展。随着中国金融市场的开放,国外资本将更多地进入金融业,国内民间资本也将会较多地进入农村金融业。

众所周知,在一些市场经济国家中,金融业至少80%以上是民营的,有的甚至达到了100%。在市场经济下,金融机构特别是银行,必须按照市场规则运行,这些金融机构必须是商业化、以盈利为目标、自主经营而且自负盈亏的,政府不能对经营活动进行任何干预。从目前的情况看,中国现在的银行业仍然与市场经济不相适应,因为现在的银行还是国家垄断的,尽管出现了某些股份制银行、某些城市商业银行,但这些银行基本上还是国家控股,真正的民营银行只有民生银行,但实际上政府对民生银行也有控制,如高级人员的任用,没有政府的同意,不能够变更。

2001年12月11日,中国加入世界贸易组织的当天,国家计委下发的《国家计委关于促进和引导民间投资的若干意见》中,规定凡是向外国资本开放的领域都应该允许民间资本进入。按照已经达成的协议,在中国加入WTO两年后,外资银行将获准在中国经营外汇业务,并可同中国企业进行人民币兑换业务。5年后,外资银行将获准在中国金融市场上经营人民币零售业务。既然金融领域属于向外资开放的领域之一,那它也就应该允许民间资本进入。国务院办公厅2001年12月20日转发的国家计委2001年12月3日《关于"十五"期间加快发展服务业若干政策措施意见的通知》[国办发(2001)98号]中指出:国有经济比重较高的对外贸易、公用事业、金融、保险等行业,要逐步放宽对非国有经济的准入限制和扩大对外开放,积极鼓励非国有经济在更广泛的领域参与服务业发展,在市场准入、土地使用、税收、上市融资等方面,对非国有经济实行与国有经济同等待遇。

上述两个文件表明,中央政府实际上已经对金融业对内开放放松了限制。但是,据此认为民间资本就可以较为容易进入金融业也是不现实的。金融业作为一种特殊产业,牌照的发放是相当谨慎的,以至于到目前为止,新生的民营金融机构为数甚少。也就是说,尽管原先壁垒森严的金融大门已经向民营资本徐徐打开,但是民营资本进入金融业还存在着不少有形与无形的限制,相关的政策与措施显得过于原则性、随机性和不完整性,民营资本进入金融业还需时日,民营资本在金融业发挥更大作用的时代还没有来临。

当然,现实的情况越来越清楚,中国民营资本正在逐渐地发展壮大,从社会经济舞台的边缘逐渐向舞台的中心靠拢,并且在有些领域已经发挥着举足轻重的作用。在中国农村地区民营资本已经是占绝对主导地位的力量,国有资本极其微弱,有些地区甚至已经根本不存在国有资本。金融业一直是国家控制和垄断较为严格的产业,存在获得丰厚利润的可能,成为吸引民营资本跃跃欲试的热点产业和领域,挺进金融业成为中国民营资本的一大选择和趋势。事实上,民营资本在左冲右突下,几乎已进入金融业的所有业态。但是,由于受资金实力和政策因素等制约,参股是民营资本进入金融业的一个主流的投资方式。除在个别金融领域之外,民营资本还不具有控制力,尤其在银行中民营资本的力量仍很微弱,还没有能够发挥重要的控制作用。

1996年成立的中国民生银行,作为改革开放以来的第一家民营银行,其主要是由一些民营企业参与、出资,经全国工商联牵头发起成立的。中国民生银行的成立具有重要的标志性意义,它开创了民营资本进入银行业的先河,这对于金融体制改革的深化,打破国有银行的垄断,提高金融资源的配置效率都会产生极大的促进作用。事实上,除了银行业,在其他金融领域,也

49

出现了由民营资本所控制的现象,如曾经出现杉杉股份控制东吴证券、爱建控制爱建证券、数码网络控制青海证券、泛海集团等控制民生证券、东方集团控制新华人寿保险、托普集团控制四川金融租赁、新奥集团等控制河北金融租赁,等等。民营资本所参与的金融领域已涉及银行、保险、证券、信托、金融租赁等。

目前,尽管农村民营金融的地位在法律上还难以取得突破,但是在政策层面已经迈出重大步伐。2005 年 5 月 25 日,中国人民银行发布的《2004 年中国区域金融运行报告》中首次对民营金融作了比较正面的评价:要正确认识民间金融的补充作用,因势利导,趋利避害。2006 年中央一号文件首次提出"规范民间借贷",使民间借贷合法化第一次从最高级别的政策中获得了依据。

二、农村民营金融发展实例

改革开放以来,民营金融在一些地区已经取得了一定的发展,虽然整体上发展还不够普遍,但是可以从民营金融的发展中探寻农村民营金融的发展经验和规律。

(一)浙江泰隆商业银行

1993 年 6 月 28 日,以 7 名员工、100 万元的注册资本成立的台州市泰隆城市信用社,是一家"区域性股份制城市信用社",经营范围是区域性的,主要是台州市路桥区。泰隆城市信用社的股东完全由个人和民营经济所有者构成,是纯粹的"股份合作制"。2006 年 8 月,台州市泰隆城市信用社升格成为浙江泰隆商业银行。截至 2006 年 6 月末,泰隆的资产总额已达 72 亿元,累计发放贷款近 500 亿元。浙江泰隆商业银行的"民营"身份非常强大,是一家纯粹民有、民营的金融机构。

泰隆的服务对象主要是国有商业银行不愿意服务的个体和中小民营企业。泰隆与中小企业是共生存的,其 90% 以上的业务都来自中小企业。泰隆的发展可以说是一直与当地的中小企业一同成长,甚至从 500 元的贷款做起,扶持了路桥区的一批中小企业,并且包括家庭作坊。台州路桥一带的贷款者固定又简单:中小私营企业。此外,还有几十个小商品市场、十几万家摊主,也是他们的服务对象。

泰隆的成功依赖于两个重要因素:一是泰隆所在的路桥区是台州 3 个城区之一,也是最主要的城区,该区可谓"无户不商、无巷不贩、无街不市"。泰隆便在这样的金融"市场"之地,将信用社定位于服务私营小企业和个体工商户——为其提供随时的贷款。路桥区个体私营经济十分活跃,企业规模又以中小型、个体工商户为主。泰隆正是深深植根于这样一个生存土壤之中,而其"小额度、快周转、多户头"的市场定位,又迎合了区域经济的特征。泰隆 90% 以上的贷款都是投向个体私营企业。从额度上看,泰隆 50 万元以下的贷款占其全部贷款的 87%;从期限上看,6 个月以下的贷款占其全部贷款的 70%。二是泰隆完全是民间投资,产权清晰。董事长兼总经理的位置一直由占 15%股份的最大自然人股东王钧担任,核心领导的稳定为泰隆的可持续发展打下了坚实的基础。2000 年城市信用社整改时,泰隆城市信用社作为完全由民营企业和私人资本组成的股份制合作银行,经过人民银行批准保留下来。总之,泰隆以其优秀的业绩,得以生存发展。

虽然业绩不错,但是现在泰隆也面临着经营区域发展的障碍。泰隆的经营区域一直局限于路桥区,10 个经营网点中仅有1 个在区外,还是通过网点置换得来的。1998 年以来,泰隆增加营业网点的申请就没有得到过人民银行的批准。而经营网点偏于路桥一区,数量偏少极大地限制了泰隆优势的发挥。泰隆一直在夹缝中生存,不能跨地区设立分支机构,所能经营的中间业务也极其有限——可以说他们能做的业务不仅没有超出其他国有商业银行的业务范围,而且还有所不及。尽管如此,泰隆的业绩与服务质量还是超过了当地国有商业银行。

当然,泰隆的存在是与当地政府的支持分不开的。作为社区的一部分,社区银行也应该是政府机构服务的对象。但是,在财政方面有明令,不允许将钱存在信用社,既不允许存,又何来贷款之理由?所以,至少在台州,政府应将部分钱存于泰隆这样的"信用社",同时,政府也可以从信用社获得贷款。

(二)浙江台州市商业银行

2002年3月,浙江台州市商业银行成立,注册资本3亿元,政府股权仅为5%。这家银行是以银座城市信用社为主与其他7家城市信用社重组而成的,个人股东之一的陈小军出任董事长兼行长。台州市商业银行的起源可以追溯到1988年6月6日陈小军在台州路桥成立的银座金融服务社——一间临街小屋挂牌,6个工作人员,简陋的尺字形柜台,10万元的资本。用了14年的时间,类似于钱庄的银座金融服务社终于实现了银行的跨越。从名称的数次变更可以了解这一艰难的过程:银座金融服务社——路桥城市信用社——银座城市信用社——台州市商业银行,其发展大致经历了与之对应的小钱庄——大钱庄——制度意义上的银行——法律意义上的银行。

1980年初,陈小军子承父业开始在共和公社农村信用社工作,实践使其懂得:信贷风险要控制在贷款时,形成后就难收回;信贷需要有自主权,需要明确责任。1988年初,陈小军看到媒体报道温州农民成立信用社的消息,借了10万元作为资本金,选择了金融服务社的形式——城市信用社需要中国人民银行浙江省分行批准,而金融服务社只需要台州地区人民银行就可以批准。金融服务社的初创与当时台州路桥的经济发展和政策放松密切相关。

从1995年开始,城市信用社专注于内部制度重建,到1997年,决策体系、实施体系、监督体系分离,客户经理制、绩效考核制等现代银行制度基本成型。但此时,外部环境却发生了显著变化。1995年国家开始清理整顿城市信用社,到1997年,许多信用社被撤销、合并,银座随时有可能被调整。1998年银座接手不良贷款率已高达90%的台州市椒江区港口城市信用社,由此开始了打破地域限制的实践尝试。

台州市商业银行坚持"中小企业伙伴银行"的目标市场定位,符合台州当地的经济状况和微小企业的融资特点。以家庭工业和小商业为代表的微小企业遍布台州市城乡各地,而微小企业的融资特点是是:融资需求总量大、涉及面广,但每笔贷款额小、分散、周期短、随机性大,贷款需求很难有规律可循。受业主自身素质的限制,又缺少专业财会人员,加上企业规模小、知名度低,很难找到合适担保,抵押品价值也常常不足值、不规范,贷款的抵押和担保较难实现。因此,该银行的服务要求是:越灵活、越简洁、越快捷越好。台州市商业银行作为地方性的小银行,资金不多,实力不强,无力为大企业提供融资,也不能与大银行竞争。因此,其经营宗旨是:为地方中小企业服务;遵循的信贷方针是:额小、面广、期短、高效。

台州市商业银行作为一级法人,拥有较大经营自主权,能够放手追求利润最大化的经营目标。不仅产权明晰,而且初步建立了与国际惯例接轨的现代银行制度,这种根植于浙江发达的民间金融土壤的独特现象,对正在走向全面开放的国内银行业来说,是一个难得的样本。台州市商业银行的演变,是传统社会向现代社会转型过程中的典型范例,实际上就是根植于中国民间的钱庄传统与现代商业银行惯例融合的过程。在目前的转型时期,这样的路径当然具有可复制性,也有极大的现实价值。

三、农村民营金融的特点

从浙江农村民营金融企业成长的实例,我们可以深刻地得到这样的启示:农村民营金融作为相对于农村国有金融的一种独特金融形式,有其自身的特点,适合了农村社会经济发展的金融需求。

（一）业务范围的地域性

农村民营金融的发展呈现出鲜明的地域特征，这表现在农村民营金融的资金来源主要体现在一定的乡村范围内，资金运用也重点体现在乡村内部，所服务的目标市场上的客户重点是乡村的农户以及中小企业等，这主要取决于农村民营金融的产生和发展的基础是适应乡村金融需求的发展。这种地域性实际上是反映了农村民营金融运行所具有的封闭性，而这恰恰说明了农村民营金融能够将可能产生的金融风险局限在地域范围内，使金融风险较难扩散、蔓延。因此，农村民营金融业务范围的地域性成为其最重要的特点。

（二）地方经济的关联性

农村民营金融的业务活动主要集中在地方范围内，这就决定了其运行必然形成对农村地方经济发展程度的依赖，即农村民营金融与农村地方经济具有密切关联性。农村地方经济的蓬勃发展，农户及地方中小企业等对金融服务的需求就会急速扩展，这就成为农村民营金融发展的基础，促进其快速成长。相反，如果农村地方经济发展出现萧条的局面，各种金融需求主体必然会减少业务活动，农村民营金融的业务就会受到不利影响。事实上，农村民营金融内生于农村地方社会经济发展的需求，其与农村地方经济是共生关系，关联性与依赖性强。

（三）经营规模小

农村民营金融服务于农村地方社会经济发展的金融需求，其业务活动范围主要局限于地方范围内，这就决定了其经营规模较小，不大可能为一些大型的客户服务。换言之，农村民营金融主要面向农户、农村中小企业等服务对象，这类金融需求一般来说规模不大，是农村民营金融组织完全有能力提供的服务。特别是农村民营金融组织的自有资金往往不足，其他资金来源渠道较为单一、有限，这使得农村民营金融服务只能是小规模的，而不大可能提供大规模金融服务。当然，小规模经营正是体现农村民营金融的经营特色和优势。

（四）服务对象的复杂性

农村民营金融的服务对象主要是农户、农村中小企业以及其他农村非营利组织等，这些服务对象自身的经济状况程度不一，需求各异，对金融服务提出了多层次、多样化的要求，增加了金融组织经营的难度和复杂性。因此，农村民营金融组织要根据服务对象的复杂性设计金融产品，树立自身良好形象，通过合理的制度安排来降低金融风险，提高客户满意度，实现对服务对象的金融需求的满足。需要说明的是，服务对象的复杂性、金融需求的中小规模性、业务范围的地域性等，正好显示了农村民营金融在农村社会经济发展中的制度优势。

（五）目标追求的单一性

农村民营金融内生于农村市场经济的发展，市场机制在其运行中发挥着基础性的调节作用，引导资源的合理、高效配置。在这一运行过程中，农村民营金融必然以创造利润、追求利润作为内在目标，并且作为最高目标和第一目标。如果说还有其他目标的话，都只能是外生的或外在的社会目标。众所周知，农村民营金融自身力量单薄，首先要考虑组织的持续发展问题，而获利是实现其进一步发展所必须要考虑的。因此，对农村民营金融而言，单一追求自身利润最大化无可厚非。当然，农村民营金融有责任、有义务协助或主动配合政府去实现社会目标，但这种责任与义务并不能取代民营金融对内在目标的追求。

第二节 农村民营金融的优势

缺少正规金融机构的金融服务是大多数发展中国家农村经济发展所面临的重要制约。当前中国农村经济发展也受到了农村金融服务供给不足的制约。现有的农村正式金融机构无论是商业性的、政策性的、准商业性的都无法为农村最广大的农户、中小企业提供金融服务，他们都只能满足农村部分、特别的市场主体的金融需求，现实中的情况正是如此。而随着农村金融商业化改革的进一步推进，中国农村正规金融机构为农业和农村经济提供金融服务的能力仍在不断减弱，农村资金通过农村正规金融机构不断向外部流动的规模还在扩大，由此导致当前农村金融供需失衡的矛盾十分严重。因此，必须突破以往仅仅围绕农村信用社来改革的思路，探讨农村民营金融形成的制度机理，分析其优势，突破金融市场供需失衡这一瓶颈，努力发展农村商业性金融（即主要是农村民营金融）。这一思路是与农村经济的发展相联系的，也与中国整个经济体制改革的逻辑相一致。以个体、私营等为主体的民营经济在农村经济增长中扮演着越来越重要的角色，其不断地内生出对相应的农村民营金融的需求。

一、农村民营金融形成的制度机理

（一）市场的利益趋动与农村民营金融的生成动因

中国改革开放 30 多年来，经济体制有了较大的变化和发展，各种私有、个体经济纷纷涌现，他们对资金及金融服务的需求日益增加，这在客观上需要相关金融组织的出现。而从金融市场的角度来看，国有金融机构由于要承担来自经济再生产过程和自然再生产过程可能带来风险的双重压力，加之由于农村中农户居住分散、贷款规模小、信息不对称和交易成本较高的特点，一般不愿为农村各种经济主体贷款。相比之下，农村民营金融机构与经济主体之间具有双向的利害关系，呈现微观信息灵敏的特征，借贷双方彼此了解，交易费用相对较低。因此，农村民营金融组织在农村金融市场领域中具有较大的成本优势，这是导致市场利益驱动和竞争条件下农村民营金融组织自发生成的主要原因之一。

（二）金融压抑与农村民营金融的存在

Pischke 等学者实地考查了发展中国家的农村借贷市场，农村金融市场存在着金融压抑，他们认为能够从正规金融组织获得贷款的农户仅占总体农户的极少部分，这是农村民间借贷市场存在的重要原因之一。一方面，目前大量农村资金外流。据统计，中国农村通过正规银行性金融机构外流的资金总额达到8000 亿元左右，而正规银行性金融机构各项农业贷款总额仅为6884.58 亿元；在正规非银行性金融机构中，全国邮政储蓄共有3.2 万个邮储网点、2.6 亿个账户、邮政绿卡 7000 万张，储蓄余额达 1.07 万亿元。其中有 65% 的来自县及县以下地区，乡镇及其所辖地区农村占 34%，这一笔农村邮政储蓄资金全部转存中央银行，直接流出了农村。全国农村信用社各项存款余额达3.06 万亿元，农村信用社农业贷款余额只有 1.03 万亿元。另一方面，由于中国农村金融领域存在较高风险，农村金融机构不良贷款比例较高，信贷资产质量低下，使农户借款难的问题变得更加突出。仅全国农村信用社不良贷款就达 5147 亿元，占贷款总额的 37%。相当一部分农村信用资本金严重不足，经营已经陷入严重困境。经过近期开展的农村金融整顿，考虑专项票据置换因素，农村信用社的不良贷款比率有所降低，为 17.5%。当前我国各项贷款余额中农业贷款仅占约 5.2%。其中有借款行为的农户仅占调查农户总数的 14.5%。由此可见，当前中国农村金融市场存在着因政府管制所造成的金融压抑，而农村民营金融活动有利于缓解这种农村资本不足和农村资本回流的问题，这也给农村民营金融的存在和发展形成了一个利益空间。

（三）制度机理与农村民营金融的发展

中国民营金融的产生和发展是一种自发的社会秩序，属于诱致性制度变迁的范畴，是在客观供求刺激下民间自发组织形成的，是为民营经济融通资金的所有非公有经济成分的资金运动。虽然这种民营金融组织具备金融深化的一些重要特征，在一定程度上解决了农村贷款难的问题，但是由于大多数民营金融组织一开始就不具备法律认可的地位，管理不够规范，高利贷现象普遍发生，因此，受到了政府金融政策的一些压抑。应该看到，目前，农村民营金融体制的变革是在农民自发的制度创新推动下，使国家或政府承认农民自有资源的一种私产制度。从过去单纯打击限制，转变为正确引导和充分利用，并以制度的形式确定下来，这对于中国农村金融体系的发展与完善将是一个重大的转变，使农村民营金融向有利于农村经济的方向发展，从而促进中国整体金融体制的发展与完善。

二、农村民营金融的优势

农村民营金融是现代农村市场经济发展的产物，具有明显的特点，由此决定了其优势也十分突出，主要体现在：

（一）独特定位优势

农村金融将当地农户、中小企业视为主要的服务对象，这有利于缓解农村地区的资金外流现象，填补因为大型商业银行的战略调整所出现的"农村金融服务缺口"。随着国有商业银行的市场化推进，国有商业银行更多地注重将全国范围内吸收的存款转移到经济发达地区使用，这便造成了中国农村地区的"资金外流现象"，也成为当前中国经济发展、城乡差距扩大的金融方面的原因。并且，国有商业银行正在加速从农村地区撤出，这可能将在农村地区形成金融服务的真空。农村民营金融在资金运用方面的特点之一就是将本地吸收的资金主要用在本地市场，因而能够缓解农村地区的资金外流现象，避免金融机构成为农村资金的"抽血机"。另外，农村民营金融的引进能解决国有银行和城市商业银行退出基层金融机构所导致的广大农村地区金融服务的真空化：将这些欲撤并的网点转由民营资本控制，或通过股份合作的方式共同将网点改造为民营银行，则不仅可以解决网点撤并上的不良后遗症，也间接解决了民营资本进

58

入后的牌照申领问题。

（二）产权结构优势

一般来说，农村民营金融的产权是没有行政介入的纯经济权利，这种纯经济权利既不通过行政授权来实现对机构财产的实际占有、支配和处理，也不通过行政授权来发生上下连接和横向分割，更不受行政权力的支配而增减或废除。因此，农村民营金融必须实现自担风险、自负盈亏，形成内在的激励与约束机制。而其服务对象——农户、农村中小企业、农村非营利组织等也都是自担风险、自负盈亏的独立市场主体。由此，在产权清晰的资金供给者与需求者之间才能形成真正的市场交易，形成真正的信用关系。总之，农村民营金融的产权结构能够为经营管理提供合理有效的制度保证，进而可以建立合理的决策程序和灵活的经营管理体制。

（三）交易成本优势

农村民营金融产生于农村社会经济发展的金融需求，贴近农户、农村中小企业、农村非营利组织等，其运行中表现出较强的低交易成本。一般而言，金融活动中交易成本的高低受信息完备程度的影响较大，要想降低交易成本必然考虑减少信息不对称问题。而农村民营金融经营范围的地域性、封闭性使得其与金融需求主体之间的信息披露较为充分，大大降低了信息不对称所产生的道德风险和与逆向选择。与此同时，农村民营金融激励与约束机制明确，运营效率高，克服了其他金融形式的弊端。总之，农村民营金融具有低交易成本优势，进而在市场竞争中具备了比较优势。

（四）灵活经营优势

农村民营金融目标市场的客户具有明显的小型化、个性化、特色化、复杂化的特点，这就需要提供相应多样化的金融产品满足其需求。而农村民营金融对这类需求有较为深刻的认识，能够根据具体需求提供多样化的金融产品满足客户，体现了其灵活经营的优势。这种灵活经营实际上也体现了农村民营金融的广泛适应性,在满足农村金融市场上这些特殊的客户方面,与国有金融、大金融机构相比,农村民营金融具有更强的适应性,进一步说明了农村民营金融在农村金融市场上的经营优势。

（五）转换优势

农村民营金融通常规模都比较小,设立所需资本不高,即使经营不善,其他资本也可以以不高的成本接管,还可以根据市场中的竞争及时调整策略。"船小好调头",完善其自身的各项功能。在全球银行业中,美国有一大批资产规模虽小却充满生机和活力的民营银行。根据美国独立民营银行协会的统计,目前美国有8932家中小金融机构(如储蓄和贷款机构等)被划分为民营银行,这些民营银行在全美有3.91万个网点,这些网点中一半以上分布在农村,为农村经济的发展提供了有效的金融支持。

（六）独立自主优势

农村民营金融组织是在农村市场经济发展的基础上成长起来的,作为独立的市场主体,自主经营、自我发展、自负盈亏、自我约束。与其他形式的金融,如国有金融相比,农村民营金融基本是按照市场机制进行运作的,政府不能直接干预和控制其运作。正是这种独立自主性,促使农村民营金融能够完全按照农户、农村中小企业、农村非营利组织等的金融需求来提供服务,较为自主地确定利率,拉近金融供给者和金融需求者的距离,使得两者相互依存、协同发展。

（七）内生性优势

农村民营金融的"内生性"使其能够适应农村地区金融需求,实现与农村地区经济的"良性互动"。世界银行(1989)的研究认为,在过去的40多年里,很多国家和地区的政府努力通过引进正规金融机构向民间(包括农村地区)提供信贷,但效果很不理想,正式的金融安排往往无法满足农村地区的金融需求。

从外部引入金融制度,而不是内生于本地区,是这种努力失败的最重要原因。农村民营金融的"内生性",也意味着其与本地经济的适应关系是动态、持久的,从而为农村地区的发展提供了持续而有力的金融支持。不同地区经济发展水平上存在巨大差别,城市和农村金融服务上也同样有巨大差别,全国性的大银行很难全面地掌握不同地区的市场和客户信息,也很难制定一个适用于全国不同市场的发展战略,从而难以提供有针对性的个性化金融服务,这为地区性的农村民营金融发展提供了机会。立足于不同农村地区的民营金融在掌握不同地区的客户信息方面具有独特的优势,民营金融的设立能够针对本地区农村客户的不同需求,提供个性化的服务,通过发掘未开发的市场取得回报。而且,从制度经济学的理论来看,农村民营金融是由于农村社会经济自身的发展内生出的金融需求经过一个长期、渐进的过程自下而上地形成的,其不存在人为刻意雕琢的痕迹,是典型的内生性金融制度。农村民营金融是在农村市场经济发育过程中自然形成的,满足了经济发展的需求。由于这种内生性制度一般都包含较为完备的金融激励、约束、创新机制,从而具有较高的效率,对农村经济发展、农村金融发展起到持久的内在推动作用。当然,内生性的农村民营金融的发展必须首先以国家放松限制,并在政策上给予扶持和引导为前提条件。需要注意的是,这种内生性金融制度对于中国农村金融制度变迁将具有重要的意义。

（八）信息获取优势

农村社会经济发展中的各类主体对资金的需求难以得到满足,主要是因为农村非民营金融机构无法有效地获得相关信息,造成较为严重的信息不对称。由于这种信息不对称的存在,一方面农村非民营金融机构在向农户、农村中小企业等提供贷款时成本很高;另一方面容易出现逆向选择和道德风险。为避免这些问题的出现,农村非民营金融机构的理性选择是对需求主体采取信贷配给政策,由此导致贷款难。而农村民营金融机构在向农户、农村中小企业等贷款时,对借款人的资信、收入情况、还款能力、投资项目和企业竞争力等信息有着比较清楚的了解,借贷双方之间没有或较少存在信息不对称问题,在一定程度上可以防止逆向选择和道德风险的出现。

（九）关系融资优势

不能出具正规财务报告的中小企业、农户,很难从国有金融机构或大银行获得贷款。相比而言,农村民营金融十分熟悉本地的客户,更容易获得借款人的"软信息"。所谓"软信息"是指难以被量化、被查证和传递的信息。农村民营金融由于长期与农村中小企业、农户等在各个维度上接触,积累了关于他们的大量信息,即农村民营金融基于地缘相近的信息优势,具有超过企业财务报表、担保品和信用分级等的显著价值,从而在审批客户的贷款时,不会只关注他们的财务数据,还会考虑这些借款人的个性化因素,如资金流量及发展前景等。因此,农村民营金融在向信用透明的借款人放贷、从事基于关系或声誉的贷款或小规模贷款上具有巨大的比较优势。在过去近 20 年里,美国民营银行提供了小额工商企业贷款的近 1/3 和小额商业房地产贷款的 40% 多。在农业贷款中其所占份额更大,提供农场房地产贷款的 65%、农场经营贷款的 61% 和小额农场贷款(低于 50 万美元)的 75%。经验表明,关系融资在满足农村金融需求上具有天然的优势。

（十）业务稳定优势

农村民营金融的存款客户主要是当地农村企业和农户,他们的存款利率敏感性低,短期内存款余额可能有所波动,但长期看是相对稳定的。这部分存款为农村民营金融提供了廉价且稳定的资金来源,是其业务保持流动性的"核心"。在有既定的核心存款来源的情况下,农村民营金融对存款服务收取的手续费通常会低于大银行。此外,由于农村民营金融多是向难以从大银行获得信贷的当地企业和农户提供资金支持,因而会收取比较高的贷款利率。这样,农村民营金融获得的净利差就高于大银行,从而能向存款支付更高的利率。

（十一）决策机制优势

农村民营金融之所以在处理软信息方面较大银行有优势,还取决于它的决策机制。科层结构复杂的大银行由于委托代理链条长,解决代理问题的成本就会比较高。而民营金融机构则因管理层次少、结构集约,从而可减轻代理问题(Berger,Klapper和Udell,2001;Berger和Udell,2002)。农村民营金融的信贷经理对贷款项目质量判断的准确性在于其直接接收、处理各类软信息,在信息生产与资金配置权相结合的前提下,信贷经理会得到正向激励;而在大型的和科层结构复杂、存在多级管理层的银行中,资金的配置权集中在上级,信息生产与资金配置权相分离,针对农户及中小企业模糊的人格化特征的各类软信息难以向上级层层表述,从而弱化了软信息的收集、生产,信贷经理转而从事硬信息的处理(J. Stein,2002)。因而,农村民营金融可以在审批手续上更加灵活便捷,对客户提供的资信材料和担保条件可以适当放宽,从而能够更好地方便客户,最大限度地提高服务对象的满意度。

第三章

农村民营金融行业结构

改革和完善农村金融体制,是发展农村各类金融市场,形成多种所有制和多种经营形式、结构合理、功能完善、高效安全的农村现代金融体系的必由之路。发展多样性的农村民营金融行业,形成合理的农村民营金融行业结构,是建立农村现代金融体系的必然选择,也是农村金融改革和创新的一个前瞻性重大课题。

第一节 决定和影响农村民营金融行业结构的因素分析

改革和创新农村金融体系,不仅要大力发展农村公有金融,而且要积极稳妥地发展农村民营金融;发展农村民营金融,也不仅是单一组建一些农村民营银行业企业,而且要发展农村民营非银行金融企业,更为重要的,是要适应现实的和进一步发展的农村金融需求,建立合理的农村非公金融行业结构。

农村民营金融行业结构,是指农村民营金融的各个行业,主要包括农村民营银行业、保险业、担保业、投资银行业等产业的空间分布、相对规模、相互关系与相互配合的状态。农村民营金融行业结构可以从不同角度进行考察。从某一时点加以考察，其各个构成行业总是表现为一种既定的状况，这是一种静态的考察。从发展的角度加以考察，农村民营金融行业结构则总是处在不断变化的演进状况中。正是这种动态的变化，促进并实行农村民营金融提高服务水平和发展层次。

建立合理的农村民营金融行业结构，对于促进农村金融和农村经济的发展，具有重要意义。发展合理的农村民营金融行业结构，将促进农村民营金融提升发展层面。金融发展理论认为，金融发展包括两个方面的含义；一是金融总量的增长，包括贷款总量、金融机构总量、证券融资总量、货币供应总量等增长；二是金融结构的优化，包括优化金融组织结构、金融行业结构、金融资产结构、融资结构等，尤其是通过优化金融产品结构，满足多层次多样化的市场主体需求，促进金融需求者的发展。一般来说，金融总量指标往往用以反映金融发展的规模和广度，而金融结构的多样化，体现金融发展的层次性。对于农村民营金融来说，总量指标和结构指标都是衡量农村民营金融成熟程度的重要尺度，但这两类指标却有着不同的表征意义。总量指标反映农村民营金融的总体规模，对农村民营金融发展只具有直观的表征意义。结构指标则不同，它能透视出总量指标所不能透视出来的问题，能反映出民营金融在运行中更深层次的问题，能帮助人们更深刻地揭示出农村民营金融的内在矛盾和弊端，实现农村金融体制改革和创新的重大突破。建立合理的农村民营金融行业结构，能促进农村金融的竞争与合作，强化农村金融的生机与活力，破解长期以来农村金融供给与农村金融需求不相适应的难题，提高农村金融效率，促进农村民营金融上升到新的发展层次。

一、农村民营金融行业结构的内在决定因素

从根本上说,农村金融结构主要是由农村经济社会和金融发展进程中的内在因素所决定的,它既是历史的延续,又是现实经济社会发展的自然结果。农村内在因素是决定农村金融结构的基础性因素。一般来说,农村内在因素具有相对稳定性,由此决定了农村金融结构的相对稳定性,这是因为农村金融结构以及与其相应的制度一旦形成,尤其是农村经济主体适应了这种特定的金融结构,便会形成某种思维定势和行为惯性,从而成为维持这种金融结构稳定性的一种力量。另一方面,农村金融结构的稳定性又具有相对性。随着农村经济社会的发展变化,决定农村金融结构的内在条件在不断发生变化,从而导致原有金融结构或其中的某些结构要素越来越不适应现实需要。当农村经济主体产生了调整和改革的动机时,他们便会通过各种方式来突破既有金融结构,引起农村金融结构量变,推动农村金融创新,从而引起农村金融结构的优化和升级。总之,农村金融结构的稳定性只是一种相对状态,它必然处于渐进性变化中,这种渐变或量变,可以对农村金融结构进行某些微调,使之更好适应农村经济社会的发展。当农村经济社会的内在条件发生重大变化时,农村金融结构便会出现重大变革和创新,使农村金融发展进入新的阶段和更高的层次。

农村民营金融行业结构形成的内在决定因素,主要包括以下内容:

(1)市场经济的发达程度。在市场经济发展的初级阶段,由于金融需求简单,金融业务主要解决货币流通、资金借贷、支付清算等基本问题,因而金融结构较为单一。随着市场经济不断发展并逐步向新的层面提升,金融需求也日渐出现多样化和多层次化,金融规模也日益扩大,因而多种金融行业、多种金融工具和多样性融资途径才应运而生,只有建立多要素的金融行业结构,才能满足各种经济主体的需求,才能适应经济社会的发展。

（2）农村经济的市场化、货币化程度。在以交换为基本关系、以市场需求为导向的市场经济中,由于存在着为交换而生产的成品和提供的服务,因而出现了各种形式的金融工具,形成了各类专门经营货币信用业务的金融机构。农村经济市场化、货币化程度越高,交换关系越复杂,货币使用的规模和范围越大,金融结构就越复杂。

（3）各类经济主体和金融主体在金融活动中的理性化程度。在金融市场中,各种投资者和融资者的金融行为,都是为了获取经济利益,都是以追求利益最大化为目的。他们都是选择能降低成本、增加收益的投融资渠道和方式,竞相利用自以为最有利的金融业务、金融工具和交易方式,内在的利益驱动,往往使某些经济金融主体出现盲目性,从而影响金融的稳定性。因此,经济和金融主体的理性化程度越高,就越能拓展金融需求,越能扩大投融资渠道和方式,从而就越能丰富农村金融结构。

（4）农村信用体系的发展水平。农村金融结构的健全与提升,同农村信用体系的健全和发展程度密切相关。农村信用关系的发展水平,一般包括如下内容:农村信用体系法规建立与完善,这是农村信用体系的前提和保障;农村信用服务业的发展水平,信用中介机构、信用服务机构、信用管理机构是否健全并规范运作;农村所建立的社会征信系统,包括信用信息系统、信用调查系统、信用评价系统、信用查询系统等。这些系统能否高效运行,是否具有覆盖的广泛性和运用的权威性,农村社会成员在信用活动中是否具有正确价值理念和良好的信用观念,农村金融市场是否具有良好的信用秩序以及这种秩序是否具有强而有力的维护机制,都对民营金融行业结构产生重大作用。

（5）农村文化、习俗、偏好具有重大影响。农村和不同农村地区的习俗、文化和偏好,对人们的经济金融行为产生重要作用,并进而影响农村金融结构。在市场经济、货币化程度和信用环境大体相当的不同农村地区,由于文化、习俗和偏好的差别,其形成的农村金融结构也会出现较大差别。

二、农村民营行业结构的直接影响因素

建立农村民营金融行业结构,是农村金融改革和创新的过程,将受到一系列因素的直接影响。认真分析和研究这些因素,变障碍性因素为推动性因素,努力形成和充分发挥这些因素所形成的合力,对于加快推进农村民营金融行业结构的建立,并进而加快促进农村金融体系的完善,无疑具有重大意义。农村民营金融行业结构建立的直接影响因素主要有以下几种:

（1）制度因素。在某种意义上说,金融就是制度。不同的制度安排,对金融结构往往具有决定性的影响。作为农村金融制度具体表现的农村金融体制,对农村民营金融行业结构形成的作用是十分重大的。在计划经济体制下,农村金融结构实质是一种高度集中而又单一的结构类型。在这种结构中,没有金融市场,缺乏金融竞争,农村金融机构、金融工具、金融业务、融资方式十分简单,非公金融机构更是空白。在由计划经济向市场经济转型过程中,大型国有商业银行纷纷撤出县以下分支机构,农村金融市场的组织结构很不完善,金融行业结构依然单一,政府主导的金融机构仍占绝对主导地位。伴随着农村市场经济的发展,虽然民间借贷的总量快速增长,形式日渐增多,但是它至今不具备合法地位,只能沉在水下暗箱操作。农村金融行业结构简单,所有制结构单一,致使农村金融服务体系功能弱小,远不能适应农村经济发展的重要。造成这种状况的主要原因,在于农村金融体制的限制和束缚,而建立合理的民营金融行业结构,促进农村金融结构的优化升级,根本出路也在于推进农村金融体制改革和创新,切实搞好农村金融制度安排。

（2）政府参与农村经济的程度。一般来说,在政府成为经济发展的设计者和推动者,对经济发展参与程度很高的国家,往往通过发展银行体系、限制非银行金融企业和资本市场的办法,来实现政府产业发展的目标;而在市场化程度较高,政府参与经济发展程度较低的国家,往往较为重视非银行金融企业和资本市场的发展,其金融市场的自由化程度较高,各类经济主体的自发投资相当活跃。在中国农村中,农户和农村企业具有生产经营和投融资的自主权,政府直接参与农村经济的程度并不高,但是,政府在另一方面又是农村金融的直接参与者,甚至是垄断者。这是一种矛盾现象,也是农村金融体制存在的主要弊端之一,是农村金融供给与农村金融不相适应的重要原因。政府不仅要弱化对农村经济的参与程度,而且要放松对农村金融的直接管制,在发展农村银行业的同时,大力发展农村非银行金融业;在发展农村公有金融的同时,积极发展农村民营金融企业。

(3)科技进步因素的影响。科技进步不仅是经济结构变化的促进因素,而且是金融结构优化升级的重要推动力。现代科技的迅猛发展,尤其是微电子技术和网络技术突飞猛进地发展及其在金融领域日益广泛地运用,使金融服务业中的市场预测技术、风险控制技术、投融资决策技术、成本控制技术等取得了大幅提高,为多样性金融工具、金融产品、融资方式和交易方式的产生提供了强而有力的技术支撑,从而极大地改变了传统的金融结构,引起了金融行业结构的深刻变化。农村信息化建设加快推进,必然推动农村民营金融企业的产生,促进农村民营金融行业结构的形成和发展,而多类型的民营金融行业和企业要开辟业务,拓展市场,提高竞争力,求得生存和发展,又必须借助现代信息技术,大力推进自身的信息化建设。

(4)金融创新的活跃程度和经济效益。金融创新是金融服务领域通过各种金融要素的重组或创造性变革而推出的新生事物,它是金融服务业发展的不竭动力。农村金融创新不仅能促进农村金融实现量的扩大,其更深刻的意义,在于能促进农村金融实现层次的提升。离开了金融创新,农村金融只能在原有结构上增加金融总量,难以达到提高金融效率的目的。金融发展史表明,金融结构每次重大的调整、优化和升级,都是由于金融创新的推动所致。当前,农村金融结构已不能适应农村经济发展的需求,仅仅停留于农村金融现有层次上信贷数量的扩大,已不能解决农村经济发展中一系列深层次的矛盾。只有通过金融创新,才能突破农村金融原有结构的束缚,建立能适应农村金融需求的金融结构,从而有力提高农村金融的功能和效率,为农村金融业发展提供新的空间,使之跃上新的发展层次。但是,当前农村金融创新活跃程度甚低,无论是农村金融制度创新、金融市场创新,还是金融工具、金融服务创新,都步履艰难,致使民营金融发展和合理结构的建立仍处于空白状态。当然,农村金融不是为创新而创新,农村金融创新成果只有获得相当大范围的推广应用,并获取一定的经济效益,才能对农村金融结构优化升级产生相应的推动作用。总之,金融创新越活跃,适应农村多样化金融需求的金融机构、金融工具、金融市场、融资方式就越能得到发展,农村民营金融行业结构形成和健全的进程也就越快。

（5）融资成本与风险的影响。不论是广大农户和中小企业,还是金融机构,都会选择成本较低的投融资工具,并且把投融资风险控制在一定程度内。一般来说,股本融资可以增加债务融资的安全性,而债务融资可提高股本融资的盈利性,因此,资本和负债之间存在一定比例关系。间接融资长时期占据绝大多数,高利率的民间借贷在农户和中小企业融资总额中占绝大多数。这并不是因为农户和中小企业不会考虑成本因素,而是由于他们向正式金融机构借贷无门所致。农村金融机构出于成本和风险的考虑,也往往不愿介入农户和中小企业的信贷业务。间接融资比重过大,也加大了农村银行业的风险,这是借贷双方都希望改变的格局。农户、中小企业和农村银行业基于融资成本与风险的考虑,也希望农村发展非银行金融业,发展面向"三农"的民营金融企业,包括民营银行和非银行业金融企业,形成合理的民营金融行业结构,以利于降低其投融资成本,为其降低和控制投融资风险提供更多的选择余地。

(6)对外开放水平。农村金融业的对外开放具有两个层次:一是对国外的开放,二是对国内的开放。农村金融业对国外的开放程度,对农村金融行业结构的影响颇大。在对国外开放的条件下,农村金融行业结构在很大程度上会受到国外金融结构的影响。当前,外资金融机构进入农村金融市场的苗头已经显现。外资金融机构、金融业务和金融技术进入农村,将加快形成和发展农村多种金融行业。一般来说,农村金融业对外开放程度提高,能加快建立起合理的农村民营金融行业结构。

第二节　建立农村民营金融行业结构的目标与原则

建立合理的农村民营金融行业结构,是农村金融保持总量增长和结构协调的重要途径,对农村金融健康运行和稳定发展影响很大;另一方面,建立这一结构比单一发展农村民营商业银行更为复杂,因此,为了稳妥地推进这一工程,需要构建农村金融行业结构的目标以及实现目标的若干原则,以扎实提高创新效果,促进农村金融质量的提高和持续发展。

一、建立农村民营金融行业结构的目标

确立农村民营金融行业结构的构建目标,对农村民营金融业进而对整个农村金融业的稳健运行和持续发展,都具有重大意义。目标正确且明确,则能为农村民营金融结构的建立和发展提供正确的方向,充分提高农村民营金融供给的有效性。如果目标有误或不明确,则会误导农村民营金融结构的调整,降低农村民营金融供给的有效性,甚至弱化农村金融体系的功能和

作用。我们认为,建立农村民营行业结构的目标只有一个:促进农村金融供给同农村金融需求相互适应,提高农村金融的整体功能和效率,为农村经济发展和新农村建设推进提供强有力的金融支持。

农村民营金融结构的建立,必须达到增强农村经济发展的金融支持力之目的,使农村金融供给与农村金融需求相互适应。当前农村金融结构单一,远不能适应多层面、多元化的农村金融需求,从而影响了农村金融体系的服务能力和金融效率,弱化了"三农"发展的金融支持力。农村金融的改革和发展表明,在农村金融结构中,金融要素的齐备和金融结构的多样性和多元化,对于农村金融体系功能的增强和充分发挥是不可缺少的,但是,人们不是为调整农村金融结构而调整农村金融结构,通过调整农村金融结构,强化并充分发挥农村金融服务功能,显著提高农村金融效率,才是优化农村金融结构的目的。

为了达到上述目的,应始终将增强农村民营金融的适应性、完善农村金融功能、提高农村金融效率,作为构建农村民营金融结构的立足点和落脚点。为此,需要确立以下 4 个子目标。

(1)妥善解决转轨时期农村金融结构存在的历史遗留问题,使农村金融的发展符合社会主义市场经济的客观要求。中国农业银行应定位于为农业和农村经济发展提供综合性金融服务,在此前提下坚持市场化经营原则,办成全面支持农业和农村经济发展的综合性大型商业银行,充分发挥服务"三农"的骨干作用。农业发展银行应通过深化改革,把政策性与银行性统一起来,调整政策性银行的职能,使之从以往单纯的"粮食银行",转变为支持农业开发、农村设施建设、农业结构调整、农产品进出口、农业和农村生态环境建设、区域扶贫开发的综合性政策银行,加大对"三农"的支持力度。农村信用社要通过深化改革而增强活力,有的可转变为农村中小型商业银行,有的可发展为真正意义上的合作金融组织或股份合作金融组织。相当一部分农村信用社严重资不抵债,应根据情况分期分批地逐步关闭。这些历史遗留问题的解决,一方面有利于搞清现有农村金融机构的金融能力和潜力,认清现有农村金融机构供给与农村金融需求之间的差距,从而能更自觉地发展农村民营金融机构;另一方面能促使农村民营金融机构在市场化运作中,同公有金融机构相互支持,相互促进,从而大大提高农村金融效率。

(2)强化现有农村金融结构中需要进一步发展的弱势金融要素,大力创新现有金融机构尚未涉足的金融服务领域。目前农业银行、农业发展银行、农村信用社在农村金融服务中,存在许多弱势部分,例如产品结构单一、金融效率低下、服务方式呆板等等,强化这些弱势部分,有利于增强农村体系的整体功能。同时,已有农村金融机构对许多农村金融服务领域尚未进入或涉足甚少,包括面向农户和农村中小企业的信贷、农业保险、农村企业的直接融资、农村信用担保、农村证券投资等等。农村民营金融主要补充公有金融的不足,在公有金融机构尚未涉足的金融服务方面,创新发展农村民营金融机构,不仅有利于形成合理的农村民营金融机构,而且有助于农村民营金融和农村公有金融共同形成结构合理的农村金融服务体系,从而充分提高农村金融效率。

(3)促进农村金融机构既相互竞争,又彼此合作,达到以竞争推动合作,以合作促进竞争的目的。发展农村民营金融企业所要达到的具体目标之一,便是建立起多元化、竞争性的农村金融市场。竞争能增强农村金融企业的外在压力和内在动力,促进他们提高金融服务能力和效率。随着农村民营金融企业的组建和发展,农村金融竞争不可避免地将全面展开。但是,如果农村民营金融结构不合理,进而加剧农村金融结构的不合理性,则农村金融竞争便难以有序进行和良性展开,而过度竞争和恶性竞争就难以避免,从而建立农村民营金融行业结构的目标便难以达到。因此,在发展农村民营金融企业、建立农村民营金融行业结构时,务必充分考虑建立农村金融的竞争机制与合作机制,通过建立合理的农村民营金融行业结构,推动农村民营金融的良性竞争和相互合作,只有这样,才能切实提高农村金融的运行效率,促进农村金融供给和农村金融需求相互适应。

(4)实现农村金融结构中各方面相互配合和相互促进,以形成农村金融最大的全力。充分提高农村金融的适应性和有效性,为农村经济发展提供持续有力的金融支持,单靠农村金融中某个行业和某类企业,是难以奏效的。目前农村金融供给方面占绝大多数的是银行信贷,但是,单一的银行信贷,绝不能解决金融供给与金融需求相互适应的问题,甚至会导致农村银行风险的积累。孤立地组建一些农村民营金融企业,将他们变成一种简单的、机械的拼凑,也不能形成农村金融的最大合力。发展农村民营金融企业,必须自始着眼于建立合理的农村民营金融行业结构和农村金融结构,而建立这一合理结构,需要从强化农村金融体系整体功能的高度,使各行业的金融企业充分扬长避短、发挥优势,同不同层次、不同方面的农村金融需求相互适应,在金融运行中相互补充、相互配合,以形成最大的整体合力。

综合上述,建立合理的农村民营金融行业结构,必须以充分提高农村金融体系的整体服务功能,提高农村金融的适应性和有效性,增强农村经济发展的金融支持力为目标,围绕这一目标,建立并达到上述4个具体目标。通过这4个目标的实现,最终达到农村民营金融行业结构和农村金融结构合理的理想状态,为农村经济发展提供强有力的金融支持。

二、建立农村民营金融行业结构的原则

当前,农村金融行业结构远不健全。导致"三农"发展的金融支持力相当弱小。完善农村金融体系的一个重要途径,是建立合理的农村民营金融行业结构;而建立这一结构,需要坚持一系列原则,其中包括多元化、多样性、供求一致、竞争性和功能性

等原则。只有坚持这些原则,才能建立适应农村金融需求的民营金融行业结构,强化各类金融机构的服务功能,提高农村金融供求的有效性。

（1）适应性原则。坚持农村金融供给与农村金融需求相一致,从农村金融需求的情况和特征出发,发展与之相互适应的农村金融供给,是构建民营金融行业结构必须的根本原则。构建与农村金融需求相一致的农村民营金融行业结构,一方面,能使农村金融组织获得大量的业务机会和广阔的发展空间,使农村金融企业充分发挥功能和作用,并且不断提高其经济效益;另一方面,能使农村金融需求切实得到满足,促进农村进步、农业发展和农民增收,而"三农"问题的解决,又能使农村金融建立在更好的基础上,并向更高的层面提升。反之,如果农村民营金融行业结构与农村金融需求不相一致,金融供给不能适应金融需求,金融组织便难以全面提供有效的金融服务,他们的经营业务便会日渐萎缩,效益便将不断下滑,甚至被迫作出退出农村金融市场的选择。农村金融供给与农村金融需求不相一致,还会导致农村经济发展继续受到资金供给的制约,致使"三农"问题难以从根本上得到解决,从而使得农村经济与农村金融难以良性互动。中国农村金融市场中,金融供给与金融需求长时间存在不一致的情况,农村正式金融所提供的金融服务,远远不能适应农村金融需求,两者之间的不对称现象相当严重。例如,正式金融组织在产品创新中推出的小额农贷,其初衷是解决广大农户在发展中资金不足的问题,为农户发展生产、实现增收提供支持。但在具体推广这一产品过程中,金融机构把农贷限制于农户的生产性用途中,在贷款期限、资产抵押,贷款程序等方面,同农户的借贷需求存在诸多不相适应之处。其结果,小额农贷这一创新产品一直难以做大,甚至出现了农村借贷需求非常迫切,金融机构的支农贷款却很难贷出去的奇怪现象。而与此并存的另一现象,则是农村中非正式金融屡屡遭受堵截,但其提供的借贷却受到农户欢迎,越做越大。究其原因,主要在于前者提供的金融服务与农户的金融需求特点不相适应,而后者提供的资金借贷与农户的金融需求相互适应。

(2)多样性原则。农村经济的总体落后和不平衡性,决定了农村金融行业结构的构建要从各地农村的具体情况出发,发展多样性的结构模式,而不能一刀切地采取同一模式。在当代中国,不仅东部地区、中部地区和西部地区的农村,存在很大的差别,而且在东部、中部、西部农村内部,也存在发展很不平衡的特点。各地农村发展的不平衡性,客观上要求建立多样性的金融结构模式。农村民营金融企业的模式应具有多样性,而不能是单一性。

(3)竞争性原则。建立和发展多元化、竞争性的农村金融市场,是建立农村民营金融行业结构的重要原则。农村金融市场已出现由农村信用社垄断的态势。人们对当前农村金融中"一农支三农"的概括,既是对农村金融薄弱的一种生动描述,又是对农村信用社在农村金融市场形成新的垄断的一种深刻揭示。缺乏竞争,是当前农村金融市场存在的主要问题之一。农村金融失去竞争,将严重弱化农村金融企业的外在压力和内在动力,导致农村金融效率低下,致使农村金融一系列深层次问题难以解决。在缺乏竞争性的农村金融市场中,发展"三农"的金融支持力势必不断减弱,虽然居于垄断地位的农村金融机构可能获得一时的、表面的收益,但受损失的则是农村、农业和农民。一旦外资金融机构进入农村金融市场展开竞争,长期缺乏竞争锻炼的农村信用社将难有招架之力。对于中国农村金融而言,形成和发展金融竞争,是一种重大创新和进步。农村金融竞争的展开,将极大地促进农村金融企业提高自身的竞争力和控制力,提高市场运作水平和金融效率;促进农村金融供给与农村金融需求相互适应,提高农村金融供给的有效性;破解农村中小企业和广大农户长期受资金"瓶颈"制约和困扰的难题,从而促进

"三农"问题的解决。同时,发展农村金融竞争,有利于农村金融机构适应竞争环境,积累竞争经验,增强竞争实力,为今后同外资金融机构的竞争作好充分的准备,打下扎实的基础。应该指出,农村金融竞争,应该是一种良性的适度的竞争,而不应是恶性的过度的竞争。适度的竞争不仅不排除合作,而且要以合作为基础。单一强调发展农村民营银行业,虽然能起到推动竞争的作用,但很可能导致过度竞争,影响建立合理的民营金融行业结构。合理的民营金融行业结构,应该使民营金融企业同公有金融企业之间、农村民营金融企业之间,既相互竞争,又相互合作、相互促进,避免恶性竞争和只讲竞争不讲合作的现象发生。

（4）强化功能原则。发展农村民营金融企业,存在两种不同的思路:一种是仅仅注重农村民营金融机构设置的"机构"论,另一种是强调农村金融体系功能强化和发挥的"功能"论。为了重构一个结构合理、功能强大、能够提供及时有效服务的农村金融体系,我们应避免"机构论"的思路,遵循"功能论"的思路。

"机构论"遵循的是"机构——作用——绩效——功能判断"的基本思路,认为农村金融体系的构建首先要重视既有的金融组织结构,他们在农村金融的历次变革和调整中,皆以"机构论"为基本思路,注重农村金融机构的现存形态,使变革成为自上而下的政府行为,成为既有金融机构职能和利益的调整。以"机构论"为思路的农村金融改革,由于仅仅围绕金融机构的设置下工夫,因而使金融体系的构建难以真正体现农民的意愿,农村金融供给与金融需求脱节,导致了农村金融结构单一、功能弱小、效率低下、资金外流、农村需求得不到满足等一系列问题。

"功能论"遵循的则是"金融需求——金融竞争——金融服务功能——金融组织机构"的基本思路,认为建立金融体系,应从金融需求的现实情况和进一步发展的趋势出发,通过建立适度竞争的外部环境,促进各类金融组织形式的多样性,使之在竞争中找准自己的市场定位,明确金融市场对自己的功能需求,在此基础上选择合理的金融组织结构,确立、强化和实现金融组织的功能,以满足现实的金融需求,并不断激活新的金融需求,达到既提高金融供给的有效性,又不断促进经济发展的目的。

显然,发展农村民营金融,应改变"机构论"的思想指导,而采取"功能论"的基本思路,坚持强化农村金融功能的原则。这就是说,农村金融体系的重构,首先要着眼于农村现实的金融需求以及潜在的金融需求向现实金融需求转化的情况出发,营造农村金融市场适度竞争和公平竞争的外部环境,明确农村金融需求对金融功能要求,农村金融需求和金融竞争对金融组织的功能需求,在此基础上建立和完善农村金融供给结构,以充分发挥各类农村金融组织的服务功能。按照功能性原则,我们在发展农村民营金融时,不能仅仅发展单一的金融行业,即仅仅注重民营银行业的发展,而必须自始考虑建立合理的民营金融行业结构。只有这样,才能切实强化农村金融的服务功能,真正提高农村金融的效率。

第三节 农村民营金融行业结构的构成要素

农村金融需求多元化和多层次的特点,客观上要求农村金融走出行业结构单一化的困境,加快走上行业结构多元化之路。在当前及今后一段时间内,农村金融依然难以摆脱以间接融资为主的格局,但是,如何提高农村直接融资的效率,如何逐步提高农村直接融资在融资结构中的比重,如何提高间接融资的效率,加快改变农村金融低效性的状况,则是我们必须思考和解决的现实课题。发展多元化的民营金融行业结构,无疑是解决这一问题的重要路径。农村民营金融行业结构,应该是多行业有机构成的复合性结构,只有建立这样的结构,才能充分发挥其促进间接融资、扩大直接融资、推动竞争合作、提高金融效率的功能。农村民营金融行业结构,应包括以下构成要素。

一、农村银行业

随着社会主义新农村建设的推进,农村金融需求总量显著扩大,金融需求结构也日趋丰富。然而,在金融深化改革中,大型商业银行大量从农村撤出分支机构,农村信用社也出现"弃农支工、离乡进城"的倾向,农村经济发展的金融支持力逐渐弱化,不少农村地区甚至成为金融盲点。现代农业的发展,新农村建设的兴起,客观上要求现有农村银行业强化活力,加大支农力度,同时也日益呼唤着适应农村金融需求的新型银行产生,这便是农村社区银行。

农村社区银行,是资产规模较小,按股份制或股份合作制的要求组建,以农村当地经济为服务对象的盈利性的现代商业银行。农村社区银行的资产规模较小。国外一般将社区银行的资产规模规定在10亿美元以下,也有些学者认为应在1亿美元之内。国内有的学者认为,中国社区银行的资本在1亿元人民币以下,资产规模应在20亿元人民币之内。尽管国内外学者对社区银行的资本规模和资产规模的定量指标差距较大,但都认为社区银行的资产规模以小为特点。我们认为,在资本和资产规模方面,国外社区银行与国内社区银行、国内城市社区银行与农村社区银行、经济较发达与经济落后农村地区的社区银行,其资产规模上限界定应有不同的指标,后者的规模可小于前者。农村社区银行的服务对象较为集中,主要是当地中小企业和广大农户、专业户。同大型商业银行相比,农村社区银行对社区内中小企业和广大农户的金融供给,具有其独特的优势。这既是农村社区银行服务对象集中于当地企业和农户的动力,也是他们在农村金融竞争中能够生存和发展的原因。农村社区银行采取股份制或股份合作制的模式,以追求利润最大化为主要经济目标,具有现代金融企业的特征。农村社区银行的上述特征,使其既不同于国有大型商业银行和民营商业银行,也不同于农村合作金融组织。

发展农村社区银行,是完善农村金融体系的切入点和推动力。当前,农村金融体系很不健全,亟待改革和完善。发展农村社区银行,则能优化农村金融企业结构,有力遏制农村资金外流,扩大农村的资金供给,有效提高农村现实金融需求的满足程度,并加快激活农村多样性的潜在金融需求。农村金融存在的一个深层次问题,是缺乏竞争性,由此导致农村金融的动力和活力弱化。农村社区银行的兴办,则能打破农村信用社对农村金融的垄断,形成社区银行同农村信用社等多种金融机构合理分工、优势互补、适度竞争、相互合作的格局,从而增强农村金融的生机与活力,强化农村金融的服务功能。

农村社区银行的发展,对于农村经济发展和新农村建设,具有直接和重大的推动作用。农村经济发展,长期遭受融资难的困扰。农村金融市场存在着低效性。以农户、工商户、中小企业为主体的农村金融需求,存在着单笔数额小、项目分布散、申请频率高、要求提供快等特点。农村金融中长期存在以下难题:资金供给方与需求方信息不对称的矛盾,金融机构要求资产抵押与信贷对象缺乏抵押资产的矛盾,金融机构利润最大化的目标追求与信贷高成本的矛盾,金融资本运行的安全性要求与农业特质风险的矛盾,农户消费性借贷与金融机构信贷的生产用途规定的矛盾。显然,大型商业银行难以解决这些难题,也不愿介入这种业务。农村社区银行所以能成为农村经济发展的重要推动力量,从根本上来说,是由于其能适应农村金融需求情况的特点。农村社区银行具有内生性,根植于农村社区,是当地土生土长的"草根金融"。农村社区银行的资金主要来源于并投放于社区,同社区农户、工商户和中小企业存在密切的经济利益关系,具有人缘地缘优势。农村社区银行经营业务的区域性和服务对象的集中性,使其能及时掌握社区内金融需求者的经济信息,克服信息不对称的现象。农村社区银行具有经营的灵活性,能适应当地金融需求情况,大力进行业务和产品创新,灵活开展多种形式的业务。与大型商业银行的交易性经营要求不同,农村社区银行有条件、有能力采取以关系融资为主的业务方式。农村社区银行具有显著的信息成本优势和代理成本优势,往往能取得较好的经济效益。农村社区银行的这些特点和优势,使其对农村金融需求具有较强的适应性,能在很大程度上破解农村金融供求中的许多难题,为农户、专业户、中小企业的融资提供极大便利,从而有效促进农村发展、农业增效、农民增收。

从更高层面来说,发展新农村民营金融,也是实现城乡协调发展、建设和谐社会的必然选择。社会和谐是中国特色社会主义的本质属性,是国家富强和人民幸福的重要保证。目前,我国社会总体上是和谐的,但也存在不少影响社会和谐的矛盾和问题,其中城乡经济发展不平衡,是影响社会和谐的重要问题。农村经济与城市经济的重大差距,导致了农村金融与城市金融的重大差距;农村金融的落后,又反过来加大了农村经济与城市经济的不平衡性。因此,发展农村社区银行,强化农村金融服务功能,对于农村经济与城市经济的协调发展,对于和谐社会的建设都具有重要意义。

发展农村社区银行,不仅具有必要性和紧迫性,而且存在可能性和现实性。首先,农村社区银行的特点决定了其对农村金融需求具有较强的适应性。社区银行在开展以农户和中小企业为主要服务对象的经营业务中,能做到扬长避短、以小补大、以活求利、以专取胜。由于有利可图,加上政策支持,非公资本也就有投资于社区银行的愿望。其次,农村经济虽然总体落后,但也存在不平衡的问题。一部分先富起来的城镇居民、农民和企业手握闲置资金,民间借贷资金总量约在8000亿~1万亿元。

据农业部调查显示,2003年全国农村居民通过民间借贷所获融资总额,占其融资总额的71%。同时农村之外的社会资金也可能进入农村金融服务业,这使得农村社区银行资本金有广泛的来源。再次,农村社区银行直接服务于社区经济,对当地经济发展具有重要影响和直接推动作用,因而更能得到当地政府和社区的支持。最后,新农村建设的推进,将促使农村金融需求规模不断扩大,金融需求结构不断丰富,因而农村社区银行有巨大的发展空间。

农村社区银行的推出,可以考虑采取以双管齐下的方式:①支持非公资本进入农村金融业,兴办新的社区银行。具体途径有两条:一是吸引非公企业资本,可以是农村民营企业资本,也可以是农村非公企业同外地非公企业共同投入资本。由这种方式组建的农村社区银行,产权明晰,市场定位明确,没有历史包袱,将为农村金融注入较强活力。二是积极引导农村非正规金融转变为农村社区银行。民间借贷作为非正规金融形式,在农村存在久远。随着农村经济和新农村建设的发展,农村民间借贷日趋活跃。在许多农村地区,农户、专业户和中小企业通过民间借贷所获取的融资额,大大超过从正规金融机构获取的信贷额。当前,农村非正规金融虽有其存在的合理性,但又不具备合法地位:既不能对其加以扶持,又难以对其实施有效监管。农村民间借贷是一个绕不开的难题,而积极引导非正规金融走上企业化、正规化、合法化之路,支持民间借贷资本组建农村社区银行,一则可以控制和减少民间借贷的资金来源,限制民间借贷的消极作用;二则可以将更多的民间闲散资金转化为资本,为农村社区银行提供广泛的资本来源;三则可以为农村建立合法的融资渠道,提高农村金融供给的适应性和有效性;四则有利于对农村金融实施有效监管,更好防范和控制农村金融风险。②将农村信用社改造为社区银行。当前,农村信用社普遍存在着产权关系不够明晰、资本充足率严重不足、法人治理结构不健全、经营管理不善、金融风险增大等问题,相当一部分农村信用社陷入资不抵债、难以为继的境地。深化农村信用社改革,可以考虑按照股份制或股份合作制的原则,引入民间资本,实行增资扩股,从根本上明晰其产权结构,健全法人治理结构,建立科学的管理体系,使之成为真正意义上的农村社区银行。

农村社区银行产权结构的选择。不同的产权组织形式,对社区银行法人治理结构的建立和经营管理的发展,具有决定性的影响。有的学者主张,社区银行可采取股份制社区银行、合作制社区银行、股份合作制社区银行三种模式。笔者认为,此种意见需要商榷。农村社区银行,主要应选择股份制模式,根据农村金融的历史和现实情况,还可采用股份合作制模式。合作制是劳动者在自愿、民主基础上形成的以劳动合作为核心的经济组织形式,其性质特点为自愿性、管理民主性、互助性、非盈利性。而社区银行则是以资本为权利核心的盈利性的现代金融企业,同合作制金融企业组织有着性质的区别。合作制产权组织形式,股份来源具有相对封闭性,难以吸引较大资本的进入,资本规模难以持续扩张;民主管理在事实上具有较大的局限性;合作制的非盈利性,与市场经济和金融规律存在矛盾,而合作制金融组织没有一定的盈利,便难以改善企业竞争力,在市场竞争中难以生存和发展。因此,农村社区银行不宜采用合作制的产权结构模式。

二、农村信用担保业

农村金融结构的重构和发展,离不开较为完善的农村信用担保体系,而农村信用担保结构,又是农村金融体系中不可缺少的重要组成部分。

农村中小企业和广大农户,是农村金融需求的主体。农村中小企业和农户融资困难的一个重要原因,在于他们资本规模和经营规模小,负债能力较弱,信用资源较为短缺,信用价值量过小。农村中小企业经营业务历史不长,与银行打交道的时间很短,信用观念也较为淡薄,其信用资源需要在市场交易中逐步积累起来,这需要一个较长的过程。资源不足将导致他们难以参加信用交易,因而使得他们难以获得信贷资金。农村中小企业和农户在向金融机构申请信贷时,两者之间存在着很大的信息不对称问题。中小企业和农户的内部信息残缺不全,混乱不堪,而且可能存在不少虚假成份。这无疑降低了金融机构对他们所提供信息的信任度,增大了金融机构的信贷成本,使得金融机构不愿向中小企业和农户提供信贷,即使愿意提供信贷,也要严格按照信贷程序和条件,要求中小企业和农户提供合格的抵押资产。但是,农村中小企业和广大农户的抵押资产不足,其数量和质量往往达不到金融机构的要求,而且中小企业和农户一旦到期不能归还贷款,金融机构很难将这些抵押资产变现。因此,中小企业和农户的融资十分困难。长时间以来,政府为了改变农村融资难的状况,一方面要求农村金融需求主体加强管理,规范和健全财务管理,如实披露信息,另一方面要求金融机构重现农村信贷,推进产品创新,增加对农村中小企业和农户的金融支持。但是,政府对金融机构的强制性要求往往收效甚微,不具有长效性。

发展农村信贷担保机构,建立和健全农村信用担保体系,则是解决农村金融供给和需求矛盾的有效途径之一。农村信用担保机构作为介于农村中小企业、广大农户与金融机构之间的第三方,通过信用担保形式为农村金融需求主体的风险提供担保,降低金融供求双方的交易成本,增强金融机构的信贷激励,促成金融交易的发生和完成。在农村金融体系中,信用担保机构作为专业化的从事信用担保的中介机构,具有以下主要功能:首先,金融资源配置功能。在农村金融市场中,担保机构选择信贷需求方,并向其提供信用担保,信贷需求方通过担保机构的信用担保而获得信贷,这个过程,实际上是担保机构引导金融资源合理配置的过程。在农村金融交易中,信贷需求方有优质开发项目,但由于缺乏抵押条件而难以融资,这种现象大量发生。信用担保机构通过担保对象有偿使用其信用资源来提高被担保人的信用等级,消除交易中的障碍,促成交易的完成,从而使资金流向优质中小企业、农户和项目,达到金融资源优化配置的目的。其次,交易费用节约功能。信用担保机构具有专业化的特征,通过专业经营来收集、整理、分析信息。农村信用担保机构同一定区域范围的中小企业和农户,都有着较为密切的联系,能掌握他们的信贷和经营状况。同时,信用担保机构同银行也有着经常的业务联系,对银行的信贷偏好和运行特点较为熟悉。因此,由信用担保机构作为第三方,能够降低交易过程中的交易费用。再次,风险管理功能。从控制金融风险的角度来说,信用担保机构的介入,一方面转移和减少了资金供给者的风险,使之能进一步防范和控制自身承担的风险;另一方面担保机构发挥其信息灵通和项目评估的优势,能对借贷方的开发项目作出具有一定科学性的评价。在担保机构介入的情况,借贷方的项目既需接受银行的评估,又需接受担保机构的评估,这就能进一步提高项目的评估质量和水平,从而有利于降低借贷方的风险,提高项目开发的成功率。

随着改革的深化,中国面向中小企业的信用担保机构,主要在城市得到一定的发展。近几年来,城市的信用担保机构呈现出了资金来源多元化、担保组织形式和担保品种多样化、担保机构多功能化的特点,对城市中小企业融资发挥了重要作用。但是,农村信用担保机构在许多农村地区还处于空白状态。建立和健全农村信用担保体系,不仅完全必要,而且甚为紧迫。

三、农业保险业

农业保险是为农业生产者在农业生产遭受自然灾害和意外事故所造成经济损失而提供保障的一个险种。中国是个农业大国,农业是国民经济的基础,农业经济的发展对整个国民经济发展具有直接的促进和制约作用。农业又是弱质产业,属于直接经济效益较低而社会效益较高的产业。农业生产在很大程度上受自然条件的影响,具有较大的自然风险。农业保险可以促进农村保险体系的建立和完善,使农业生产在遭受自然灾害之后得以迅速恢复和发展,保障农业稳定持续的增长;可以提高处置自然灾害的透明度,使农民真正享受到农业补贴政策的优惠;通过专业性的防灾机制,能够发挥风险管理的优势,为自然灾害的预测提供多方面的支持。中国是世界上农业自然灾害较为严重的国家,农业保险具有重要的经济补偿职能,在许多种植业和养殖业地区,农民都有着自然灾害保险的现实需求和潜在需求。因此,重构农村金融体系,必须将发展农业保险纳入其中。

　　当前,中国农业保险的发展相对滞后,与农业在国民经济中的地位很不相称,开办农业保险业务的仅有中国人民财产保险股份有限公司、中华联合财产保险公司等 4 家。2004 年全国农业保费收入仅 3.77 亿元,较上年减少 18.86%,农户平均农险不足 3 元;赔付率连续多年高达 80% 以上,持续高于保险业公认的 70% 的临界点;农业保险种由最多时的 60 多个,下降到目前不足 30 个。农业保险亟待走出困境,实行根本性改革。农业保险应建立多元化投资主体,多种形式、多种渠道的保险体系,主要形式包括:政策性农业保险公司、商业性农业保险公司、专业性农业保险公司、农业相互保险公司、外资和合资农业保险公司以及农村互助合作性农业保险组织。发展农业保险应充分考虑各地农村存在较大差别的现实情况,由各地农村选择适应当地情况的农业保险组织结构,而不应强求统一。农业保险要积极融入农村金融体系,与农村银行业相互合作,互动发展,针对农民保险意识薄弱的情况,可将灾害保险与贷款保险捆绑使用,即由地方政府拿出部分资金,从农户贷款中扣除较小数额,将这两部分资金投入农业保险,这既可减轻农民遭灾后的还贷压力,又可减少和分散农业的灾害风险和农村银行的贷款风险。发展农业保险必须遵循市场经济规律,力保农业保险资金的安全性和效益性,防范经营风险,实现农业保险业务的稳定持续发展。加强农业保险立法,规范和发展农业保险市场,搞好农业保险监管,以促进农业保险健康、快速的发展。

四、农村投资银行业

发展农村金融,不仅要重视农村间接融资总量的增长,而且要促进农村直接融资规模的扩大,提高直接融资在融资总量中的比重,改善农村融资结构。

农村融资结构,直接反映农村经济结构的水平。合理的融资结构,对于促进农村产业结构的优化升级,推动农村经济的协调发展和持续增长,尤其是促进农业产业化龙头企业的发展,具有十分重大的意义。反之,融资结构严重畸形,则反映出农村产业结构的不协调和农村经济的低水平,其结果必定影响农村经济发展和农民增收,同时还将导致金融风险过分集中于某一类金融部门,使这类金融部门的竞争力弱化。长期以来,农村融资基本是间接融资,直接融资甚微。至 2006 年 11 月,中国股票市场的上市公司达 1440 多家,而农业板块的上市公司仅有 41 家,占上市公司的 2.9%。至于企业债券的发行,农业企业所占的比例也极低。中国农业要摆脱传统模式的束缚,朝着现代模式发展,仅靠农户和农村企业的自身积累、国家财政支持和金融机构的信贷投入,是难以解决资金供求矛盾的。培育农村资本市场,通过发行股票和债券,加大农村直接融资的规模和比重,则是重构农村金融体系的重要内容之一。发展农村资本市场,一方面,要提高农业经济的市场化程度,培育农村资本市场主体,尤其要大力发展农业产业化龙头企业和农业科技型企业,壮大其资本规模和经营规模,提高其运行质量和经济效益,做到农村经济企业化、农业企业股份化、农业股份公司资产证券化;另一方面,要改善农村金融组织结构,加快发展农村投资银行。

投资银行是从事资本市场业务的非银行金融机构,主要开展证券发行和承销、证券交易代理、企业资产重组和并购、基金管理、投资、为企业投融资提供咨询等业务。投资银行不同于商业银行,投资银行不开展吸收存款、提供信贷、汇兑、结算等银行业务。投资银行作为资本市场最重要的中介,是现代金融系统中的核心要素之一,对改善融资结构具有举足轻重的影响。农村投资银行通过为农村需求者的融资决策提供依据,对融资者的资金需求进行设计,开辟资金需求者的资金来源,创造和实现资金供给等,促进农村金融资源的配置和融资结构的优化。对于农村产业结构的优化升级来说,农村投资银行不仅能发挥增量调整的功能,而且具有存量调整的作用,为农业产业化龙头企业和新兴的农业科技型企业从资本市场上募集资金,而这些是间接融资所难以做到的。农村投资银行作为农村资本市场中资金供给者和需求者之间的中介,为投资者提供多元化的民营投资渠道,为需求者开辟直接融资的途径,在多样性的直接融资中发挥有力的催生作用,转移和分散农村商业银行的压力与风险,并促进这些银行改进服务质量和提高运行效率。

中国内地的投资银行始于20世纪90年代之初,起步较晚,但发展迅速。投资银行的本质特征是证券公司。中国的投资公司以证券公司、信托投资公司、基金管理公司、财务公司、投资咨询公司、租赁公司等为主体,这些非银行金融机构虽然不是完全标准的投资银行,但都程度不同地介入投资银行业务,在一定意义上扮演投资银行的角色。目前,全国共有130多家证券公司、30多家基金管理公司、60多家信托投资公司从事投资银行业务,对经济和金融发展作出了重大贡献。另一方面中国投资银行业还存在许多问题,有些问题还比较严重,主要表现为:投资银行规模小、缺乏长期的稳定的资金来源,资本实力弱小使其难以同国际竞争对手相抗衡;业务单一,产品创新力不强,局限于传统的经营模式,盈利水平较低;投资银行各类机构缺乏合理分工和特色经营,容易形成恶性竞争;治理结构不健全,负债比例过高,内部风险管理存在许多漏洞;投资银行的组织结构不够合理,缺乏实力强大、声誉卓著的大型骨干投资银行。从布局来看,投资银行机构基本上集中于城市,其业务主要是面向城市企业,对农村资本市场的服务十分有限。

农村经济的发展,新农村建设的推进,呼唤着农村投资银行业的兴起,企盼着现有投资银行业机构更多更好地服务于农村,同时也为农村投资银行业的发展提供了强大动力和发展空间。在农村金融结构的构建中,人们应跳出仅仅注重农村商业银行发展的传统思维方式,而应把发展农村投资银行业作为其中的一个重点,把培育农村资本市场、提高农村直接融资的比重,列为重要目标之一。

第四节　建立农村民营金融行业结构需妥善处理的若干问题

农村民营金融行业结构的建立与健全,是农村金融的创新举措,是一个逐步推进的过程。由于建立农村民营金融行业结构事关农村金融的稳定和安全,事关农村发展、农业增效和农民增收这一重中之重,因此,在实施这一重大突破时,既不可裹足不前,也不可操之过急,而必须统筹兼顾,系统思考,积极稳妥地推进,尤其要妥善处理好以下几个问题。

一、妥善处理市场作用和政府作用的关系,坚持以市场为基础和导向,把市场主导和政策推动有机结合起来

建立农村民营金融行业结构,必须坚持以市场力量为主,依靠市场内生力量,这是一条长远和根本的方略。改革开放已历经三十多年,中国成功实现了从高度集中的计划经济体制到充

满活力的社会主义市场经济体制、从封闭半封闭到全方位开放的伟大转折,中国经济和金融运行已基本进入了市场经济轨道。改革开放促进农业和农村面貌发生了可喜变化,农村经济结构不断改善,出现了多元化和多层次的特点。新农村建设的扎实推进,使农村金融需求总量大为增加,金融需求结构进一步复杂化。随着农村经济的发展,多层次、多元化经济主体的市场意识、理性化程度也将逐步增强,他们对金融产品和金融服务多样化的需求日益强烈。农村金融需求出现的新情况和新特点,要求农村金融结构相应进行调整。农村金融体系中,不仅要有公有金融机构,而且要有民营金融机构;不仅要有民营银行,而且要有民营非银行金融机构。只有以市场为基础,充分发挥市场的作用,才能使农村民营金融行业结构建设趋向合理,同农村金融需求相互适应。

在建立农村民营金融结构的过程中,市场的力量和作用,不能取代政府的力量和作用,政府推动仍然是不可或缺的。我国仍然并将长期处于社会主义初级阶段,经济发展既面临着前所未有的宝贵机遇,也面临着各种严峻的挑战;既蕴涵着巨大的发展潜力和空间,也承受着来自人口、资源和环境等约束的巨大压力。我国城乡经济、城乡金融存在很大差距。农村经济金融的发展水平还比较落后,各经济主体的市场意识还较淡薄,市场行为还不够规范,农村金融市场内生力量较为弱小,农村资本市场还不健全,市场主体还很弱小。在这种情况下,完全依靠市场力量来建立农村民营金融行业结构是不现实的,也是难以达到目的的。同时,完全依靠市场力量,还会造成某些消极现象,产生一定的盲目行为,给农村经济金融的稳定发展带来不良后果。另外,单一通过市场力量来调整农村金融结构,必定需要历经很长时间,而优化农村金融结构,是解决"三农"问题的迫切需要。所以,建立和健全农村民营金融结构,应坚持市场主导和政府推动相互结合,这是由社会主义初级阶段农村经济金融现实情况以及我国经济体制的特点所决定的。

二、在金融业拓展对外开放的同时加快对内开放

建立合理的农村民营金融行业结构,必须处理好金融业对内开放与对外开放的关系。只有把这两种开放统一起来,才能真正促进农村民营金融行业结构的建立,增大农村金融业的实力规模,提高农村公有金融和非公金融的市场化、国际化经营水平。

加入 WTO 以来,我国金融业在不断深化改革的同时,逐步推进和加快对外开放。但是,金融业在对外开放的同时,绝不能忽视对内开放。金融业对内开放和对外开放,是相辅相成的两个方面。对内开放是对外开放的前提,为对外开放提供必要的基础,作好必要的准备。如果金融业对内不开放,那就谈不上对外开放;即使对外开放,也会因缺乏金融竞争力而遭受外资的强大冲击,影响金融的发展和安全。对外开放则是对内开放的必然产物,对外开放推动对内开放跃上新的水平,促进国内金融稳健地实行与国际接轨,并在接轨中不断提高和完善。我国金融业必须通过对内开放进一步夯实对外开放的基础,以做到有能力充分利用对外开放带来的机遇,有实力应对对外开放中出现的挑战;另一方面又要逐步推进对外开放,在金融国际竞争与合作中提升竞争力,以推进对内开放不断向深度和广度发展。

进入 21 世纪以来,中国金融业在对内开放方面迈出了一定的步伐。但是,金融垄断的思维方式依然存在。金融是现代经济的核心,对经济发展的各个方面都具有重大影响,由此人们总是担心非公经济进入金融领域,会引起恶性金融竞争、加大金融风险、影响金融稳定发展,因而对非公经济进入金融领域采取抵触和排斥的态度,习惯于以行政手段来维持所谓的金融稳定,致使金融的行政色彩依然浓重,金融机构行政化、金融市场行政化、监管体制行政化、业务审批行政化现象依然存在。在非公经

济进入的问题上，行政管理机构的思想顾虑甚多，行政设置的进入门槛偏高，进入条件太严，行政审批程序复杂等等。这一切，无疑给农村民营金融业的发展造成了诸多障碍。

金融业的对内开放，主要包括两个方面的内容：一是金融体制的对内开放，二是金融业务的对内开放，这两个方面的对内开放，都涉及一个共同的问题，即支持民营金融发展，允许其开展相关的金融业务。在扩大对外开放的同时推进对内开放，扭转两种开放互不协调的倾向，是发展民营金融的必备环境，缺乏这种环境，非公经济便仍将被排斥于金融业之外。因此，我们必须按照市场经济的要求，进一步推进金融业的对内开放，支持民营资本进入农村金融业，降低资本准入门槛，放宽非公经济的进入条件，简化农村民营金融机构的审批手续，取消对农村民营金融企业开展正常业务的行政干预，放松对农村民营金融的行政管制，出台支持农村民营金融业的优惠政策。只有把金融业对内开放与对外开放统一起来，才能创造出民营资本愿进入、能进入、进得来、退得出的良好环境，真正促进农村民营金融的发展，并为金融业对外开放创造更好的条件。

三、正确处理城市金融与农村金融的关系

正确处理城市金融与农村金融的关系，直接决定着当前非公经济进入金融领域的主要方向，关系到农村融资环境的改善，影响着非公经济进入金融服务功能发挥和竞争力的稳定增强。

当前，城市金融与农村金融严重失衡，极不协调。随着金融改革的深化，大型商业银行实行市场化运作，在信贷方面向重点城市、重点行业、重点企业倾斜，大量撤并县以下金融机构。股份制中小型商业银行，基本上集中于城市，非银行金融机构也是如此。农村金融甚为薄弱，金融服务功能整体弱化，农村信用社势单力薄，好似一个体弱多病的瘦汉，却要他挑起超出自身极限的重担，其结果只能事与愿违。农信社有可能垄断农村金融市

场,农村金融市场由于缺乏竞争而导致的后果,将是灾难性的。问题还不仅在于此。农村发展资金本来就缺乏,农村个私经济融资历来就极为困难,但是农村资金却通过商业银行、邮政储蓄等渠道,大量流入城市,即或是农村信用社,也出现了嫌贫爱富、避弱支强、离乡进城的现象,城乡经济的失衡,加强了城乡金融的失衡并使城乡金融的差距日趋扩大。

城市金融与农村金融,本是我国金融体系中两个不可或缺的组成部分,它们相互依存、相互制约、相互促进。长期存在的城乡经济二元结构,导致了城乡金融的二元结构;而城乡金融发展的严重不平衡,又使城乡经济差距不断扩大。农村金融的薄弱,制约了农村产业结构的调整和农民收入的提高,影响了城镇化进程和农民工进城就业,限制了农村基础设施的建立和完善,影响了扩大内需,使得城市相当一部分过剩的生产能力难以发挥作用。这一切,不利于城市经济稳定持续地发展,进而对城市金融产生不利影响。正确处理城市金融与农村金融的关系,支持非公经济重点进入农村金融业,大力发展农村民营金融,已成为全面建设小康社会,实现城乡经济良性循环的必然选择,成为解决"三农"问题的重要途径,构建和谐社会的关键所在。

实现城乡经济和谐发展、城乡金融良性互动,不仅要从政策上支持非公经济重点进入农村金融领域,而且要使它们进入后充分发挥其功能,切实增强解决"三农"问题的金融支持力。

首先,要通过扩大农村金融机构的利率浮动范围和实行优惠的税收政策,支持非公经济重点进入农村金融领域,防止民营金融机构大量挤入城市金融业的倾向。

其次,农村民营金融机构,必须坚持服务"三农"的方向,其经营业务必须立足"三农"、面向"三农",防止民营农村商业银行吸纳农村存款,而贷款给城市企业的偏向。

再次,制定社区再投资法,确定强制性的支农贷款比例。任何金融机构,包括大型商业银行、中小型商业银行、邮政银行等,只要吸收了农村存款，就必须拿出一定比例的金额用于当地的农村信贷。金融监管部门应对此严格监管，违规银行要受到法律的惩罚，甚至可令其退出金融市场。

第四，非公经济进入农村金融后，并不能包揽农村发展的一切资金需求。随着新农村建设的逐步发展，农村的资金需求规模会越来越大。因此，要坚持城市金融支持农村金融、城乡金融和谐发展。城市金融机构要积极支持农村资本市场发展，大力培育和发展农村资本市场主体，帮助农村发展直接融资。大型商业银行应进一步做大对农村的小额信贷。城市金融机构对农村经济发展的支持力越强，农村经济就能发展得越好越快；"三农"问题解决得越好，农村民营金融机构发展的基础就越扎实。

四、建立农村金融的竞争合作机制

非公经济进入金融领域，有利于打破国有金融的垄断，促进金融业内部的竞争。尤其在农村金融领域，随着非公经济的进入，民营金融企业与农村信用社的竞争将不可避免。妥善处理金融竞争与金融合作的关系，对于增强金融企业活力，保持金融稳定，维护良好的金融市场秩序，将是十分重要的。

当前，农村信用社有可能形成对农村金融的垄断。缺乏竞争，是农村金融市场的主要弊端之一。在农村金融市场引入竞争，既是农村金融改革的当务之急，又是农村金融发展的长久方略。然而有一种意见认为：一县设一家农信社都很难养活，农村维持一家农信社可以办好，没有必要搞竞争。我们认为此种观点绝不可取。一县一家农信社都难养活，是一种封闭的、静态的观点。有些农信社的确存在存贷款规模都达不到养活自己的要求，但与此并存的却是当地许多资金都流入商业银行和邮政储蓄，这是由于农信社缺乏经营力和竞争力所致。农村金融机构的存贷活动是动态的，随着"三农"问题的解决，农村存贷规模将不断扩大，农村金融也将不断深化，因此，以一县难养活一家农信社作为否定农村金融竞争的前提,显然是站不住脚的。以维持农信社在农村金融的独家垄断来办好农信社,只能是一厢情愿。农信社的独家垄断,可能会给农信社带来一时的、表面的利润,但是,它将导致农村金融一系列深层次问题得不到解决,并且使行政色彩甚浓的农信社自身日益失去外在压力和内在动力。一旦外资进入农村金融领域,缺乏竞争锻炼的农信社将难有招架之力,甚至可能轰然坍塌。

对于转型中的农村金融来说,打破垄断局面,形成竞争格局,是一种历史性创新和突破性发展。它有利于增强金融企业的活力,提高金融企业的竞争力和自我控制力,改善金融市场的供求结构,缓解实体企业尤其是中小企业融资的困难。同时,金融领域的竞争,能更好促进金融资源的合理流动,进一步发挥金融市场在资源配置中的基础作用,为金融宏观调控提供更为有效的传导机制。随着金融业对外全面开放过渡期的结束,开展国内金融竞争,也是迎接外资金融的严峻挑战,提升金融国际竞争力,实现国内金融安全和发展的必然选择。

在社会市场经济条件下,金融竞争不仅不排除金融合作,而且以合作为基础。金融体系中不同的金融行业,同一金融行业中不同规模的金融行业,各有其不同的地位和特点,也各有其不同的功能和作用,他们只有相互协调、彼此合作、互为补充,才能实现金融全局利益和自身局部利益的统一,达到近期效益和长期效益的结合,从而实现稳定持续的发展。

金融竞争与金融合作,在一定条件下互相促进、互相转化。金融竞争能促使公有金融机构转变经营机制,改善法人治理机构,增进市场化经营水平;能促进民营金融机构选准市场定位,提高管理水平,改善企业素质,从而能激发合作需要,拓宽合作广度,提高合作深度,提高合作水平和效果。金融合作则促进金融机构发展金融创新,提高金融绩效,从而使金融竞争在更高层面上展开。金融竞争与金融合作的相互促进,既能从整体上增强金融竞争力,又能使双方达到互补双赢的良好效果。在金融全球化背景下,金融国际竞争空前加剧。国内金融竞争的良性发展,能有效提升一国金融竞争力,从而能更好地参与国际金融竞争与合作,更多地享受金融全球化带来的好处。而国内金融合作的展开,能使国内金融企业在外资金融机构的冲击面前,相互协调,密切配合,形成最大的竞争合力,有效应对来自外资的严峻挑战。

但是,金融竞争与金融合作的关系若处理不妥,两者之间便不能相互制约,甚至会导致恶性互动。金融机构之间的恶性竞争,使竞争双方相互排斥,视同水火,两败俱伤,难以合作;在外资金融机构挑战面前,不能协调立场,甚至相互拆台,互设陷阱,被他人分化利用,各个击破。而一味强调合作,则会淡化金融机构之间的竞争关系,使之感受不到外在的压力,弱化他们内在的经济动力和进取精神,从而降低竞争能力和合作水平,尤其会降低国内金融机构参与国际金融合作的能力和层面。

以金融竞争推动金融合作,以金融合作促进金融竞争,实现两者的良性互动和作用的相互转化,必须建立相应的竞合机制。

第一,完善农村金融准入机制,充分发挥这一机制促进竞合的功能。农村民营金融机构要准确选择自己的市场定位。非公经济宜重点进入农村金融市场,农村民营金融机构应定位于服务"三农",主要服务于农户和中小企业,如此便能避开同大中型金融机构恶性竞争,有利于发展同他们的合作关系。在空间布局上民营金融机构不宜统统进入较为发达的农村地区,而应在农村的发达地区、一般地区和贫困地区,形成合理的空间结构。一般来说,发达的农村地区能为民营机构获取经济效益提供更好的条件,非公经济进入农村金融领域,也往往优先考虑进入这些地区。越是先进入农村金融领域的非公经济,越是捷足先登于这些发达的农村地区。但是,如果民营金融机构都挤进发达农村地区,那么他们之间的恶性竞争势必爆发,这对他们的自身发展是不利的。所以,应鼓励民营金融机构进入农村贫困地区和一般地区,对这类地区的民营金融机构更多地给予政策上的扶持。

第二,形成金融产品结构优化机制。如果产品结构雷同,他们之间的排斥性就会加大,吸引力便会减弱。农村各地情况千差万别,经济发展水平各不相同,经济结构互有特色,对资金的需求结构也存在差别。反之,不同行业的金融企业有不同的产品,同一行业金融企业的产品也各有特色,分别与不同层次,不同主体的金融需求相互适应,则他们之间的吸引力就会增强,排斥力就会减弱。因此,应建立农村金融产品优化机制,指导民营金融机构根据所在区域的不同情况,不断创新和推出适应不同需求的金融产品,以促进金融竞争和合作的健康发展。

第三,完善农村资金的价格机制,在农村逐步推进利率市场化。在利率未完全放开前,应继续扩大农村利率浮动范围。由于农村贷款尤其是个私经济的贷款点多面广、单笔规模小、贷款成本高,因而可以进一步上浮农村的存贷款利率,但是上浮幅度目前仍不能取消。这样一则可以促进金融竞争,又不致于造成过度竞争;二则可以更好地吸引非公经济进入农村金融领域,使之感到有利可图而提高进入的积极性;三则对农村过高的民间借贷利率也有一定的抑制作用。

第四,竞争合作的协调机制。在农村民营金融企业之间,建立对话机制,通过这一机制,及时沟通他们之间的观点,缓和与化解他们经营业务之间的矛盾和冲突,协调相互之间的立场,避免恶性竞争的发生。建立信息共享机制,这一机制有利于提高民营金融企业决策的安全性和有效性,而且能促进其提高竞争水平和合作自觉性,从而避免盲目竞争现象的发生。建立农村民营金融行业协会,作为行业自律组织,该协会在促进农村民营金融开展有序竞争和有效合作中具有重要功能,充分发挥行业协会自律和自我服务的作用,一方面能较好协调民营金融企业经济利益关系，维护他们之间的公平竞争，引导他们妥善处理竞争中出现的矛盾，指导竞争沿着正确的方向发展，及时制止恶性竞争的发生；另一方面，行业协会又能帮助民营金融提高合作的自觉性，为他们提供合作的条件，创造合作的机会，加大合作的效果。

五、降低资本准入门槛与保证金融机构审慎经营的质量

当前，降低非公经济进入金融的门槛，已成为一种普遍的呼声，但是，降低金融准入门槛，并不意味着放松审慎经营的要求，必须把这两个概念区分开来。

民营金融机构的资本规模和机构运行质量，既有一定的联系，但也不能混为一谈。一定的资本规模，是民营机构优化人才结构、提高队伍素质、健全内部管理、扩大经营规模、应对各种风险、提高金融竞争力不可缺少的基础。缺乏一定的资本基础，民营金融机构对内提高质量、对外拓展业务，便会受到严重制约。另一方面，民营金融机构的运行质量，又对其扩大资本规模和经营规模，提高金融竞争力产生重大作用。一个民营金融机构若有了优秀的企业素质，在经营中便能不断增强其竞争力和盈利力，实现由小到大、由弱到强的转化；反之，即使具有较大的资本规模，若企业运行质量低劣，违规操作，盲目发展，也会在竞争中失去市场，甚至被淘汰出局。

就资本规模和机构质量而言，拟进入金融领域的民营机构，可以分为如下四种不同的情况：一是资本规模相对较大，机构质量较高，这是一种较为理想的民营金融机构；二是资本规模相对较小，但机构质量较高，虽有较强的企业素质和人才队伍，却因初创时的资本额较少而被拒之于金融业之外；三是资本规模相对较大，但机构质量较低，他们即使进入金融领域，也会因经营不善而危机四起，适应不了复杂多变的金融市场的需要；四是资本规模较小，机构质量较低，这类机构进入金融领域，对农村金

融业和其自身的发展都不利。资本规模和机构质量在一定条件下能互相作用、互相促进,但两者又不能互相等同、相互取代。金融业是一个知识高密集、运作高难度、竞争高强度、充满高风险的行业,民营金融机构的资本规模虽然重要,但机构质量更是不可忽视。

　　一定的资本规模,是非公金融机构开展金融活动必不可少的基础。新巴塞尔协议强调银行的资本充足率,将其作为新资本协议的第一支柱,是因为资本充足率对于促进金融体系的安全性和稳健性,防范和控制金融风险具有重大意义。因此,资本准入的门槛仍须保留,但必须降低。现行的金融进入门槛,对许多非公经济来说难以跨越,甚至是高不可攀。就银行系统来说,全国性商业银行注册资本最低限额为 10 亿元,城市商业银行为1 亿元,农村商业银行为 5000 万元。降低非公经济的进入门槛,已成为一种强烈的要求。2006 年 12 月,中国银监会制定发布了《关于调整放宽农村地区银行业机构准入政策更好支持社会主义新农村建设的若干意见》,根据农村金融服务规模和业务复杂程度,调整放宽了农村地区银行业金融机构准入政策,降低了农村银行业金融机构的注册资本;在县(市)设立的村镇银行,其注册资本不得低于人民币 300 万元,在乡(镇)设立的村镇银行不得低于 100 万元;在乡(镇)新设立的信用合作组织不得低于 30 万元,在行政村设立的信用合作组织,不得低于 10 万元;商业银行和农村合作银行设立的专营贷款业务的全资子公司不得低于 50 万元;适当降低农村地区现有银行金融机构通过合并、重组、改制方式设立银行金融机构的注册资本,其中农村合作银行不低于 1000 万元,以县(市)为单位实施统一法人的机构不低于 300 万元。取消境内银行业金融机构对在县(市)、乡(镇)、行政村设立分支机构拨付营运资金的限额及相关比例限制、业务准入条件与范围、新设法人机构或分支机构的审批权限和公司治理等方面,也适当降低了门槛。在降低资本准入门槛的前提下,对于非公有经济进入不同的金融行业,也应制定不同的具体标准。总的来说,民营非银行金融机构的资本准入标准,应低于民营商业银行的标准;进入农村金融服务业的资本准入标准,应低于进入城市同类金融服务业的标准;进入贫困农村地区金融服务业的资本准入标准,应低于进入发达农村地区同类金融服务业的标准。

降低农村金融机构的准入门槛,主要是在股东范围、注册资本、业务准入、人员资格、行政审批等方面放宽,而在审慎经营方面的要求则不能降低。农村地区新设银行业法人机构,必须严格遵守审慎、规范的资产分类制度,其资本充足率在任何时点均不得低于8%,资产损失准备充足率不得低于100%,在内部控制、贷款集中、资产流动性等方面,都应达到金融监管的要求。

六、在建立进入机制的同时建立退出机制

建立和完善农村民营金融行业结构,必须妥善处理机构进入与退出的关系,做到有进有退,能进能退。

在市场经济条件下,在金融竞争环境中,进入金融领域和退出金融领域,都是不可避免的现象。进入金融服务业的,不仅包括公有经济,而且包括非公经济;退出金融服务业的,也不仅是指非公金融机构,而且包括公有金融机构。非公经济进入金融领域,将发展金融领域的竞争,在竞争中,必然产生优胜劣败、优进劣退、优存劣汰现象。竞争促进金融业务不断向优质金融机构集中,他们将不断扩大资本实力和经营规模,获取更大的生存和发展空间。相反,劣质金融机构的业务将不断流失,其生存和发展空间将日益萎缩,如果他们不能扭转落后和被动的局面,就只能选择退出。金融领域如果有进无退,就会变成一潭死水,增加改革的成本,造成金融资源的浪费,甚至引发系统金融风险。

拿农村金融市场来说,全国有3万多家农村信用社。经过改革,一部分农信社焕发了生机,收到了成效,提高了自我发展

能力。但是,仍有相当一部分农信社经营不善,难以为继。把3万多家农信社都搞好搞活,是不可能的。即使大部分农信社能存续下来,但只要少数农信社出现挤兑风波,就可能影响整个农信社,甚至导致农信社的系统性风险。构建农村金融结构,完善农村金融体系,仅靠农信社的改革是不够的,必须从根本上找出解决问题的办法。如果根本问题不解决,农村的金融危机很可能从经营不善的农信社产生。当前,许多农信社均存在各种风险隐患,同时又无法关停,这是人们面临的严峻问题。解决农村金融的根本方法,就是建立多元化、竞争化的农村金融。在国内大型商业银行大量撤并县以下金融机构,外资金融机构尚未进军农村金融市场的情况下,推进农村金融体系的改革和创新,在改革和发展农村公有金融的同时,支持非公经济进入农村金融领域,兴办农村民营金融机构,便成为行之有效的选择。

民营金融机构进入农村后,同农信社的竞争势必进行。在金融竞争中,部分农信社可能败下阵来,甚至被淘汰出局。这并非坏事。那些经营不善的农信社依靠直接的或间接的地方行政力量支持,是极不情愿退出的。这种久拖不退的结果,只能造成国家的损失,影响农民利益和社会主义新农村建设。只有依靠市场机制而不是行政手段,支持非公经济进入,引入市场竞争机制,才能使劣者心服口服地退出。当然,非公经济进入农村金融领域后,同农信社的竞争可能出3种不同的情况,一是在竞争中双双提高经营水平和竞争实力,实现了"双赢"的结果;二是农信社在竞争中无力招架,难以生存,最后选择退出;三是民营金融机构处于劣势地位,无力支撑而被迫退出。不管哪种情况的出现,对优化农村金融结构和推进新农村建设都是有利而无害的。

有一种意见认为,农村金融创新要以退出为突破口,要按照"退出、监管、准入"的逻辑顺序来操作。我们认为此种观点有待商榷。不言而喻,金融机构的退出问题非常重要,没有退出,金融便缺乏活力。但是，农村金融改革不宜以退出为突破口，而应以非公经济的进入为突破口。首先，在当前情况下，农信社是为"三农"服务的主要融资渠道，如果先退后进，则必定造成更多农村地区的金融盲点，这对解决"三农"问题是不利的。其次，退出只能是金融市场竞争的产物，而不能是某种行政的行为。金融机构的退出，应遵循金融竞争中优存劣汰的法则。非公经济不进入农村金融领域，金融竞争是很不充分的，甚至是基本缺失的。非公有经济的进入，才能真正形成竞争格局。在这种多元化、竞争性的金融体系中，随着竞争广泛深入地展开，优存劣汰的现象便会自然发生。这种退出的对象，可能是农信社，也可能是民营金融机构，但不论是何者退出，续存的金融机构都是竞争中的优者，都提高了自己的绩效。因此，农村金融体制创新，宜以非公经济的进入为突破口，遵循进入——竞争——监管——退出的逻辑顺序。在发展农村民营金融的问题上，必须同时建立进入和退出两个方面的机制，在制定进入标准时，同时出台退出规则，建立退出机制。这有助于非公经济在进入金融领域之前，便清醒认识金融领域的风险，金融竞争的严峻，经营不善的后果，从而提高其进入决策的科学性，进入领域选择的谨慎性，进入后经营运作的稳健性。

第四章

农村民营金融的产权形式

在我国农村,真正意义上的民营金融机构尚待蓬勃发展。对于长期以钱庄形式生活在"地下"的民间借贷,由于还没有被相关部门赋予合法身份,其组织形式与"金融机构"的称谓相去甚远。尽管如此,农村经济要发展和繁荣就必须有农村金融的支持,而能够适应我国"三农"经济发展需求的农村民营金融组织恰恰是我国金融体系优化过程中的瓶颈。因此,以活跃在广大农村、曾经对农业增产与农民增收作出过贡献的民间借贷资本为基本资金供给点,适时组建具有鲜明产权特点的农村民营金融机构,在当前大力建设社会主义新农村、进一步完善经济和产业结构的新形势下具有重要意义。农村民营金融机构可以选择新组建和对现有非民营金融机构进行改造两条途径。产权组织形式一般分为股份制、合作制和股份合作制三种。

第一节 股份制产权形式

股份制也叫公司制,受《公司法》的约束和规范。股份制是农村金融机构在金融业务拓展到一定程度、业务范围已经具有全局性、内控机制趋于完善的基础上,为了建立现代企业制度、增强金融竞争力、实现企业管理和效能的国际化而作出的选择。股份制是金融企业的高级组织形式,适用于组建区域性的大型民营金融机构,并不适合初创的小规模民营机构尤其是民营乡村银行。

选择股份制组建农村民营金融机构,原因主要有五点:第一,股份制是独立的纳税主体,能够建立明确的自律结构。第二,税收方面有诸多优惠,出于种种考虑,我国政策上以鼓励按公司形式成立或改造金融机构,对于合伙制或股份合作制来说,优惠政策可能还跟不上或很难操作。第三,股份制可以建立非常有效的激励机制,特别是在现行税收管理制度下,而其他组织形式不可能有这样的优势。第四,股份制的设立能够享有充分的法律保护。第五,股份制金融企业通过上市融资,可以有效解决资本金不足的问题。

一、股份制的概念和特征

股份制是指两个或两个以上的利益主体,以集股经营的方式自愿结合的一种企业组织形式。它是适应社会化大生产和市场经济发展需要、实现所有权与经营权相对分离、利于强化企业经营管理职能的一种企业组织形式。股份制可以分为股份有限公司和有限责任公司两种,这两种形式的根本区别在于:股份有限公司可以发行股票上市,有限责任公司则不能发行股票上市。

股份制亦称"股份经济"。以入股方式把分散的、属于不同人所有的生产要素集中起来,统一使用,合伙经营,自负盈亏,按股分红。股份制是与商品经济相联系的经济范畴,是商品经济发展到一定程度的产物。

从股份制组织形式的发展历程,我们可以归纳出它的特点:
(1)通过股份制公司这种财产组织形式,可以把不同形式、种类的资本组合在一起,形成资本集聚,充分发挥社会资本的力量。马克思指出,假如必须等待积累去使某些单个资本增长到能够修建铁路的程度,那末恐怕走到今天世界上还没有铁路。但是,通过股份公司转眼之间就把这件事完成了。

(2)通过股份制公司这种财产组织形式,可以把不同性质的所有制经济,甚至完全对立、矛盾的所有制经济组合在一起,形成"你中有我,我中有你"的混合所有制经济,共同推进生产力的发展进步。

(3)通过股份制公司这种财产组织形式,可以把分散的、不同层次、不同水平的生产力迅速联合成为集中的、高层次的、集约的社会生产力,真正构造成跨地区、跨行业、跨所有制、跨国经营的大企业集团。

(4)通过股份公司这种财产组织形式,可以为建立产权"归属清晰、权责明确、保护严格、流转顺畅"的现代企业制度奠定良好基础,使企业真正具有法人财产权,可以独立运用和经营所有者投资形成的资本。

(5)通过股份制公司这种财产组织形式,可以形成新的监督和激励运作机制。国家按投入企业的资本额享有所有者权益,对企业的债务承担有限责任;企业依法自主经营,自负盈亏。政府不直接干预企业经营活动,企业也不能不受所有者约束,损害所有者权益。这就可以使投资者、经营者和管理者发挥所长,实现动态最佳组合,以创造良好的业绩。

当前我国经济发展所面临的形势仍然比较严峻,CPI 高居不下,通过内需拉动经济增长的问题仍然没有得到根本解决,物价稳定是靠强制物价和财政补贴支撑的,工业增长速度是靠银行信贷来维持的,并出现了流通领域货币过剩、生产领域资金紧缺的不正常现象,不断对金融调控提出新的挑战。通过发行股票、债券,企业直接向市场筹资,可以减轻银行资金供应的压力,也可以将储蓄存款分流一部分,直接转化为生产建设所需要的资金。因此，从根本上解决企业自我约束机制和自我发展能力的问题，实行股份制是强化企业改革所要探讨的一个课题。

目前的资金和资本市场条件是组建股份制农村民营金融机构的最佳时机，其理由是：①由于受2005年开始的大牛市的影响，人民群众的金融意识和投资意识，特别是股票投资意识大为增强，为金融企业股票发行提供了客观条件；②目前经济发展所面临的过热，仍然有产品尤其是农产品结构性过热的成分，通过发展股票市场，农村金融机构根据国家产业政策的要求，适时地为进行产业结构、产品结构调整的企业注入资金，从而加快调整的步伐，促进农村经济持续、稳定、协调地发展；③目前社会上有相当数量的游资在寻求出路，包括企业自有资金、居民手持现金等，数量相当可观，如能适时地发展组建新型农村民营银行，既可以充分发挥市场融资和资本增值的功能，推进金融改革的步伐，又能有效地控制预算外资金投放，引导居民消费，变部分消费基金为积累资金，筹措更多的农村建设资金；④试行股份制，发行股票，可以分散投资风险，将过去由国家承担的风险，分散到各股东共同承担，有效地避免经济出现大的波动，保持经济的稳步发展。

二、民营金融机构实行股份制的重要性

马克思主义经典理论认为股份制是对资本主义的一种扬弃，是资本主义向社会主义的一个过渡点，它本身并不是资本主义性质的，即可以为资本主义所利用，也同样可以为社会主义所利用。股份公司之所以出现在资本主义，是适应了资本社会化和生产社会化的需要，并推动了资本主义社会经济的发展。在社会主义条件下试行股份制，可以扩大公有制的阵地，逐步建立起现代企业制度，推动社会主义经济不断向前发展。

我国处在社会主义初级阶段，发展股份制民营金融机构，对于完善社会主义生产关系，进一步发展社会生产力，具有十分重

要的意义,主要表现在:

(1)有利于新增金融体系的企业主权。民营金融企业实行股份制,可以实现企业所有权与经营权的分离,国家可能只是企业的所有者之一,不再掌握全部生产资料,集体、个人以及国外投资者,都可以成为企业的部分所有者。股东有权参与企业的经营管理,董事会负责对企业投资和发展方向作出重大决策,日常工作交由董事会推选出来的行长(经理)负责。职工入股,使所有权和劳动者直接结合,劳动的目的更加明确,积极性会相应提高。这样,股份制通过把所有权分散化,使国家和企业之间,由原来的行政关系变成经济制约关系。企业的主权扩大,企业的活力也就必然增强。

(2)有利于金融企业筹集社会资金。在推进新农村建设的过程中,资金短缺问题将不会消失,而单靠财政和国有银行已很难满足生产建设的资金需要。通过股份集资组建农村银行,向社会要资金,对于缓解资金短缺具有重要意义。

(3)股份制金融机构主要靠发行股票筹集资金,能不断反哺"三农"生产活动。认购股票不受地区、城乡、公私、内外的限制,完全靠入股者自由选择。而入股者的目的,为获取更多的股息、红利收益。毫无疑问,经营有方、利益丰厚企业的股票会备受青睐,资金会大量涌进先进企业,从而起到激励先进的作用。先进企业股票的股息、红利高于一般企业,因而入股者多,新增发的股票也容易推销。股票买卖顺利,其股票价格在证券市场将呈上升趋势,持有该企业股票的股东资产会增加,这又会使企业的地位和信誉提高,产品的竞争实力得以加强。

(4)股东会、董事会的组织形式,是一种民主管理企业的好形式。股东参与企业的经营决策,决定领导人选。他们可以挑选精通业务、富有才干的人担任企业领导,保证企业的经营方式对路,经营效果突出。

(5)股份制形式有利于调动企业职工、企业所有者和经理人员的积极性。股份制企业职工的收入同公司经营成果直接挂钩,从而可以充分调动企业职工的积极性。企业财产是入股者的共同财产,入股各方即所有者从各自利益出发,都会关心公司经营的好坏。股份制企业由于实现企业经营权与管理权的分离,企业管理人员具有经营决策主权,经理人员实行聘任制,其责任感和积极性得以加强和提高。

组建新型农村民营金融机构,除了能促进新农村建设、减少财政和国有银行资本的压力,还有一个重要意义在于推进社会主义国有经济和金融体系的建设,有利于国有控股金融企业的发展和规范。党的十六届三中全会《决定》提出:"要适应经济市场化不断发展的趋势,进一步增强公有制经济的活力,大力发展国有资本、集体资本和非公有资本等参股的混合所有制经济,实现投资主体多元化,使股份制成为公有制的主要实现形式。"这是我们党总结25年特别是近年来经济体制改革实践经验作出的重大决策,是对公有制实现形式的又一重要发展,具有重要的意义。

(1)推行股份制民营机构能够放大国有资本功能,增强国有经济的控制力、影响力和带动力。充分发挥国有经济的主导作用,是由我国的社会主义性质决定的。国有经济在国民经济中的主导作用主要体现在控制力上。通过发展股份制民营机构,我国金融体系可以吸引和组织更多的社会资本,扩大国有资本的支配范围,放大国有资本的功能。

(2)推行股份制民营机构有利于国有资本流动重组,实现国有资产保值增值。股份制企业提供了一种明晰的财产组织形式,便于资本通过资本市场在不同金融企业间流动。由于新组建的民营金融机构中,国有资本的比例较小,因而具有较大的灵活性。国有资本可以通过股权转让,退出市场前景暗淡、资本回报率低或经营管理不善的民营金融企业,避免国有资产损失;也可以通过在资本市场上购买股票,或通过兼并、联合、资产重组等方式,进入那些市场前景看好、利润丰厚和经营管理较好的金融企业。这样,就可以克服原来国有独资公司那种凝固的、僵化的资产结构,由经营资产过渡到经营资本,优化国有资本配置,提高国有资本运营效率,实现国有资产保值增值,并带动整个国民经济的发展。

这些年的实践表明,股份制在经济生活中发挥着越来越突出的作用,普遍推行股份制,大力发展混合所有制经济的地方,经济都快速发展,实力显著增强。这说明,股份制成为大型农村民营金融机构的主要实现形式是一种正确的选择。

发展农村股份制民营金融机构的另一个重要途径就是对现有农村国有或合作金融机构进行股份制改造,引入民营资本,逐步实现民营资本控股。由于农业银行的县区域以下的业务仍然保留,并设立有独立核算特点的支行,以其为基础吸引民营资本的加盟,改造成民营控股的区域性银行具有可操作性。农村信用社经过数十年的积累和发展,在农村地区拥有大量的业务网络和客户群,客观上也具备了改造成股份制民营银行的条件。无论是国有商业银行的县级支行还是农村信用社,在进行股份制改造的过程中实现民营化都具有重要意义。对国有商业的基层支行、农村信用社进行股份制改造,引进民间资本,实现民营控股,是完善我国金融体系,发展农村经济,达到金融服务"三农"目标的重要步骤。国家在控制城市金融的同时,对于农村主要金融服务机构来说,股份制和民营化缺一不可。可以说,股份制是农村金融服务走向现代化的基础,而民营化是农村金融服务走向市场化的关键。

三、农村民营金融股份制组建的基本设想

(一)组建股份制农村民营金融企业

以设立农村民营商业银行为例,有以下两种方式:

1.设立股份有限公司商业银行

(1)发起人符合法定人数。即应当有 5 人以上为发起人,其中须有过半数的发起人在中国境内有住所。

（2）发起人认缴和社会公开募集的股本达到法定资本金最低限额。股份有限公司注册资本的最低限额为1000万元人民币，按照本法的规定，股份商业银行的资本金最低限额符合《公司法》规定的这一标准。

以募集设立方式设立的股份商业银行，发起人认购的股份不得少于银行股份总额的35%，其余股份应当向社会公开募集。发起人向社会公开募集股份时，必须向国务院证券管理部门递交募股申请，并报送如下文件：批准设立文件；商业银行章程；经营估算书；发起人姓名或名称，发起人认购的股份数、出资种类及验资证明；招股说明书；代收股款银行名称及地址，承销机构名称及有关协议。

（3）股份发行、筹办事项符合法律规定。

（4）发起人制定银行章程，并经创立大会通过。发行股份的股款缴足后，发起人应当在30日内主持召开创立大会，创立大会由认股人组成。创立大会须有代表股份总数1/2以上的认股人出席。创立大会行使下列职权：审议发起人关于商业银行筹办的报告、通过银行章程、选举董事会和监事会成员、审核银行的设立费用、审核发起人用于抵作股权的财产的作价、作出设立银行的决议。

（5）有商业银行名称，建立符合股份有限公司要求的组织机构，如董事会、监事会等。

（6）有固定的经营场所和经营条件。

2. 设立有限责任公司商业银行

有限责任公司形式的商业银行是指由两个以上的股东共同出资，银行以其全部资产对外承担责任、股东以其出资对银行承担有限责任的商业银行。

有限责任公司形式的商业银行的特点：

（1）商业银行由有限责任股东组成，银行组成后，股东数额不能随便增减,资金构成比较稳定。

(2)商业银行的注册资金是各个股东的出资总额,带有资金融合性质。

(3)一般实行董事长领导下的经理负责制。

(4)商业银行资金使用受特别限制,不能发行股票,原则上不能减少注册资金、不能随便转让资金等。

(5)股东以各自认缴的出资额为限对银行承担有限责任,按出资比例承担经营风险,分享银行利润。

有限责任公司形式的商业银行的设立条件:

(1)股东符合法定人数。有限责任商业银行须由两个以上50个以下股东共同出资设立。

(2)股东出资达到法定资本最低限额。农村合作商业银行的注册资本最低限额为5000万元人民币。中国人民银行根据经济发展可以调整注册资本最低限额,但不得少于前述限额。

(3)股东共同制定商业银行章程。章程要载明商业银行的名称、住所、经营范围、注册资本,股东的姓名或名称、权利义务、出资方式和出资额、转让出资条件,商业银行的机构及产生办法、职权、议事规则,法定代表人,解散事由、清算办法等,股东应当在银行章程上签字盖章。

(4)有商业银行名称,建立符合有限责任公司要求的组织机构。

(5)有固定的经营场所和必要的经营条件。

(二)发挥股份制民营金融机构的体制优势

股份制金融机构是在我国发展社会主义市场经济过程中成长起来的新型银行,也是目前我国金融体系中市场化程度最高的机构。近年来,凭借体制和机制的优势,股份制金融机构高速发展,成为发展势头最强劲的金融机构,在市场竞争中显示出旺盛的活力。同时,在打破金融垄断、促进市场竞争、改善金融服务等方面发挥了积极的促进作用。

但是,应该看到,随着金融市场化和金融开放进程的加快,特别是国有金融机构的改革向纵深推进,股份制金融机构的原有优势已经面临挑战。即便是从自身的发展看,距离真正建立现代金融企业制度,股份制金融机构还有相当的差距;与国际金融机构相比,资产质量不高,盈利能力不强,资本充足率不足,绝不仅仅是对国有金融也是对大部分股份制金融改革与发展的主要制约。至于在业务结构、管理方式以及创新能力上,股份制金融机构的差距更大。

因此,新成立的股份制民营金融机构,必须充分认识到现有股份制金融机构的特点和不足,以全新的角度进行设计和规划,充分发挥股份制民营金融体制和机制的优势,高起点参与竞争,不断扩大市场份额。这无疑对提高我国金融业的经营管理和服务水平,增强我国金融业的整体竞争能力具有重要意义。

股份制民营金融机构发展的活力来自不断的创新,其体制优势的根本体现就是其源源不断的创新能力。充分发挥股份制民营金融机构的体制优势,就是要进一步提高它的创新能力。

不断提高农村民营金融的创新能力,是深化金融体制改革的需要,也是当前所有股份制金融机构自身发展的内在要求。长期以来,股份制商业银行的发展主要依赖于信贷资产规模的扩张。随着商业银行资本充足率管理规定的正式实施,农村民营金融机构必须健全资产扩张的资本约束机制,实现规模、速度、质量、效益的协调发展。要在资本约束条件下不断提高盈利能力,必须加大金融创新力度,实行经营战略的转移,培育新的业务和收入增长点,否则,不仅难以分享现代金融业发展所提供的新机遇,也难以在日益开放和走向国际化的金融市场中提升自己的竞争与发展能力。

加快股份制农村民营金融的创新步伐,首先要加快制度创新。目前,股份制商业银行正确认识形势,积极应对挑战,在完善法人治理结构、充实资本准备、加强风险管理、改善资产质量、增强创新能力、提高经营管理水平方面已经取得了明显进展。加快制度创新的核心是建立良好的公司治理结构,为此,农村民营金融机构同样应高度重视引入国际战略投资者。这对于其业务和体制发展具有重要意义。一方面,有利于民营金融机构充实资本金;另一方面,有利于推进股份制机构进一步实现股权多元化,形成良好的公司治理结构;更重要的是有利于引进国外先进的管理经验和金融创新方式,提高风险控制能力和创新能力,在更大程度上强化竞争实力,促进可持续发展。

加快农村民营金融机构的创新步伐,其次是要加快金融业务和金融产品的创新。当前,我国经济正处于转轨时期,随着市场化改革的推进,特别是利率的逐步市场化,金融创新的空间不断加大。从监管层面看,一些有碍金融创新的制度障碍已经清除,一个有利于金融创新的政策和市场环境正在逐步建立。农村民营金融机构要积极把握金融市场发展的走向和机遇,加快金融创新,积极打造新的竞争优势,赢得更大的市场发展空间。当前,在分业经营的监管环境下,农村民营金融机构应积极探索综合性业务,大力拓展中间业务,努力实现业务结构的优化。同时,通过金融创新,从根本上提高风险防范和风险管理的能力,将风险控制、风险管理与业务结构的调整紧密结合起来,实现效益、质量、规模的协调发展。

第二节　合作制产权形式

合作制是劳动群众为了谋求自身的经济利益,获取某种服务,按照自愿、平等、互利的原则组织起来的一种社会经济制度。它作为一个历史范畴,有其特定的组织形式,反映特定的经济关系,其内涵、性质和作用,依所在的时代、国家、社会经济条件的不同而变化。就合作制作为法人企业制度来说,与公司制有共同点。从这个意义上看,合作社也可以说是一种特殊形式的公司。

合作制不受经济发展水平的地域限制,适用于农村民营金融企业的初创,特别适合小规模乡村银行的组建以及欠发达地区金融资源的重组。从组织结构的设计上看,合作制本身具有天然的个体联合企业特征,在市场经济的大背景下,选择合作制形式组建或改建民营金融机构,有利于所有制形式的直接界定。

一、理解合作制民营金融产权形式
(一)合作金融的产权制度

合作金融是一种资金的联合,或者更确切得说,它是以资金的联合或合作为基础的。为了实现这种联合,要求每个组织成员(社员)必须交纳一定的入社费,由此形成合作金融的原始投资。这种由社员原始投资构成的初始股金(initial share),是合作金融产权制度的一般框架。合作金融组织一般明确规定其股金是归投资者个人所有,入社时必须投入,退社时可以撤走。对这部分股金,合作金融组织要支付红利,也就是说要对资源的所有者支付使用这种资源的成本。这样,在合作金融组织中,每一位成员都是股金的持有者。另外,合作金融组织一般制度规定,每位成员对股金的拥有量要受到限制,其下限是个人进入合作金融组织的进入费,其上限是各个合作金融组织规定的认购股金的最高限额。因此,全体成员对其合作社的股金拥有量有一个明确的分布区间,其离散程度较小。由此分析,我们可以得出一个初步的结论,即合作金融的产权是一定范围内直接结合的若干个对同一范围内金融资源的大体均等的个人所有。这可以看成是合作金融产权的基础,但是,仅有这样的基础是远远不够的。第一,参加合作金融的人,一般都是经济上的弱小者,他们能够投入到合作金融组织中的资金都是有限的,再加上合作金融组织所特有的投资上限的规定,其组织起来的资金量同样非常有限。所以,这种合作金融组织的规模显然只是小企业的规模,其人均资金只能处于较低水平。第二,合作金融实行"自愿进出"的原则,股金归成员个人所有。这在实践中会产生两方面的负面影响:一是在合作金融组织中,没有不归任何个人但同时又归每一个人共同拥有的财产,这不利于形成以产权制度为基础的全体成员的共同利益;二是在现行制度下,成员退出合作金融组织时,一般的做法是撤走其投资,如果这种资金转移达到一定程度,合作金融的规模就要被削弱。严重时,合作金融组织面临垮台的危险。正是上述缺陷,形成了对合作金融制度进行调整的要求。

从西方合作金融组织的实践来看,这种调整可以在不改变合作金融产权性质的基础上进行。例如,为了扩大股金数量,西方合作金融组织大多实行鼓励成员将盈余分配所得留在组织内,转为股金继续发挥作用的政策。正是这一政策,导致合作金融组织允许其成员个人拥有的股金的上限有提高的趋势。又如,为了稳定股金存量,有些合作金融组织要求其成员将剩余分配所得转为股金存入个人资本账户的同时,还规定这些股金能在其成员退休时兑现。这一政策,实际上是修订了"退社自由"的原则,设置了资金退出障碍。从形式上看,上述两个政策并没有否定或推翻合作金融组织的产权制度安排,但从实质上看,他们还是对基本的产权制度做了某些调整:从理论上说,不断向上调整的股金上限扩大了合作金融组织成员之间投资数量差别的空间,增加了其成员投资量离差增大的可能性。退出障碍的设置更是限制了合作金融组织成员退出的自由,降低了其退出的自由度。因此,上述做法是不能解决合作金融组织产权制度的困境的。

而遵循这一解决问题的思路,普遍的做法是建立提取公积金制度,形成不归任何个人所有而归成员集体所有的公积金,这种产权单一的公积金为合作金融组织的长期发展提供了一定的物质基础。这样,合作金融的产权框架就演化成了股金制度和公积金制度的结合。具体说就是,一定范围内直接结合的个人对同一范围内资源大体均等的个人所有加上合作金融组织成员对一定金融资源的集体所有。这种产权制度既不同于以职工个人所有为基础的私人产权制度,也不同于由职工共同筹资,共同占有和使用生产资料,共同享有劳动成果的集体产权制度。确切地说,合作金融组织的产权制度可以概括为复合产权制度,它是由众多数量大体均等的个人产权复合而成的,由此形成的关系,是合作金融所有持有者之间的平等合作关系。

（二）合作金融的管理制度

管理制度是由产权制度决定的。通过上文的分析,我们已经明确,合作金融是一种复合产权制度,这种产权制度呈现出三个主要特征:第一,它的产权主体是个人而不是集体或整体,我们称之为产权主体的个体性。第二,合作金融组织的每一个成员(而不是部分人或少数人)都拥有一部分财产的所有权,我们称之为产权主体的普遍性。第三,所有权主体对其客体的拥有量是受到限制的,其下限是个人进入合作金融组织的进入费,其上限是各合作金融组织规定的认购股金的最高限额,这就是说全体成员对他们在合作金融组织的财产拥有一个确定的分布区间。对此,我们称之为产权客体的均衡性。在实践中,正是上述产权特征形成了合作金融特有的管理制度:产权的个体性要求确保个人而不是法人对其财产的管理权;产权主体的普遍性要求所有成员而不是少数人或部分人对其财产具有管理权;产权客体的均衡性要求每个成员拥有相同的管理权限。合作金融产权的上述要求在合作金融组织内部进行整合,就形成了其特有的管理制度框架:以一人一票为基础的集体管理制度。这种管理制度要求合作金融组织的全体成员集体拥有对其全部经济活动的支配权和控制权,这实质上体现了合作金融组织每一位成员享有平等的管理权,反映了他们之间的平等互助关系。从管理的内容看,在合作金融组织中,管理者同时以被管理者的身份出现,被管理者同时以管理者的身份出现。实际上,这体现的是合作金融自我管理的制度特征。

（三）合作金融的分配制度

在盈余分配方式上,现代合作金融组织发展了适合自己特点的新模式,即按照社员与合作金融组织的交易量及社员对合作金融组织股金贡献的大小进行利润和盈余分配。虽然由于各国合作金融组织产生和发展所依赖的经济环境、社会制度各异,即使在一国以内,也可能存在较大的差异,因而在分配方式上做法较多,但普遍的做法是按交易量返还利润。对于交易量,各国合作金融也在管理过程中通常以两种方法来体现:一是以存款量作为交易量;二是以贷款量作为交易量。除了按照社员与合作金融组织的交易量进行分配以外,还有以下分配模式:①"股金保息分红＋贷款量返利"模式;②"股金分红不付息＋贷款量返利"模式;③"股金保息不分红＋贷款量返利"模式;④"纯粹按存款量返利"模式;⑤"股金保息分红＋存款量返利"模式;⑥"股金分红不付息＋存款量返利"模式;⑦"股金保息不分红＋存款量返利"模式。"保息"是指对社员入社股金按照一年期银行定期存款利息率给付固定利息;"分红"是指每年按一定比例从合作金融组织税后利润中提取一部分,按社员出资额比例分红;"存款量"一般是指合作金融组织成员在合作金融组织中开立的成员专户的活期存款年平均余额。就世界各国合作金融实践而言,上述七种分配模式均不同程度存在。但现代合作金融组织按交易量返还利润时,大多以存款量为标准,因为以此为标准,可以鼓励合作金融组织的成员在合作金融组织内存款,这对于靠营运负债而增加资产的合作金融组织的发展是有利的,社员与合作金融企业得以同时促进,合作金融原则得以最好地体现。

通过以上我们可以看出,合作金融的分配制度不是单一的而是多重的。这些多重的分配制度的存在归根到底是由其产权制度决定的,正是合作金融的复合产权制度决定了其复合的分配制度。在这种复合的分配制度中,按社员个人实际完成的业务量进行分配在其中居主体或支配地位,我们可以把合作金融分配制度的基本框架概括为:以按实际业务量分配为主的复合分配制度。

二、合作制金融的现实必要性

正像前面所述,农村民营金融企业产生于两大途径:一是重新组建,二是对现有的农村金融机构尤其是农信社进行改造,实现民营化。对于发达地区来说,具有现代企业制度特征的股份制产权形式无疑是最佳的选择。而对于大多数的欠发达地区来说,受经济和金融发展阶段的影响,其产权形式的选择必须考虑投资人的素质、管理意识和资金规模,尤其要兼顾当地的文化环境和特质。因此,采用更贴近于民众、行为距离最短的合作制形式更能实现金融组织效率的最大化。合作制民营金融不仅能广泛推动农村民营金融机构的形成,而且也是未来相当长时期内,农村信用社改革的方向。

(一)农村信用社坚持合作制民营化改革方向的客观性和现实意义

(1)深化农村金融体制改革,从某种意义上来说就是深化农村信用社改革,确立农村信用社在农村金融中的主体地位。随着国际金融与经济竞争的逐步加剧,国有独资商业银行为增强与外资银行的抗衡能力,都按照国际惯例采取综合改革措施建立和完善现代商业银行制度,推行集约化经营,提高信贷资产质量和盈利水平。重要举措之一就是精简机构和人员,将信贷支持重点转向国有大中型企业和基础设施建设以及高校、医院等非生产流通领域,中行、工行、建行在农村的分支机构基本撤出,县市城市信用社经过分类后进行处置,相当一部分并入农信系统。目前农行机构网点也正在收缩,在农村的代办网点已撤销,营业所也相继归并。因此当前真正面向广大农村和农民的金融机构主要是机构网点众多的农村信用社。农村信用社必须抓住这一扩展生存发展空间的难得机遇,进一步深化改革,提高经营服务水平。对于大多数欠发达地区的农村信用社来说,深化改革,提高经营服务水平的唯一方式就是在产权制度层面上进行改革,有条件的可大量引入民营资本,组建民营性质的合作金融机构。

(2)农村信用社改革发展必须坚持合作化、民营化方向,这是由当前中国农村经济现状所决定的。在过去相当长一段时间内,农村信用社成为农业银行的基层机构,公办性质浓厚,经营管理机制和服务对象出现了较大偏差,很大一部分资金用于支持乡镇企业,真正用于广大农户的资金很少,导致农村信用社和农民关系的疏离,不仅完全背离了合作制的办社方针,也与国家重视农业的政策相悖,使广大农村消费市场需求不足成为制约我国经济发展的瓶颈。当前,在我国广大农村,特别是中西部农村一家一户为基础的家庭经营方式还占据着主要地位。农村信用社的主要服务对象是农户,其经营特点就是服务客户多、提供贷款额度小、工作量大。农村信用社既要面向广大农户服务,又要兼顾自身经营效益,必须走合作制道路,扩充股金,壮大社员队伍,广泛发挥社员民主管理,自主管理的积极性,才能真正形成服务为主、效益兼顾的符合国情的农村金融机构。因此,按照合作制原则,把信用社真正办成农民群众的民营合作金融组织,是中国农村经济发展的需要,是农民的需要,也是农村信用社改革的必然方向。

(二)合作制金融组织具有长远的生命力

合作制并非是经济落后的产物,农村信用社应该长期坚持合作制的办社原则和为社员服务的宗旨。德国等一些西方发达国家的实践证明,合作经济是组织农民、个体工商户及中小企业发展经济,参与市场竞争的有效组织形式,在市场经济中具有强大的生命力。因此,我国发展社会主义市场经济,需要大力发展合作金融。农村信用合作组织的建立和发展,对帮助农民避免高利贷的剥削,方便农民储蓄,为农民融通资金,推动农业生产的发展,促进农业互助合作运动以及"一化三改造"等方面产生过重要的作用。

1995年在纪念国际合作联盟成立100周年的曼彻斯特会议上,国际合作联盟重新确认了"合作社七原则",概括地说其内容是:自愿与开放原则;民主管理,一人一票原则;非赢利和社员参与分配原则;自主和不负债原则;教育、培训和信息原则;社际合作原则;社会性原则。根据"合作社七原则"合作金融的标准应当是:①自愿入社;②民主管理;③限制股金,坚持互助;④不以盈利为目的,如有盈利向社员分配;⑤对社员进行合作教育;⑥在合作社之间开展协作。这6条标准总的精神是开展人与人之间的金融互助,而且相互互助的人必须是自愿入社的社员,因而其核心内容是"人的合作"。为什么会产生这种"人的合作",概括地说是为了避免融资歧视,争取政府支持,享受优惠政策,降低交易成本。也许出于上述动机,在一些发达国家合作金融事业得到了广泛的发展,如日本的信用金库和信用协同组组织、美国的互助储蓄银行、储蓄放款协会和信贷公会、法国的农业信贷银行、德国的德意志合作银行等。这种状况说明:合作金融不在名称,而在内容。同时,这种以私人股权为纽带组建起来的民营金融机构的特征也可进一步概括为:①合作金融是适应市场经济条件融资需要而产生的,存在着需要它融资的空间,这样的空间一般是商业银行不愿涉入或较少涉入的。②合作金融服务于特定的融资领域如居民住房消费领域(如美国),特别是农村(如法国)更需要合作金融融资。③合作金融组织多以吸纳会员的方式组成,吸纳的会员多为经济实力不大,融通资金能力有限的劳动者,一般工薪阶层、小企业家、小业主等。

④合作金融的业务对象多以会员为主但不局限于会员,或把为会员服务放在领先地位。⑤合作金融一般不以盈利为目的,但要获得盈利,因为要给会员以一定回报,它或者以分红方式,或者以取息方式。⑥合作金融应该享受政府的优惠政策。⑦合作金融的发展靠商业性金融支撑,而不是靠央行扶持。中国是发展中国家,而且选择了市场经济体制,合作金融在发达国家有存在的空间,在中国就更有存在的空间。

但是,应当承认,中国在理想化指导下成立和发展起来的农村信用合作社,有合作之名,无合作之实。这不仅表现在它们的组织形式、服务对象、经营目标、运作机制、收益分配等方面与合作金融的 6 条标准有较大的距离,而且也没有享受到政府的优惠政策,政府对信用社的政策,几乎与商业银行等同。所以要拓展我国合作金融的存在空间,必须培育"合作"的经济基础、思想基础和制度基础,必须有政策导向。在主客观环境逐步成熟的条件下,发展中国合作金融事业,才能使其走上健康成长的道路。

三、如何发展农村合作制民营金融

合作金融组织与股份制金融组织从产权制度上反映了一个问题的两个方面,在融资方式、责任权限和分配方式上具有一定的同质性。然而两种制度的管理方式却有显著的不同。因此,组建合作制民营金融机构的关键在于企业治理结构的设计。从本质上来说,农村信用社就是一种民营产权性质的组织,对其进行改造无非就是进一步扩大规模、设立个人股金、完善管理和分配制度,扬弃官办因素,让其回归原有的合作金融特征。

(一)农村信用社坚持民营合作制方向改革需要解决的问题

(1)找准市场定位,确立农村信用社民营化的经营方针。农村信用社的市场应定位于农民、农业和农村经济,其理由有:

坚持为"三农"服务方向是农村信用社的办社宗旨。农村信用社入股社员均为农民，阵地在农村，离开了农村，离开了农民，农村信用社就成了无源之水、无本之木。因此，农村信用社的改革方向必须立足于"农"，"以农为本，为农服务"。目前，广大农村众多分散的、零星的小商品生产者和小型种养加工业要发展生产，扩大经营，只有通过信用社获得资金的支持，才能提高竞争能力和抗御市场风险能力，进入更广阔的市场。因为信用社离农民最近，又是农民自己的银行，其机构网点相当普及，其经营手段和操作方法特别适合农村多层次经营形式的金融服务需要，在农行等金融机构向城镇收缩后，农村信用社的这种优势进一步体现出来。随着农村改革开放的深入，农民、农业和农村经济正在发生着一系列深刻的变化。农村信用社必须适应农村经济发展形势的新变化，把服务宗旨从传统的支持生产生活方面为主转向支持提高农业和农村经济进入规模化生产、一体化经营、社会化服务。

(2)政策扶持，妥善解决和消化农村信用社不良资产和亏损包袱，为民营资本入股创造条件。一是成立农村信用社资产管理公司，具体负责其不良贷款剥离和处置工作。在具体实施过程中，对目前农村信用社不良贷款本着分清责任，各负其责的原则进行分段处理，对农业银行在行社脱钩前平调、占用农村信用社的资金和资产以及其他方式转嫁给农村信用社的风险贷款形成的不良资产，原则上全部划转农业银行，或由农业银行的资产管理公司收购处置。对新发放贷款形成的不良资产，坚持"谁发放，谁负责清收"的原则，全力盘活。二是设立农业贷款风险补助基金。省、市政府应从地方征得的信用社税额中，按照一定比例提取信用社风险补偿专项资金，纳入预算支出，重点用于解决因自然灾害或难以预见的农业经济欠收造成贷款不能按期归还的特别救助。三是由于长期以来农村信用社呆账贷款占比过高，呆账准备金提取比例偏低，提取的呆账准备不足以弥补呆账损失,目前经过税务部门批准核销的结果与经营实际现状存在很大差距,难以达到改善资产质量、化解经营风险的目的。因此应尽快改革现行的呆账准备金制度,适当提高呆账准备金提取比例,提高农村信用社核销呆账的能力。四是考虑到合作制度不以盈利为目的的特点,政府应适当减免部分税收,以提高民营资本的投入积极性。综观世界上合作金融比较发达的德国、美国、加拿大等国家,在立法上把合作金融规定为"公益法人",非纳税团体,实行免交一切税收等优惠政策。因此,我们认为应对农村信用社种养业贷款的收入减免营业税,对其他收入的营业税率也适当降低。五是人民银行应加大对农信社支农再贷款的投入,支持其优化信贷投向,调整信贷结构,通过增量稀释存量,提高信贷资产质量,增加盈利。

(3)按照合作制原则要求,按民营金融企业的要求完善农村信用社经营机制,使其成为真正的经营主体。一是目前农村信用社虽成立了理事会、监事会和社员代表大会,但作为信用社决策机构的理事会没有发挥作用,监督机构监事会只是一种形式,联社的经营决策和一些重大事项不能得到有效监督执行。因此,要进一步完善信用社和各级联社的法人治理结构,严格实行理事长和主任分设制度,完善理事长、主任、监事长之间的相互监督制约机制,充分发挥社员代表大会、理事会和监事会的决策,监督和制约作用,通过民主管理程序,使信用社的经营决策科学化。二是彻底改变农村信用社官办管理方式。改革劳动用工制度,全面实行劳动合同制,采取定向培训和定向引进招聘的方法,提高农信社的人才知识结构。改革工资分配制度,把职工收入与信用社的经营效益和本人工作业绩挂起钩来。改革干部制度,实行公开竞聘,干部要能上能下,让真正有能力的人才脱颖而出。三是进一步强化内控制度,抓规章制度的检查与落实。成立信贷管理委员会和财务管理委员会,真正从内部管理上控制风险,创造效益,引导发展。在信贷管理上,抓存量的盘活与增量的营销以及筹资力度,建立不良资产清收,存款增长考核机制,形成存款增长,收贷收息率指标与该社负责人利益挂钩机制。实施新增贷款营销策略,在服务好"三农"的同时,积极探索新的投融资方式,发放消费信贷,助学贷款,开办承兑汇票,贴现等,有计划、有重点、分层次地加快发展货币市场业务和中间业务,创造新的竞争优势,努力实现社会、行业效益最佳配置。

(4)加快合作金融立法,实现人民银行依法监管。首先,加快农村信用社的立法工作,给予信用社应有的法律地位。《信用合作法》中应明确农村信用社的性质是(民营)合作金融组织、公益法人、免税团体;明确农村信用社是在承认保护私人财产所有权益基础上的互助合作,实行自主经营,自负盈亏,任何单位和个人不得干预信用社业务;明确农村信用社的管理体制,界定其民主管理,行业自律管理,人民银行监管以及同地方党政之间的各种法律关系;明确因执行国家宏观调控以及落实国家扶持农业政策而带来的亏损,国家财政应予贴补。运用法律手段,通过政策调整,为农村信用社改革与发展保驾护航,促进我国农村合作金融事业健康、稳定发展。其次,依法加强监管和改进服务。人民银行要加强对信用社资产质量、盈亏状况和内控制度建设的监督检查,督促其提高经营管理水平和自我约束能力。针对信用社发展不平衡的状况和风险程度的大小,实施分类指导监控。重点对高风险信用社进行跟踪监控,综合治理。此外,人民银行要帮助农村信用社建立全国电子联行系统,畅通结算渠道,完善服务功能。再次,尽快建立我国存款保险制度,组建中小金融机构存款保险公司,对农村信用社等机构实行强制性保险,这样可以允许一些符合破产条件的信用社破产、退出市场,通过优胜劣汰,提高信用社整体经营水平。同时在保护农村居民存款利益不受损失的基础上,使破产社对社会风险度的影响降至最小限度。

(5)完善中国农村信用合作社的组织体系,逐步建立农村民营合作金融管理体制。目前,我国农村信用社组织体系不统一,从省一级到地市一级管理机构名称繁多,管理办法不尽相同,这种状况不利于农村合作金融行业管理职能的发挥,也使农村信用社合法权益的维护、要求的反映、结算网络的建设、人员的培训、支付风险的化解等遇到许多困难。因此,要强化农村信用社服务农村经济的功能,提高信用社的整体形象,应通过层层由下而上入股的形式,建立农村信用社各级联社。各级联合社除为下一级机构提供管理、协调、监督、服务外,本身又是一级具有经营资金能力的独立企业法人。积极探索试行县、市联社一级法人、内部分级核算、分别考核的管理模式。其理由为:一是通过层层自下而上参股,下级行是上级行的股东,既保留了合作制特点,又使各级信用社自成体系,有利于摆脱地方政府部门不必要的行政干预。二是实现与国际惯例接轨。法国、德国、日本都是自下而上入股形成各级合作银行的。随着我国金融业开放步伐的加快,我国农村信用社正面临加强与国际上合作金融机构的交流联系的机会。三是层层成立合作社联社,每级联社都是具有经营职能的独立法人,这为逐步建立全国农村信用社系统的联行体系打下了坚实基础,以便在区域范围内乃至全国农村信用社系统中调度资金,提高资金运作效率,化解局部的支付风险;四是有利于系统管理,为中央银行的监管和国家宏观调控的操作提供便利条件。总之,上述模式在坚持合作制原则的基础上,既维护了"自我管理+行业管理"的模式,又强化了"自我管理"体系建设,在现阶段更有利于促进我国合作金融的稳步发展。

（二）民营合作金融企业的治理结构设计

任何管理制度都要建立与之相适应的治理结构,不同的产权结构和管理制度需要不同的治理结构,合作制民营金融企业也需要与之配套的治理结构。股份制企业的治理结构是以股东(代表)大会为基础,董事会为核心,监事会为制衡机构,经理为日常管理权威这一基本框架,这种架构的最重要特点就是形成了具有严格隶属关系的等级制。合作金融企业的治理结构随其规模大小而有较大差异,一些规模较小的乡村信用合作社直接由社员大会选出经理或经理班子,有些甚至连经理都不设(实际上有非正式负责人),一些跨国经营的大的合作银行,则设有社员大会、理事会、监事会、职工大会等完备的架构,并实行严格的委托授权机制。但一般来说,合作金融企业的治理结构是大体相同的,即社员大会负责信用社的战略管理,经理负责日常经营管理,社员负责实施经理的决策。这种治理结构实际上是一种自我管理、自我循环的控制结构,与股份制企业从上而下的单向控制结构相对立。社员大会或社员代表大会是合作金融企业的最高权力机构,合作社的年终结算、盈余分配、理事和监事的选举和更换、章程的修订等重大事项均由其讨论通过。由于社员人数较多,社员(代表)大会每年只能召开一次或两次。企业日常的存贷款经营决策、员工的聘用、设备的购买等,只能依靠社员(代表)大会的常设执行机构理事会来协调解决。从各国合作金融实践看,理事会的定位有两种情形:一是在社员(代表)大会授权的范围内自行决策和行动,但社员(代表)大会保留对这些决策进行纠正和干涉的权力。这时,理事会的权力不独立存在。另一种是根据合作企业法或合作金融组织内部法规的界定,理事会具有管理合作组织日常事务的自主权,在这种情况下,理事会的权力是独立的,合作组织内存在两个相互独立的决策体,二者的决策范围通过法规和章程明确界定。合作金融企业经理在理事会领导下全面负责企业的经营管理,具体主持金融企业日常工作,组织实施社员(代表)大会和理事会的各项决议,提出企业发展规划、经营计划和各项规章制度,经批准后组织实施,提出年度财务预算、决算和利润分配方案,经通过后组织实施,决定企业内部机构设置,决定对职工的聘用、解聘和奖惩等。

合作企业经理和理事长从理论上讲应由不同的人来担任，以利于互相制衡，但民营合作金融实践中多数企业规模不大，为便于管理，减少程序，经理多由理事长兼任，理事长是法人代表。当理事会的经营决策忽视社员利益或有其他重大失误时，社员（代表）大会有权罢免部分或全部理事。但社员大会的召开间隔时间较长，而且信息也不充分，不能持续地对理事会进行监控，于是就需要成立对理事会进行日常监控的常设机构——监事会。监事由社员（代表）大会选举产生或罢免，由社员代表、职工代表担任，理事、经理和财务负责人不得兼任。

合作金融企业治理结构中的决策机制、执行机制、监督机制应构成相互促进、相互制约的内部三角关系。为了保证合作金融企业的稳健发展，保护存款人合法权益，弥补合作组织监事会在信息和专业知识方面的不足，避免监事会因本位主义立场可能产生的不公正的决策，新组建的合作民营机构可参照许多国家的做法，以立法的形式建立起合作金融企业内控体系之外的强制性审计监督制度。合作金融组织审计制度是指中立而不带偏见的审计机构定期或不定期地检查合作金融企业经营过程中所发生的各种业务记录：会计凭证和原始记录是否完整，是否以正确的方式记录，各项收支是否符合规章和法律的规定，资金平衡表是否正确反映了企业的真实情况。通过审计活动，不但可以检查和评价经营成果，而且可以对管理质量进行评估。因而，外部审计监督是加强和完善合作金融企业治理制度，促进企业各项管理方针符合社员利益并有利于保护存款人利益的重要手段。合作经济制度较为规范的英国、法国、德国、美国等均建立了较为完善的合作金融企业审计制度。

民营合作银行、保险企业和信用联合组织一般经营区域和经营规模都不大，但受市场经济的影响最直接，且直接与商业银行进行业务竞争，在法人治理结构上，亦存在所谓"内部人控制"与"外部人控制"两种控制权配置模式。

（1）外部人控制（Outsider control）模式。这里的外部人指的是合作组织资本的投资者，包括组织的所有人（社员股东）和债权人（存户）。"外部人控制"就是指合作组织的控制权掌握在股东和债权人手中。按照传统理论，社员股东掌握组织控制权是天经地义的，因为社员股东是合作企业的所有者，当然地拥有企业的管理权和剩余索取权。现代金融理论研究表明，债权人对银行的控制也是十分重要的。从有利于合作金融企业发展和金融稳定的角度看，企业控制权在股东和债权人之间是可以转移的，而且在某些情况下也是应该转移的。一般来说，在经济金融形势和企业经营状况良好的情况下，应由股东控制企业经营。反之，则应由债权人控制企业经营。这是因为在合作金融企业经营状况不良或恶化的情况下，股东往往会采取一些不理性的冒险行为，或者在企业经营透明度不高的情况下，企业经营的持续恶化会严重损害存款人的利益。此时，企业的控制权应由其股东之手转移到债权人之手，从而为采取某些适当措施提供机会。但是，由于债权人高度分散且无专业知识和信息，难以有效地对合作金融组织进行管理，所以在实践中多由政府和合作金融监管机构来代理债权人对合作企业实施管理。实践表明，合作企业控制权在股东和债权人之间进行相关转移，对企业的稳健经营和金融体系的安全是非常有益的。

（2）内部人控制（Insider control）模式。内部人是相对外部人而言的，"内部人控制"是指在现代公司所有权与经营权分离的情况下，公司经理阶层利用现代公司制度特征和其拥有的信息垄断优势在事实上或依法掌握公司的控制权。内部人控制分为两种情况，一是经理人员有公司股权并掌握公司控制权，称为"法律上内部人控制"；一是经理人员不拥有公司的股权，但在公司的资产运用、处理和收益分配等方面拥有实际控制权，称为"事实上内部人控制"。股份制合作金融组织内部存在普遍的内部人控制现象。合作金融组织随着规模的扩大，管理层次的增加,也不同程度地存在内部人控制现象。从经济学角度看,内部人控制既有提高经济效益的一面,也有浪费金融资源的一面。由于内部人(合作金融组织理事、高级管理人员)自身具有较好的业务素质,对宏观经济运行、组织自身资产负债状况及客户的需求具有信息优势,所以作出的决策应该较好地把握经营风险与企业收益,满足社员需求与机构自身发展的关系。然而,企业内部人为追求自身利益最大化,往往并不利用充分的信息资源和自己所掌握的控制权寻求社员利益最大化,也不寻求组织利益最大化,而是采取成本外溢和收益内化两种方式"损公肥私"。成本外溢主要是通过会计技术如少提折旧、减少成本、虚增利润的办法为自己增收创造条件;收益内化主要指购置豪华办公楼和车辆,支付庞大的差旅和接待费用增加自己的实惠,这两种方式都损害社员和债权人的利益。避免或减少内部人控制负面影响的办法:一是加强道德约束;二是建立适当的激励机制和约束机制,使内部人承担的责任、作出的贡献与所享有的权力和利益相匹配;三是加强内部监管和审计,对内部人的投资决策行为设计风险锁定机制。

第三节　股份合作制产权形式

　　股份合作制是介于股份制和合作制之间的一种制度设计,其概念最先在我国农村地区推广和应用,许多乡镇企业都是在股份合作企业的名称下发展起来的。相对于农村集体所有制来说,它综合了现代股份制和合作制的特点,是一种次高级的企业产权组织形式。目前,这一企业组织形式早已跳出农业部门,成为许多中小企业尤其是民营金融企业改革的目标模式和选择方向。

　　和合作制金融一样,股份合作制适用于初创型小规模农村民营金融企业。同时,也适用于整合农村现有的金融资源,以设立中等规模的民营金融企业。

一、深入理解股份合作制

（一）股份合作制的概念和特点

股份合作制是一种集股份制和合作制的特点于一身的独立的企业组织形式。但尚不可以说它是集股份制和合作制的优点于一身的独立的企业组织形式,这是因为:①股份合作制这种组织形式目前尚未立法,还需要大量的实践来验证,它在不同对象上所显现的效果有所不同,需要不断创造和完善;②根据各企业的不同情况,实行股份合作制的企业,其真实的财产组织形式五花八门,相互之间差别甚大,各地出台的管理办法和指导意见也有所区别。

从理论上说,股份制与合作制有各自的运行机制、运行环境和条件,股份合作制既坚持了股份制企业的一些原则,同时也坚持了合作制企业的原则。这一方面说明目前的企业组织内部,只能适应这种形式,另一方面也为我们在股份合作制的操作上提供了伸展的条件。

股份合作制有如下特点:

股份合作制企业是指依法发起设立的,企业资本以企业职工股份为主构成,职工股东共同出资、共同劳动、民主管理、共担风险,所有职工股东以其所持股份为限对企业承担责任,企业以全部资产承担责任的企业法人。股份合作制企业既不同于股份制企业,也不同于合作制企业和合伙企业,它是以劳动合作为基础,吸收了一些股份制的作法,使劳动合作和资本合作有机结合,是我国合作经济的新发展,也是市场经济中集体和私营经济发展的一种新的组织形式。目前我国尚无一部专门调整和规范股份合作制企业的法律或法规,有关规定散见于一些政府文件和部分地方政府制定的地方规章中。但从目前各地的改革实践

和法律原理来分析,股份合作制企业有以下特点:

(1)股份合作制企业是独立的企业法人。股份合作制企业必须符合《民法通则》规定的企业法人的必备条件,依法定程序设立,能够独立承担法律责任。

(2)股份合作制企业的股东主要是本企业的职工,原则上不吸收其他人入股。但是企业职工入股实行自愿原则,应鼓励和采取优惠办法吸引职工投资入股,不得强行要求职工入股。

(3)股份合作制企业依法设立董事会、监事会、经理等现代企业的管理机构,企业职工通过职工股东大会形式实行民主管理。股份合作制企业的职工股东大会既是企业的股东大会,又是企业的职工代表大会,是股份民主和劳动民主的适当结合,是企业职工参与企业民主管理最有效的形式。

(4)股份合作制体现了劳动合作和资本合作的有机结合。在股份合作制企业中,职工既是企业的劳动者,又是企业的出资者,这种企业在合作制的基础上吸收了股份制的做法,是促进生产力发展的实现形式之一。

(5)股份合作企业兼顾盈利性和企业职工间的互助性。作为一种企业,它是以盈利最大化为目的,但盈利性不是其追求的唯一目标,企业职工间的互助性是推动这一新型经济组织形式发展的直接原因;企业在取得适当盈利的同时,始终将提高劳动者的业务素质、互助一定范围的利益群体、满足职工对物质和精神生活的更高层次的需要作为又一重要目标。

(6)在劳动分配方式上,股份合作制企业实行按资分配和按劳分配相结合。股份合作制企业的职工既是股东又是劳动者,所以其取得收入的途径有两种:一是工资收入,实行按劳分配,多劳多得;二是资本分红,按其入股多少决定,从税后企业利润中取得,同股同酬。

(二)股份合作制的产生和发展

我国 20 世纪 80 年代中期出现的股份合作制并不是孤立

的,它与历史上存在的、现在仍然存在的某些经济形式有着联系。

早在170多年以前,伟大的空想社会主义者傅立叶在设计法朗吉时已包含了股份合作企业的雏形。他提出:用招股办法筹集资金,成员具有共同的劳动、管理等权力,实行集体经营,劳动者控股,生产目的是为成员过上富裕幸福的生活等等。这些都是股份合作制的核心内涵。

20世纪50年代,中国农村兴起的农业合作化运动,经历了互助组、初级社、高级社等阶段。其中,初级社就包含了许多股份合作的因素。如:自愿申请入社,农民以土地、农具、牲畜等生产资料折股入社,统一使用劳动力,民主商定生产和分配大事,按劳、股比例分配等等。这一切都可以看作是我国股份合作制的最早实践。

20世纪60年代,美国路易斯·凯索(Lpios Yokels)提出了ESOP计划(意即"职工持股计划")。该计划在实施过程中,有一部分企业形成了"职工持股制企业",企业职工对企业具有实质性的控制,具有明显的合作化倾向。在运行机制方面,实行"本厂工人——管理委员会——经理——工人"的体制,工厂的产权、管理权、分配权均属本厂工人所有;企业内部各种关系由工人选举的管理委员会来协调;一人一票制进行民主决策;管理委员会聘任经理负责经营;分配原则由民主决定,随成员的资本份额和劳动纪录决定其分红数额。这一切都表明西方"职工持股制企业"是一种兼容股份制与合作制的企业,实际上就是一种股份合作制经济。

第二次世界大战后,世界合作化运动出现了一个新潮流,即:在基本遵守合作社原则的条件下,引入一些股份制的因素,它被称之为"股份合作社"。如,被誉为合作制典范的西班牙蒙德拉贡合作联合公司的内部资本账户制度,就是巧妙地利用了股份制的收益分配机制:职工入社先交入社费,由于有了个人的内部资本账户,企业每年的净利润划出 50% ～70% 归个人账户,按职工各自的劳动贡献分配给人入户,形成职工个人拥有的资本;剩余的 30% ～50% 归集体账户,用于"储备和社会基金",再次进行现金分配(红利)。

我国股份合作制来自农村,是农村改革中的新事物,经十余年的实践,在全国城乡已大量出现各种各样的股份合作制经济。

根据实行联产承包责任制后农村中要把分散的生产要素联合起来建立新的规模经济的要求和实践中的一些探索,党中央在 1985 年 1 号文件中首次采用了"股份式合作"的提法,认为这种办法值得提倡。此后,股份式合作的企业形式逐渐在浙江、安徽、山东、福建、河南、广东等省份推开。

由于股份合作制能明晰企业产权,聚集各种生产要素,调动经营者和劳动者的积极性,有利于实现资源的优化配置,所以在农村和城镇的乡村私营企业、乡镇集体企业、轻工集体企业、劳动服务企业中得到迅速发展。

（三）股份合作制企业类型

股份合作制是一种正在发展的未定型的企业体制,必须联系其发育过程来考察其类型。

1. 从企业中劳动与资本联合的方式来看,可以分为劳资合一型和劳资联合型

劳资合一型指的是企业成员既是出资者,又是劳动者。这是在个体、家庭工业和乡镇企业发展的基础上,根据自愿互利和劳资合一的原则,通过联产、联营,对各类生产要素联合或折价入股而形成的股份合作制企业。由于它要求所有的成员都是劳动者,不允许单纯的股东或职工进入,合作社色彩比较浓。这一特点使它只能在劳动密集型企业中运用。由于它带有合作社的封闭性,不利于规模经营的发展。这一类企业可能是一种过渡性的形式。随着企业本身的发展和素质提高,它可能会允许单纯出资者或单纯劳动者进入企业,改变为劳资联合型。

劳资联合型。除了同样以生产要素联合或折价入股形成股份合作制的共同特点外,这类企业与上述企业的不同之处在于它不一定要求投资者同时又是劳动者,它采取有资出资、有力出力的原则,形成劳动与资本的联合。因此,在这种企业中既有职工股东,也有非职工股东。这种企业股份制的特点比较浓,它克服了合作社不利于资金流入的封闭性,变成一个向社会开放,有利于各类生产要素流入的新型企业。这可能成为一种新型的、全要素资本化的泛股制企业,是股份合作制朝规范化方向发展、合乎现代市场经济发展规律的典型体现。

2.从生产要素联合的方式看,股份合作制又可分为劳资合作型和劳资合股型

劳资合作型指的是在企业中,资金的联合采用了入股的形式,但劳动联合却仍保持合作形式,没有折价入股。这种形式通常是在以劳动联合为主,原来就有浓厚的合作社性质的企业基础上,通过职工以劳带资的形式形成的。在这种企业中,劳动联合是主导方面,资金入股是辅助的方面。

劳资合股型。这是在市场经济比较发达的基础上,不仅资本采用入股形式,对劳动、技术、管理等无形资产也采用折价入股的办法,形成劳动股与资金股合股经营的形式。这显然是一种新型的具有分享经济利益特点的较完善的股份合作制企业形式。

由于股份合作制最早产生于我国农村,经过几十年的发展,已经逐步趋于完善。农村民营金融企业选择股份合作制形式,拥有天时和地利因素,原则上可不必过多地考虑地域性、企业规模大小和管理规范性,资金和经营模式上可根据各地特点就地取材,灵活掌控。可以说,股份合作制是我国农村民营金融企业起步并快速走向成熟的捷径,是金融业粗放式经营转向集约化经营不可逾越的重要步骤。和国有金融企业相比,农村民营金融企业的特点在于机制灵活,业务拓展能力强,一旦确立了科学

的经营方针,发展基本上是跳跃性的。这样,对于银行业来说就产生了另一个后果,即负债过度而资本不足,企业随时面临补充资本金的需求。由于金融业的风险性,其设立之日起即被纳入国家监管体系,能否利用内生性动态地满足金融组织的基本风险控制要求,是民营金融企业尤其是走向资本市场之前的金融企业正常生长的关键。因此,不管采用合作制还是股份制,其在业务演进过程中发生的资本金瓶颈将成为民营金融企业发展的制约因素,这或许是民营金融企业发起人不得不进行经济发展水平地域性选择的诱因,通过选择较高的经济发展水平来触发潜在的资金链。相对来说,股份合作制形式因为扩大了内部职工资本的比例和允许部分外来资本的存在,其资本金的获取能力比合作制要强。

二、股份合作制的制度缺陷及发展趋势

实行股份合作制,不论对集体企业、国有小型企业还是民营金融企业来说,都是产权关系的重要改革。实行股份合作制的最大好处是可以明晰产权关系,使企业资产落实到职工个人身上,使职工成为真正的企业所有者。然而,股份合作制毕竟不同于股份制,它更多地倾向于合作制的基本框架,可以理解为一种特殊的合作制形式。由于在开放性和建立现代企业制度方面具有明显的局限性,因此,股份合作制作为产权制度发展长河中的阶段性成果,随着时间的推移,将表现出更多的制度性缺陷。

(一)股份合作制企业的制度缺陷

(1)股份合作制企业股权的封闭式运作与市场经济资本活动性的要求相矛盾,主要表现为两个方面:一是对非内部成员资本入股的限制。在股份合作制企业中,职工个人股本应在总股本中占大多数,但不吸收或少吸收本企业以外的个人入股,这违反了现代资本营运的开放性原则。二是对职工个人股转让的限制:职工离开企业时其股份不能带走,必须在企业内部转让。在市场经济中,企业股份的流动性是资本市场形成与发展的基础,而资本市场的发展反过来又为企业筹集资本提供了良好的渠道。而股份合作制对企业股权结构和股权转让的限制,无疑与市场经济运作机制是不相吻合的。

(2)国有财产股(包括国有股和企业法人股)与股份合作制企业运作机制的矛盾。在股份合作制企业,特别是近几年普遍兴起的农村股份合作制银行中,国有财产股和职工个人股是并存的。而国有财产股的股权主体"缺失",这就会导致在职工股东大会一人一票的表决制度中,国有财产股既无"一票"的表决(非职工股东股份),又可能是无行使表决权的"合法行为主体"。

(3)产权明晰的不完全性。股份合作制主要的特征是公共积累。这部分资产的最终归属权是模糊的。随着时间的推移,这部分资产可能会越滚越大,将使产权变得越来越不明晰。因此,在实际操作中,许多企业想办法通过不规范的财务手段将利润做成很少甚至没有,以此来避免这种公共积累的形成。即使是由国有企业或集体企业改制的股份合作企业,改制后虽然产权较以前明晰,但这种明晰程度仍是不完全的,缺乏最终归属的产权部分必定会给以后的企业发展带来诸多问题。另外,公共积累比例的确定也缺乏理论依据。

(4)在处理职工个人股和国有财产股的关系上的"二律背反"。在现行的股份合作制金融中,国有财产股的价值数额要远远超过每一个职工个人股的价值数额。在此种情形下,如果执行"一人一票"决策制,国有财产股的权益就无法体现;而如果考虑到国有财产的安全(保值和增值)问题,企业的民主制度就无法实施。

(5)资本原则与劳动者原则的矛盾。企业的赢利性质决定了出资者奉行的是资本原则,即以获得他人创造的剩余为目的。但是,这一原则与合作制的劳动者原则相对立。因为劳动者原则强调劳动者自己组织、自己经营、自助自救,反对以获得他人的剩余价值为目的。在某种程度上,资本原则与劳动者原则的冲突就会在产权关系、企业管理、收益分配等方面表现出来,最终会影响到股份制企业的长远发展。

(6)股权平等原则与人格平等原则的矛盾。在股份合作制企业中,人们试图在满足所有者股权平等要求的同时,满足劳动者以一人一票为特征的人格平等要求。但在实践中,这两者如同鱼和熊掌不可兼得。因为:股东在承担主要风险的同时,要求享有主要的权利。这种要求不仅仅反映为每一股应等分股息和红利,而且必然反映为按资金多少分配决策权,否则股权平等就是一句空话。正是由于资本在企业中的作用,资本的所有者必然要求在企业中按资本份额获取决策权,有较多资本的人要求有较大的决策权。这样,控股层就出现了。但这恰恰使"一人一票,民主管理"的合作制原则难以实现。

(7)人员流动和劳动效率的矛盾。股份合作制最大的特点在于职工既是劳动者,又是所有者。尽管改制后职工身份会变化,但实际上劳动人事关系并没有本质变化,劳动合同不断承续,导致职工很难流动。企业经营者眼看人浮于事,但真要下手又觉棘手。用人机制不活,是市场经济之大忌,其必然拖累股份合作制企业的生产效率、经营效率和管理效率。

(8)股份合作企业的股权问题。首先,股金出资形式单一。企业职工大多单纯以资金的形式入股,忽视了专利、技术秘密、商标等知识产权和实物出资的形式,这就会使企业缺乏高新技术这一核心竞争力。其次,股权形式简单化。股权的物质表现形式或书面证明就是股权证。可是一些股份合作制企业,既没有向投资者发放股权证,也没有股权登记变动的清册,一旦发生股权纠纷很难处理。第三,股权构成不合理。大多数股份合作制企业集体股所占比重过大,多数达到50%以上,致使职工个人股所占比重过小。这样一方面,集体股权缺乏明确的所有者代表。在一定程度上经营管理者实际上自觉不自觉地充当了这种"模糊角色";另一方面,个人股份分布相对均衡且无足轻重,很难唤起职工的主人意识和积极性。如此股权构成的不合理性也就造成了股东会等的虚设。另外,在部分股份合作制企业中,管理者购得相当的股份而处于控股地位,身兼"三职"(大股东,董事长,总经理),产生专断性是必然的。第四,资产评估不当,折股量化不合理。集体企业尤其是原有集体金融组织在转制改造的过程中,其资产评估往往靠政府领导的单方面决定或上级企业法人拍板,结果造成资产评估要么过高,要么过低,尤其是对专利、商标等知识产权的评估很难作出科学合理的评估。改制企业的主管部门从收回资本,防止国有(集体)资产流失的角度考虑,往往倾向于评估值较高的现值评估法进行评估;而企业职工从自身利益出发,则倾向于用评估值较低的净值评估法进行评估。第五,股权设置缺乏依据,滥设股权的现象严重。第六,国有股的存在可能为以后的"平调"留下后患,为干预企业生产经营,任命或选派企业领导提供借口,最终导致政企不分。

（二）股份合作制企业的发展趋势

（1）由低层次向高层次发展。从股份合作制的演变过程看,它经历了从合作制到股份合作制的发展,实现了从单一劳动力的结合到劳动力和资金的双重结合。面对市场和资金短缺以及技术落后特点,国有小型企业股份合作制在劳动互助的基础上更加注重资金的结合。因此,股份合作制将会向着以公司上市为目标,以资本联合为主的股份合作制和规范化股份制方向发展。

（2）由不规范走向规范。股份合作制虽然呈多层次、多形式和多元化的发展趋势,但由于股份合作制理论研究和法规制度滞后,各地对股份合作制的认识存在较大的差异,导致实际操作上出现不规范运作的现状。但随着理论和法律制度的健全,股份合作制将会走向规范和成熟,其功能将会得到进一步的发挥。

（3）由政府行为向市场行为方向发展。从某种程度上可以说早期的信用合作组织的发展是在经济短缺时期政府倡导和扶持的结果。因此，在全国金融业股份合作制普遍推广的时期，许多企业是在政府的行政干预下进行的改革，而不是自主进行的改革，随着金融企业改革的深入，政府职能的转变，企业对政府的依赖将成为历史，自愿改制就会成为企业的必然选择，这也是企业选择市场的必然结果。

（4）由小型化向集团化发展。全面推广股份合作制阶段，改制主要以中小型金融企业联合组建为主，在规模、实力、技术、设备、人才和管理水平等方面优势有限。随着改革的深入，企业风险的客观存在将迫使企业向着规模化、集团化方向发展，股份合作制企业将注重企业的规模，形成"联合舰队"，有益于市场竞争和进军国际金融市场，增强整体联合功能，提高其规模效益。

三、组建和发展股份合作制农村民营金融企业

在充分认识股份合作制产权形式利弊的基础上，组建民营金融企业就应当扬长避短，发挥股份合作制的整体功能。

（一）农村民营股份合作制金融企业产生的途径

股份合作制企业产生的途径大体有三种：

（1）乡（镇）及村办集体金融企业和国有金融企业的农村分支机构实行股份合作制改造。转制的通常做法是先将原乡、村集体企业（如农村信用社）进行清产核资，评估作价，把资产存量按其原始来源划分股权，确立股份，然后再向社会或企业职工吸收现金入股，组建民营股份合作制金融企业。在这类企业中往往保留较大比重的集体股。近年来，随着农村金融产权制度改革的深化，有些地区对企业全部或大部分的集体金融资产折股出售给职工个人，变为职工个人股，并引导国营金融企业也将

资产清核、评估作价分出部分股份出售给本厂职工,形成个人股。

(2)户办、私营或合伙金融企业向股份合作制转化。在这类企业中,个人股份较多,集体股份相对较少,国家股份和企业外法人股份近乎零。

(3)集资新建股份合作制企业。包括农户(个人)之间集资,农户(个人)与乡(镇)政府、村集体、社会法人等单位之间的资本联合,按股份合作制企业要求直接组建成民营股份合作制企业。这类企业中,根据参加组建者的股份构成不同,各种股份享有者占有不同比例。

(二)组建新的股份合作制金融企业

(1)股份合作制金融企业应具备的条件:股东必须是2个(含2个)以上;职工个人股和集体共有股的比例不得低于51%。注册资金要求:按照金融行业的相关法律法规如《银行法》《农村合作银行管理暂行规定》确定注册资本,根据金融业务的特点,原则上应高于生产性股份合作制企业的资本要求。

(2)企业名称的登记与变更法定化。股份合作制金融企业的登记类型应为"股份合作",企业名称的法定构成由"地名+字号+股份合作+银行(或保险企业)"等四部分组成。企业名称中不得含有"有限责任公司"、"股份有限公司"及"公司"字词。但原有金融企业改建为股份合作制企业的,其原企业名称中含有"公司"字词的,改制后可在企业名称中保留"公司"字词。

(3)设立股份合作制民营金融企业投资人资格限制。①党政机关、司法行政部门主办的社会团体不得投资举办股份合作制金融企业。②会计师事务所、审计事务所、资产评估机构、律师事务所不得作为投资主体向金融行业投资设立股份合作制企业。③基金会不得投资举办股份合作制金融企业。④外商投资企业不得投资举办股份合作制企业。⑤有限责任公司、股份有限公司不能投资举办股份合作制企业。⑥个人独资企业、合伙企业不能投资举办股份合作制企业。⑦股份合作制金融企业的法人分支机构的经济性质核定为"股份制（合作）——全资设立"，并不得投资举办股份合作制企业。⑧以非货币出资登记注册的企业未完成财产转移手续的，不得对外投资，不得设立分支机构。⑨法律、法规禁止从事营利性活动的人，不得成为股份合作制企业股东。⑩采取注册资本（金）分期缴付方式的内资企业（不含投资类企业）应在注册资本（金）全部缴清后方可投资设立股份合作制企业。

（三）对农村现存金融企业改制的方法

改制为民营股份合作制金融企业，已经成为改变国有和集体所有制实现形式，搞活国有金融和集体经济的方向。根据各地实行股份合作制改制的做法，民营股份合作制金融改革的基本模式是：

（1）适用范围。主要在以下几方面：在农村设立、服务于"三农"的全部国有中小金融企业（含保险企业、租赁公司、担保和再担保公司等）；大型国有金融企业的农村分支机构；农村信用合作社。

（2）改组程序。首先，国有中小金融企业以及分支机构、集体金融企业实行民营化股份合作制改组，需要经过职工代表大会讨论通过，企业提出申请，并且征得同级国有资产管理部门或经授权行使国有资产管理职能的部门同意，同时还要经主管部门和改革部门批准。其次，在资产评估、产权界定的基础上，原有企业的部分（应大于50%）或全部净资产出售给职工（包括其他法人）；原则上要求企业全员入股，并根据职工职务及承担责任大小规定出资额的上、下限，大体均衡持股；出售后的资产归新组建企业职工所有和共同使用，实行劳动合作与资本合作相结合，按股分红与按劳分红相结合，职工享有平等权利，企业实行民主管理。最后，各类企业在实行股份合作制改组后，企业类型为"股份合作"，应凭批准文件、金融企业章程、国有资产置换文本、验资文本、职工入股证明等材料，到工商行政管理和监管部门办理变更登记手续，并按规定注册登记。

（3）改组方式。大体分为以下四种：一是增量扩股。对经营状况较好的企业资产进行评估后，存量不动，让企业职工、企业外法人投资入股，组建股份民营金融企业，确保职工和法人股的控股地位。二是先售后股。对"小微亏"金融企业的净资产进行等额划分，按有关规定，全部或大部分出售给企业经营者和职工，组成股份合作制企业。三是量化配股。根据资本增值和劳动创造价值两个方面，先将金融企业存量资产量化为乡村（企业）集体股和职工基本股，对资本增值的部分，按照企业原始投资"谁投资谁受益"的原则落实到投资方；对劳动创造增值的部分，根据职工工龄、职责、贡献进行分配。四是先租后股。为避免租赁、承包中掠夺式经营，对于一些规模较大但效益不好、经营者和职工都不愿入股的金融企业，实行不动产租赁或承包、动产拍卖的办法，经营者和职工将经营收入和工资转作股份，逐步改制成股份合作制企业。

（四）民营金融选择股份合作制如何进行完善

（1）牢固树立科学发展观，以强化"三农"服务为目标，以支农、抓降、增效为工作主线，以调整利益分配关系为工作动力，健全内控机制，强化法律意识，实行绩效考核，加强岗位整合，改善服务质量，提高经济效益，树立良好的社会形象，全面提升综合竞争实力。农村民营金融企业的经营宗旨可以概括为：依据国家有关法律法规和行政规章，自主开展各项业务，按照"区别对待、分类指导"的原则，主要为各地农民、农业和农村经济发展，为城郊居民、个体工商户、民营企业提供金融服务。以"安全性、流动性、效益性"为经营原则，实行自主经营、自担风险、自负盈亏、自我约束。

（2）实现政企分开，规范操作。发挥股份合作制优势的关键是企业的内部经营机制和约束机制是否规范。因此,必须要理顺股东大会、董事会、监事会和总经理之间的关系。实行政企分开,按股份合作制章程的规定由股东大会选举董事会和监事会。要实行规范化的操作,包括合理、严格、科学的产权界定,科学的符合实际的股权设置,严密、科学的组织管理体制,合理、公平的收益分配制度等。

(3)建立有效的内部监督机制。一是建议设立外部独立监事,类似于董事会外聘的独立董事。监事既可来自原金融主管上级单位,也可从社会有关方面(学术团体、非营利性研究所、事务所、财经和管理院校等等)聘请。二是突出监事会地位和作用。强调监事会直接对股东大会负责,有条件的地方,监事会成员的收入和奖金由股东大会决定。

(4)为促进民营金融企业的发展,国家应制定优惠政策措施。①国家建立配套的企业贷款信用担保体系,扶持和促进民营金融企业的创新和发展,减少民营金融企业的信贷风险。②适当降低民营股份合作企业的再贷款、再贴现利率,对民营金融企业实行一定期限内的减免税。③国有银行信贷专项资金支持股金交付。为了解决民营企业职工个人购股资金的不足,可以参考美国的"内部职工持股计划"(ESOP),由政府或企业担保向职工贷款,在以后几年内用职工的工资和股息来偿还。新职工加入企业也要交纳一定的股金,也可以采取贷款的方式。

(5)为了规范、引导和保护农村民营股份合作金融企业的健康发展,把股份合作企业的运作纳入法制的轨道,明确其法律地位,对其组织和活动中的各种关系进行法律调整,也就成为了法治社会里解决矛盾和问题的首选模式和方法。应尽快制定《农村民营股份合作金融企业法》,且应包括以下原则和规定:①立法宗旨:营利与互助兼顾。股份合作金融企业要追求赢利,以维持自身的生存和发展,但又不是以盈利作为唯一目的。成员的互助性、自救性是推动这一法人实体成立的直接动因。②

从内容和实质来看,民营金融股份合作法属于宏观调控意义上的产业政策法范畴。③股权制度规范化。实行企业职工全员入股(或绝大部分入股),按各自出资额记入各人名下,产权归个人所有,其投入的资本形成企业的法人财产权,由企业全体员工共同占有、使用和处置。

(6)严格企业分配原则。实行按劳分配与按股分红相结合。按劳分配的对象是企业全体劳动者,包括股东职工、非股东职工以及临时工。按股分红的对象只限于企业的股东职工。按劳分配的部分依法计入企业成本;而按股分红的部分必须是企业的税后利润,即企业根据经营情况,在留足法定公积金和公益金的基础上,在税后利润中提取一部份分配给持有股份的股东。不持有股份的职工只领取工资,不能分配红利。此外,股份合作金融企业应贯彻"两低于"原则,即工资总额的增长幅度应低于企业经济效益的增长幅度;职工实际平均工资增长幅度应低于本企业劳动生产率增长幅度。

第五章

提高农村民营金融管理水平

　　农村民营金融企业经营者在思想上要提高对发展农村民营金融重要性的认识,在行动上要全面深入、透彻地研究中国农村金融市场,在推进农村民营金融体制创新的过程中,在创办和经营农村民营金融企业的过程中,既要讲求原则性,也要讲求灵活性,创造性地用足用活金融政策,敢于突破一切不适合农村民营金融发展的陈旧观念与条条框框,大胆探索适合中国国情的农村民营金融企业发展模式,从而走出一条具有中国特色的农村民营金融发展道路。在金融业市场化改革日渐深入、金融业竞争日趋激烈的大背景下,农村民营金融机构一定要审时度势,牢牢把握民营金融发展的方向,紧紧抓住中国金融业改革和发展的良好机遇,解放思想,更新观念,充分运用现代管理手段和方法,实现企业的民主化、科学化、现代化管理,从而不断提高企业的经营绩效,实现农村民营金融的快速发展。

第一节 树立科学的管理理念

一是要以企业的核心价值观统领企业管理的全过程,树立科学管理的理念;二是要顺应时代发展的要求,倡导知识管理。

一、构建民营金融企业的核心价值体系

农村民营金融企业的核心价值体系,是在深化农村改革、提升农村金融服务、化解金融风险、推进金融创新、服务农村经济和社会发展的过程中,逐步形成的。除了企业建设过程中要求的人本管理、民主管理、科学管理、崇尚服务这些现代企业文化的普遍性要求之外,金融企业在长期实践中还形成了"铁账本、铁算盘、铁规章"的"三铁"精神。农村民营金融企业文化的核心价值,同样应当包括"责任、审慎、合规、创新"的内涵。责任是动力之源,就是要求农村金融企业要有对国家和人民的财产高度负责的精神,有对发展社会主义农村金融市场的强烈使命感和责任感;审慎是经营之道,就是要坚持审慎经营原则,确保金融资产安全,防范金融风险;合规是立身之本,就是恪守诚信原则,把合规经营作为生命线,坚持依法、合规、规范经营;创新是金融企业生存和壮大的必由之路,就是要解放思想,大胆开拓,把创新精神贯穿到农村金融体制改革和发展的各个环节,充分激发农村金融创新的活力。

(一)责任是动力之源

农村民营金融企业肩负着推动农村经济发展、维护农村金融稳定、促进农村社会和谐的神圣责任。农村民营金融企业从业人员必须要有高度的责任意识,须具备强烈的职业荣誉感和敬业精神。要把增强企业和全体员工的责任意识作为农村民营金融企业文化建设的首要任务,努力培育责任神圣、各尽其责、

共享和谐的责任文化。紧紧围绕发展农村经济和金融的大局，提炼企业使命、企业精神，激发员工的职业荣誉感和敬业精神。健全企业问责制度，强化各级经营管理者对投资方的责任、对客户的责任、对员工的责任和对其他利益相关者的责任，激励企业经营管理者全心全意搞好企业，努力为社会创造更多的价值和财富。紧密结合业务流程的改革创新，制定各类职业标准和岗位职责，激励每一个员工尽心尽责做好本职工作。加强职业道德教育，培育职业精神，营造"尽责为荣、失职为耻"的浓郁氛围，使农村民营金融企业真正成为各尽其责、共享和谐的责任共同体。

（二）审慎是经营之道

农村民营金融企业必须始终坚持审慎经营的原则，健全科学决策机制，转变经营管理方式，培育和形成一种以深谋远虑、周密谨慎、严格细致为行为特征的审慎文化。审慎是金融企业家特有的气质。农村民营金融企业通过信用扩张来满足农村经济和社会的投资需求，必须比一般经济行为主体站得更高，看得更远，对面临的复杂环境和问题要深谋远虑，处理事务要周密谨慎，更加严格细致。要完善农村民营金融企业的法人治理结构，明晰产权，明确责任主体，科学界定合作制企业的合伙人、股份制（股份合作制）企业的股东会、董事会、经营管理者和其他利益相关者的责任和义务，形成有效的权力制衡机制、协调运作机制和科学决策机制。要树立审慎经营、稳健运营、协调发展的经营管理理念，围绕企业长期价值最大化的目标，制定企业的经营和发展战略，调整风险偏好，优化业务结构，追求资本和风险约束下的规模、质量、结构、效益相统一的发展模式。倡导周密谨慎、严格细致的经营管理风格，不断完善农村民营金融企业的基础性管理工作，从财务绩效考核、客户服务、内部管理、员工发展等多方面，全面提升发展的质量。建立健全企业风险管理体系，确保金融安全稳健运行，为构建社会主义和谐社会和推进新农村建设创造良好的金融环境。

（三）合规是立身之本

合规经营是农村民营金融企业落实诚信原则的本质要求，是实现农村民营金融企业稳健发展的关键举措。坚持合规经营，不仅仅是金融企业哪一个部门的职责，而必须努力在金融企业全体员工中培育一种"诚信正直、内控优先、主动合规"的企业管理文化。要强化法人治理结构的合规职责，建立专门的合规管理部门，健全合规风险管理机制，以形成金融企业内部较为完善的合规管理体制。树立"合规创造价值"的理念，将合规经营纳入核心管理目标，切实纠正重经营业绩、轻内控管理的做法，严格遵循合规法律和行业规则开展经营活动，努力打造农村民营金融企业遵守社会诚信的良好企业形象。全面加强合规培训，不断提升全体员工的合规意识，由企业高层带头倡导和推行诚信正直的职业操守和价值观念，牢固树立"遵章守制、合规为荣、违规可耻"的观念。加强合规考核和合规问责，考核结果与管理层的绩效挂钩，与行业管理的业务授权挂钩。

（四）创新是必由之路

农村民营金融作为我国金融改革的新生事物和重要领域，有太多的认识问题有待突破，也有太多的现实难题有待解决。直面挑战，创新发展，是农村民营金融实现自我突破和跨越的关键思路。要大力倡导敢于革故鼎新、勇于承担风险、锐意进取的创新精神，将创新精神贯穿到农村金融体制改革和发展的各个环节，培育崇尚学习、追求创新、宽容挫折的创新文化。加强学习型组织建设，推进思想观念、思维方式、行为模式的转变，增强农村民营金融企业的市场适应能力、变革能力和创新能力。建立有利于激励创新的分配制度，大胆探索创新成果参与企业利润分配的形式，使创新型劳动创造的知识价值得到充分体现。完善金融创新的推进机制，建立以市场为导向的产品研发、技术支持和市场营销的创新协作机制，不断提升自主创新能力。在创新活动中,要特别强调以项目为纽带的创新团队建设,调动金融企业全体员工参与到创新活动中去,通过创新活动,培养和造就各种类型、各个层次的创新人才。要敢于突破成规旧俗,形成既有个性自由,又有团队协作,鼓励创新尝试,宽容创新挫折的组织氛围,营造有利于创新人才脱颖而出、创新创意充分涌流的环境,群策群力,实现农村民营金融企业的快速发展。

二、知识管理是农村民营金融企业实现现代管理的必然趋势

进入 21 世纪,金融业的发展同样升华到知识经济时代,知识资本和智慧资本已经成为金融业发展和壮大的灵魂,金融业的知识含量愈来愈高,传统金融手段的革新往往以知识革命为先导。农村民营金融发端于中国改革开放的大背景下,在知识经济大潮的推动下,同样面临着行业的革新与发展,面临着来自发达地区、大中城市甚至是国际金融市场的竞争冲击,要在残酷的竞争中立于不败之地,不仅要有国家政策的大力扶持,要有合适的产权组织形式和法人治理结构以及投入运营过程中的人、财、物等有形资产,同时必须要有把当代成熟的金融手段和知识成果融入金融产品或金融服务中去的能力。事实已经证明,决定银行业竞争优势的关键因素,将从传统的机构网点数量、存贷款业务规模等领域,逐渐转为对金融知识开发、创新与有效运用程度等知识管理的手段方面来。为此,农村民营金融企业应不断提高管理的知识含量与知识内容,破除农村金融"用传统经营模式解决农村金融需求足矣"的错误观念,不断提升农村民营金融企业的知识管理水平。

知识管理即是对农村金融企业拥有的"智慧资源"进行有效管理的活动,也是对银行管理过程的知识化变革与创新。知识管理的目标之一,是为金融企业实现显性金融知识与隐性金融知识的经济价值提供可能的途径。而在信息技术普及应用的

今天,知识管理若不借助技术平台的协助,将无法完整发挥知识的力量。如今,数据技术(包括数据库、数据仓库和数据挖掘)提供了信息储存和知识发现的工具;网络技术提供了在全球范围内实时自由交换信息的巨大平台;运用知识发现技术和金融学及管理学模型可以提供金融商务智能和支持一对一的客户关系管理,极大地推动知识管理的应用。这些知识管理的内容可以统一在由信息系统支持的知识化管理平台上。农村民营金融企业也必须借我国农村信息化建设的东风,充分利用现代的信息通讯技术,打造农村金融企业的知识管理平台,通过计算机和信息网络,构建客户信息系统,加强客户管理,努力实现金融管理手段的现代化和智能化,提升农村金融服务质量,提高民营金融企业运作效率。

　　知识管理不是高深莫测的玄学,而是在应用操作的实践基础上发展起来的,它经历了数据收集、信息挖掘和知识发现三个过程。知识不仅仅是被动地收集数据,或者将信息按某种既定的方式排列以便于搜索,而且包含了金融企业在实践中总结出来的行之有效的工作方法和步骤。通常情况下,这些知识往往存在于雇员的头脑中,不一定表现为文件或数据。比如,有经验的银行个人贷款职员通过几个关键问题,就可以判断出借贷人的信誉。这一经验就是知识的具体表现,但往往是隐性地存在于人们的经验中。能否让这种积累更快更有效,同时也更容易在企业的内部被保留并被其他员工所共享呢?我们可以通过构造同一个信息平台上共享的手段,让员工之间的经验有效地传递和分享,从而实现员工学习的进步和经验的提升,这样也避免了随着人员的变动而发生知识流失的问题。对于金融企业来说,内部知识网的建设将比互联网更加有序和有效,因为企业可以利用管理规范防止垃圾信息的输入,可以界定范围,保证信息的专业性,可以设定商业规则将金融业务规范和金融知识融为一体,形成企业专属的知识交流平台,最终成为企业核心竞争力的重要支撑体。

制定适合农村民营金融企业的知识管理方案。按照通用的金融服务信息化和知识管理方案,可分为企业门户、业务支持、战略企业管理(SEM)、金融银行客户关系管理和金融银行业务应用等五个层次和诸多模块。各个层次或模块既可单独使用,又可无缝整合和统一使用。从行业角度来看,企业门户和业务支持是跨行业(金融和非金融)通用解决方案。金融战略企业管理和金融客户关系管理是专为金融企业所设置的,即垂直行业解决方案,适用于银行、证券、基金、保险和财务公司等,金融银行业务应用模块则是为有关专项金融业务所设置的。从业务流程来看,企业门户提供了整合所有层次和模块的统一平台。业务支持属于后台,金融战略企业管理属于中台,金融客户关系管理属于前台,金融业务应用则属于特殊模块。最后,从功能类型来看,企业门户和业务支持侧重于"协同型",企业管理侧重于"分析型",而客户管理和业务应用则侧重于"操作型"工具。

战略企业管理是此方案中的重中之重,它包括三个部分:财务会计、管理会计和成本控制;业务信息仓库和法定报表;金融利润、风险及策略分析器。利用数据仓库技术,金融企业可以把财务、客户、市场等全部信息进行过滤、加工和整合,并集中存放在业务信息仓库。许多这方面的方案都将是防范金融风险和支持银行知识管理的强大工具,它可以把数据变成信息以支持管理决策,把信息变成知识以优化管理决策。换句话说,它可以把金融电子化提升为金融信息化,再把金融信息化提升为金融知识化。

第二节 建立健全的内控系统

实践证明,健全的内部控制、有效的外部监管和良好的市场约束构成稳健运行的金融体系的三大支柱,而其中健全的内部控制是提高金融企业核心竞争力的关键手段,是确保金融体系稳健运行的内因。在我国加入世界贸易组织后的十年来,金融业的竞争日趋激烈,世界金融自由化、经济一体化的程度不断加深,各国监管当局对金融系统内部控制建设越来越重视。在这种大背景下,农村民营金融企业如何通过完善内部控制系统,从而提升竞争力,发展和壮大民族金融业,成为我们面临的非常重要而又紧迫的课题。

(1)端正思想认识。在解决金融企业内部控制问题上,一定要端正思想认识。"权大还是法大"是衡量企业领导者素质的重要天平,遵纪守法意识淡薄的领导者唯我独尊,家长意识强烈,往往把企业带入绝境;而尊重国家法律,把企业利益置于个人利益之上,施行企业的民主化管理和监督的企业领导者,能够很好地处理个人的权力和义务的关系,既保证领导者的权威性,同时又充分调动全体员工的参与性和积极性,从而形成能够面对市场激烈竞争的优秀团队。要防范金融从业者触犯国家法律,企业领导者就应该以身作则,在完善企业管理制度的基础上,遵守国家法纪,严肃内部纪律,履行企业章程,实施科学管理。

(2)完善金融企业法人治理。首先,我国经济体制改革的大方向是对金融企业进行股份制改造,走产权多元化的路子,引入非国有投资主体(包括民营企业、自然人、外资等)进入公司董事会、监事会,通过激励与约束机制让经营者充分施展才华。农村民营金融企业具有产权构成和组织设立上的优越性,在完善企业法人治理结构上应该有着更为有力的条件。其次,按照中国人民银行2002年6月发布的《股份制商业银行公司治理指引》,建立以股东大会、董事会、监事会、高级管理层等机构为主体的组织架构和保证各机构独立运作、有效制衡的制度安排以及建立科学、高效的决策、激励和约束机制。第三,对于实行股份制的农村民营金融企业,必须严格按照企业设立章程,引入真正的独立董事制度,完善董事会管理制度。

(3)营造良好的控制环境。首先,要营造良好的外部治理机制。金融企业控制权的市场化改革要有一个明确的概念。就农村民营金融企业而言,实施这种现代范式的企业制度似乎还有待时日,但要看到,这是解决企业内部控制行之有效的方式。如果股东们对公司经营状况不满意,往往就会"用脚投票"或"用手投票",强迫公司董事会与经营者改善公司经营。如果公司经营状况仍得不到改善,或者是更换公司董事长或总经理,就有可能发生局外人通过收购该公司的股票继而达到兼并公司的目的,这样,公司的董事长和总经理就会失去其对公司的控制权。在一些市场经济条件成熟的地区,完全可以试点开展。再就是职业经理人市场的繁荣问题。目前,我国职业经理人市场较为落后,在农村基本还是空白。要大力发展人力资源市场,注重对金融专业人才的培养,要依托专业的猎头机构,发掘和引进相关的职业经理人才,从而减少基层金融企业寻找管理人才的成本。其次,要营造良好的金融企业内部治理文化。作为股份制农村民营金融企业,一要树立"股份公司最高权力机关是股东大会,核心机构是董事会"的理念,由股东大会选举产生董事会,由董事会选举产生董事长和选拔任命总经理;合作制金融企业则要强调企业投资合伙人的共同利益与责任,遵循"利益先导、责任共担"的原则,推选企业的经营者或负责人。二要树立"以人为本"的理念,要真正让全体股东和职员体会到成为企业主人的感受。三要树立"内部控制主要是董事会和高级管理层的责任,但公司中的每一位员工都应共同承担这一责任"的理念。四要树立"内部控制不是内控制度的简单组合,而是业务经营过程的有机组成部分"的理念,要把内部控制的风险和责任化解到企业的具体业务活动中去,让每一个职员自觉监督企业的经营。再次,设置合理的内部组织结构,机构的设置以提升企业经营效率,实现有效监督为准则。要以"以客户为中心、以市场为导向"的原则为指引,合并缩小非业务性机构,大力加强资产负债管理、风险管理、财务管理、内部审计、信息管理等部门,做到分工明确、职责分明。

(4)努力提升风险管理水平。首先,应当有专门的机构担负风险管理的职能,定期评估各类风险和总体风险水平,提出风险管理建议。其次,要把有效控制风险放在首位,每一项规章制度的制定和业务运营都要以有效识别、计量、监测和有效控制风险为主线,建立和完善资产分类制度、审慎的会计制度、损失准备金制度、互相监督牵制制度等风险制度。第三,要借鉴通行的风险分类方法,把金融企业所面临的风险作恰当分类,比如划分为信贷风险、流动性风险、利率风险、市场风险、操作风险、法律风险、策略风险和信誉风险,定期对各类风险的水平和发展方向进行全面评估,并检讨各项控制措施是否能够有效控制风险和明确应采取的补救措施。第四,借鉴先进的风险管理技术,创建适合于本企业的风险管理模型,充分利用计算机系统进行风险管理,做到不留隐患、科学分析、科学决策,防患于未然。

(5)构建有效的内部审计监督体系。为了提高内部审计的效果和覆盖面,应不断改进审计技术手段和加强审计力量。审计发挥作用的关键取决于审计的独立性,即审计人员采取不偏不倚、客观公正的工作态度,不畏强权,据理力争。提高审计独立性的途径是提高内部审计人员素质,包括职业道德、专业技能和价值观等。其次,应该配备审计力量,提高审计人员的综合素质,也直接影响内部审计作用的有效发挥。对农村民营金融企业而言,仅仅依靠企业内部的会计人员审计,恐怕难有实实在在的效果。对此,政府的行业管理机构要加强对农村金融企业的审计工作,应该配备专业人才、安置专门岗位,加强对农村民营金融企业的审计。同时,定期对农村民营金融企业财会审计人员进行培训,提升和强化业务素质,也是一项重要的基础性工作,要常抓不懈。

(6)要注意把握成本与效益原则。从经济学一般原理理解,成本具有递增的特性,收益则具有递减的特性,当内控超过一定限度,成本将可能超过收益,从而令内部控制的净收益变为负值。短期的严格控制可以以隐蔽的心理上的成本为代价而获得,系统在表面上看来是在控制中,但压力却会在长期的酝酿中形成一次严重后果的爆发。如果内控过度,则其成效将不能达到把内控系统设计得能挖掘人的潜在能力,个人的利益就可能超越集体的福利,企业内部激励约束均衡状态将被破坏。

(7)发挥金融监管的推力作用。首先,金融监管当局要把民营金融企业内部控制作为金融监管的重要内容。在农村金融体制改革起步较晚,条件欠佳的现阶段以及在今后可以预见的较长一段时期内,政府金融监管当局仍将是构建金融企业内部有效控制系统的主要力量。所以,加强对农村民营金融企业的内部控制的监管,必须依靠政府的行政管理和调控手段。要做到:第一,进一步完善监管法规体系,并使监管活动严格地建立在法规基础之上,有法可依,执法必严,维护国家法规的权威性;第二,要特别重视对金融企业高层管理人员的监管,对严重违纪者严惩不贷;第三,要树立"监管就是服务"的监管理念,避免为"监管而监管",就要求政府转变传统的管理方法,教育在前,处罚在后,为农村民营金融企业的发展提供良好的环境。其次,引入社会中介机构,强化对农村民营金融企业的外部监管,并以此促进农村民营金融企业的内部控制建设。再次,要加强信息披露,向金融企业投资方、合伙人、企业客户以及社会公众等及时准确地披露有关经营信息,维护投资者、股东、合伙人以及客户的知情权,通过社会公众的监管来推动农村民营金融企业的内部控制建设。

第三节　提高信贷管理水平

一、完善农村民营金融企业制度，强化内部激励与约束机制

一是要优化信贷管理机制，对规模较小的农村民营金融企业而言，需在保证严格的业务监管前提下，给基层信贷人员以一定的贷款审批权，以充分调动基层员工贷款的积极性。对规模较大的商业化民营金融企业，可以给予下属分支机构和网点的借贷人员一定的贷款审批权，允许基层金融机构在核定的贷款额度内自主审查、发放贷款，并制定、实施简捷、高效的贷款管理程序，增强基层金融机构的贷款主动性、积极性。

二是要完善民营金融企业内部激励与约束机制，改革目前存在的只罚不奖、重罚轻奖的信贷考核制度。要推行目标化、绩效化奖惩方式，加大对信贷人员和下属分支点的信贷效益考核力度，对完成目标任务好、给企业带来较高收益的信贷人员，应该给予相应的物质奖励和精神奖励。当前，尤其要注意对职员的职业生涯设计，让企业员工产生归属感和成就感，形成向心力和凝聚力，提升职员的忠诚度，把职员的渎职风险降到较低的限度，从而最终防范民营金融企业的市场经营风险。

三是要制定和实施适合农村民营企业和农户特点的授权授信制度，科学确定授信审查指标，合理调整授信额度，创新信贷业务品种和贷款发放形式，减少管理层次，达到既能方便民营企业和农户获得贷款支持、又能防范信贷风险的目的。农村民营金融企业面对的主要潜力客户就是广大农村和城镇的民营企业和农户，民营企业和农业生产经营者的特殊性，决定了其风险承担能力较弱，资产抵押实力不强。但是，民营企业作为我国改革开放的生力军，发挥着越来越重要的作用，其强大的市场适应能力和创新能力，成为我国新经济的重要组成部分，而农业作为基础产业，农民的地位也十分重要。民营金融企业必需根据民营企业和农业经营者的这些特点,采取灵活的征信体系和授信制度,通过培养专业投资管理人才,加强对农村民营企业和农户的投资管理,努力促使金融企业与中小企业、农户结成战略伙伴,组成风险共担、利益共享的共同体,努力实现双赢。

二、落实信贷倾斜政策,创新金融服务方式

一是顺应国家的产业政策,扶持优势民营企业,形成合理的信贷资产结构。农村民营金融企业要将符合国家产业政策、区域经济政策、信用良好、经营管理规范、抵御风险能力强的民营企业、私营业主作为长期扶持对象,要把对这部分客户的信贷作为企业发展的重要根源,他们也是金融企业生存和发展的依托对象。要顺应国家产业政策的导向,对高科技型、农业产业化型等民营企业要重点进行支持。农村民营金融企业对民营经济的信贷投入应不低于当年企业新增贷款的60%,要形成合理的信贷结构,确保农村民营金融企业资本结构的合理。

二是改进信贷管理办法,因地制宜,对贷款客户、民营企业或具体项目进行分级管理。针对民营企业贷款额度小、时间紧、频率高的特点,建立一套适合民营企业需求的资信评估办法和贷款审批程序,积极开发企业组合贷款、联户担保贷款等适合民营企业的信贷业务品种。对科技型企业的技术资本,应该给予充分的市场价值评估,作为抵押担保的重要资产进入评价体系。对农业产业化龙头企业的政策主导因素,也应该考虑到其带来的长期效益,进行资金扶持,并通过政策把握和专业人士指导,辅佐该类企业用好融资资金。

三是改进结算手段,提供方便、快捷的结算方式。加快资金清算速度,提供高效率的金融服务。充分利用票据业务手段,选择资信良好、产供销状况稳定的民营企业,使用商业承兑汇票、银行承兑汇票等融资工具,办理贴现、转贴现和再贴现业务,及时缓解资金不足的困难。

四是加强对客户尤其是民营企业的贷后管理,建立贷款监测反馈系统,强化对借款企业的跟踪调查和贷款本息的回收,转化不良资产,及时防范和化解信贷风险。落实贷款员工的责任制,结合计算机和网络等先进手段,构建客户管理的数字化系统,对信贷资金的使用情况做到随时跟踪,信息及时反馈。对农村民营金融企业来说,信息化管理是必需迈出的重要一步,早走比晚走好,是民营金融企业应对激烈市场竞争和挑战的硬件实力,要努力完善硬件系统,并且配备专业的人才加强相关的管理工作,真正提升民营金融企业的信贷管理水平。

三、加强调查研究,成为推动地方经济发展的生力军

农村民营金融企业面临着严峻的市场竞争和挑战,是在夹缝中生存和成长的有机体。农村金融市场情况复杂,同时又要面对国际国内金融市场风云变幻的影响。农村民营金融企业要取得市场的主动权和话语权,就必须对我们的宏观经济环境有全面的把握,要对所处的地域环境有真切的了解,要对目标市场和客户需求有细致入微的体恤,要对金融企业应该采取的应对措施做到心中有数。只有这样,农村民营金融企业才能真正做到融入本土,融入社会,融入广袤的农村,成为农村广大客户可信赖的金融企业。

农村民营金融企业的优势,就在于对本乡本土金融市场的了解和把握,在于获得广大农村客户的信赖和支持。然而,要做到这一点,不能坐井观天,不能高高在上,更不能与世隔绝。深入调查研究,了解民情民意,掌握百姓的融资需求,把握农村民营企业发展的现实状况,这是农村民营金融企业融入当地经济社会的必要前提。没有对农村金融市场的全面了解和把握,农村民营金融企业要在农村存在和壮大,只能是空口大话。

农村民营金融企业要深入研究当地农村金融市场的现状,积极配合当地党政部门的经济发展战略,为当地经济社会的发

展提供金融支持。要研究金融支持农村、农业和农民的发展问题，要对发展当地的民营经济提出金融支持的意见和措施，争取当地政府的支持和扶持，同时又与政府的决策相互呼应。农村民营金融企业要努力细化金融服务流程，按照"一厂一策""一户一策"的原则，深入政府基层职能部门、民营企业进行调查，认真进行综合评估、筛选，制订出支持民营经济、产业化龙头企业的分类排队计划，分期分批实施；与当地的人民银行、经贸委、民营企业局等机构配合，切实担负起落实分类排队计划的督查工作，将有关工作落实情况及时向当地政府进行通报。

四、加大信用环境建设力度，不断改善信贷环境

第一，积极配合政府各有关部门，在一定的地域范围内，大力推行和开展信用县、乡镇的创建活动，积极营造诚实守信的氛围。要把信用建设作为农村民营金融企业发展的头等大事，认真开展诚信民营企业建设活动。当前，尤其要抓紧落实农村的信用户评审评级工作，进一步增强全社会金融信用意识尤其是民营企业的信用意识，建立农村民营金融企业与客户良好的信用体系。

第二，建立和完善征信系统制度，努力做到对农村所有经济主体的信用评价，逐步完善企业和个人诚信系统。建设好地区范围的信用稽核系统，是开展征信系统建设工作的关键。农村民营金融企业必须与政府的金融管理组织和国家的银行征信系统携手，投入人力和物力共同参与构建全面的金融信用征信系统，并使之不断完善和提高使用率。这也是农村民营金融企业规避金融风险的基础性工作，是区域金融风险管理系统运作的核心部分。

第三，探索建立多种形式的农村工商业主、民营企业的融资担保体系。融资担保体系的构建，应该成为农村民营金融体系的重要组成部分，也是促进农村民营金融业健康发展的重要环

节。要建立以政府为主体,由地方财政、企业共同出资组建的民营企业担保公司,建立民营企业融资担保基金、民营企业互助担保会等。要鼓励中介性的资产担保公司民营化或由民营资本为主体,结合政府管理部门的政策担保职能,联合多方投资者,共同组建农村融资担保公司。在发达地区或条件具备的地方,可以采取股份制的公司组建形式,与农村民营金融企业的市场业务共生共荣,相互促进。通过大力推动农村担保机构的市场化运行,农村民营金融将实现业务的创新和空间的不断拓展。

第四,农村民营金融企业应注重金融大环境建设,努力形成信用环境建设整体合力,加强与政府有关部门的协调与合作。要通过完善银行业的信息交流和专报制度以及建立与部门联动协作机制,让民营金融企业及时掌握金融形势的变化情况;政府机构中的工商、土管等部门要按照分工协作的原则,简化对民营企业的贷款抵押、登记等手续,以降低民营金融企业的运作费用,鼓励其快速发展;司法部门要加大依法维护金融债权的工作力度,提高案件的执行率,以消除农村民营金融企业的后顾之忧。农村民营金融企业要尽量配合政府的金融监管和服务职能的调整,作为业务开展的重要方面,制订符合实际又切实可行的金融扶持计划,以项目融资为工作重点,提高金融服务的质量和效率,为地方农村经济的繁荣与发展作出贡献。

第四节　建设有特色的农村民营金融企业文化

进入知识经济时代,企业的竞争已经不仅仅是产品的竞争和技术的竞争,企业文化的竞争、人才的竞争成为主导企业长远发展战略的重要方面。企业文化的优劣决定着企业核心竞争能力的强弱,决定着企业搏击市场的实力和未来发展的潜力。企业文化的培育是现代企业管理的大趋势。农村民营金融企业的

文化建设,关系到农村民营金融企业的生存和发展,浸透于农村民营金融企业的一切经营活动之中,涵盖了物质文明和精神文明的方方面面,是农村民营金融企业生存和发展的灵魂。国内外金融业发展变革的实践证明,现代金融管理科学只能从技术层面或不同侧面揭示金融企业运行的规律,而要全方位了解、深入探究并有效推动金融业的改革与发展,则必须构建良好的金融企业文化。构建农村民营金融企业文化,是农村民营金融企业创新发展的一项重要内容,是农村民营金融企业能否建立有效的合作团队,形成市场竞争软实力,取得企业管理高绩效的关键所在。

一、企业文化成为现代企业市场竞争的软实力

企业文化,主要是指企业的指导思想、经营哲学和管理风貌,包括价值标准、经营哲学、管理制度、思想教育、行为准则、道德规范、文化传统、风俗习惯、典礼仪式以及企业形象等。其中不仅有思想和精神方面的内容,也包含社会心理、技能、方法和企业自我成长的特殊方式等因素。要把企业文化建设提高到企业发展战略的高度去认识、去实践。企业文化战略就是要建立共同价值观,用精神激励的方法调动企业成员积极性,规范企业成员的行为,并自觉遵守,形成一种作风和精神,从而获得企业长远发展的精神动力。

企业文化是一种物质和精神因素的综合体,包括表层的硬文化、制度文化和观念文化等几个层次。表层的硬文化是指企业文化的物质的外在表现,包括企业的建筑、设施、环境等。企业的这种有形财富,是企业文化发展水平的体现。制度文化是指企业的各种组织机构、组织制度、规章制度以及思想政治工作等管理文化的体现。观念文化即精神文化,亦称企业精神,是指企业的价值观、企业目标、经营哲学等无形的文化部分,是企业文化的核心内容。

企业文化能作为一种企业竞争战略兴起和发展,有其客观必然性。具体表现在:

（一）物质决定精神,精神对物质具有反作用

从某种角度讲,精神比物质更重要,思想比金钱更重要。日本本田技研公司总经理本田宗一郎说:"思想比金钱更多地主宰着世界。好的思想可以产生钱。当代人的格言应当是:思想比金钱更厉害。"改革开放30多年来,我国经济体制改革的实践也说明,企业的做强做大,单靠物质刺激是不够的。一些成功的企业家都深知,精神因素其实是决定企业成败的重要方面,必须发挥聪明才智,巧妙地利用精神因素激励企业员工。

（二）追求社会价值是人的高层次需要

马斯洛的需求层次论,充分揭示了人的追求由低到高、由物质到精神的变化规律。随着生产力的发展,人们生活水平逐步提高,物质需要基本得到满足,不再为温饱而奔波。据有关资料显示,当代美国企业的职工,其精神需要和满足是第一位的,物质要求已经不是首要的。职工希望得到这样一种满足:工作称心、效率高、受人尊重、被人承认。

（三）做好人的工作是企业首要的工作

应该说,企业的发展主要取决于职工积极性的充分发挥。现代企业正从传统技术向高新技术转化,从以生产为中心向以技术开发为中心转化。一个企业的技术开发状况,直接关系到企业的兴衰,而技术开发和创新的核心就是人。因而,调动人的积极性显得尤为重要。

现代企业的产品结构也正在发生巨大变化,并向企业管理提出新的挑战。新技术、新学科、新产品不断涌现,不断向更深的层次发展,促使企业产品形成新的格局,即由大批量、少品种向小批量、多品种发展,产品由劳动密集型向知识密集型发展,产品开发由长周期向短周期发展。由于信息工具的发达、电子计算机的普遍采用,工作方式也发生了巨大的变化。这些新特

点,促使企业的管理工作由传统管理向现代管理转变。

企业文化具有如下的特点:

(1)柔软性。企业文化是一种精神上的东西,它是在企业长期经营活动中逐步形成的人们的共同价值观、成员行为的准则,对每个成员都能形成自我约束。它具有一种无形的力量,使人们内心感到有一种紧迫感、柔性压力感。

(2)渐进性。企业文化的创立和发展是一个过程,是经过多年的培育逐渐形成的。任何企业的文化建设都不能寄希望于一蹴而就,信心和耐力是达成企业文化目标的必要条件,企业的管理者要有这样的思想准备。

(3)潜移默化性。企业文化一旦形成,便会在日常的经营活动中通过各种形式,渗透到职工的思想中去,逐步形成企业的共同价值观,激励企业广大员工,为企业的发展献计出力。文化的影响,有如无声的命令,能够潜移默化地促使员工朝着同一目标迈进。

(4)延续性。延续性也称继承性。好的企业文化一旦产生,便会世代相传。特别是企业创始人的价值观、创业精神,会极大地影响企业文化。企业创始人所创立的企业文化会绵延发展,并在实践中不断丰富其内容。如海尔集团创始人张瑞敏倡导的品质文化和服务文化,奠定了海尔决胜市场的雄厚基础。

二、农村金融企业文化的内涵及功能

(一)农村民营金融企业文化的内涵

农村民营金融企业文化是我国金融企业文化的一个新生的、重要的组成部分。它是指农村民营金融企业在经营管理活动中所形成的经营目标、行为规范、企业风貌、企业精神及干部职工共同意识的总和。其核心就是农村民营金融企业的精神支柱;其本质在于注重职工的共同意识及价值观等。农村民营金融企业的企业文化主要由以下方面组成:

1. 企业信誉

金融企业作为货币融通的特殊企业,其信用与声誉是极为重要的。无论是金融方针政策、规章制度,还是业务经营活动,都必须树立良好的信誉,以企业的声誉作为企业的立身之本。

2. 服务质量

农村民营金融企业金融服务业务的出发点,是促进农村社会经济的发展,即服务于农村社会、服务于农村生产、服务于广大农民群众,即服务于"三农"。这是农村民营金融企业的基本职责,也是农村民营金融企业寻求发展的根本所在。农村民营金融企业必须树立"服务第一"的思想观念,在社会主义现代化和新农村建设中发挥金融支持的巨大作用。

3. 经营思想

农村民营金融企业的经营指导思想,实际上是企业文化的具体表现。在管理工作中,经营思想体现在以下几个方面:职工主动服务的意识及行为方式、内部各方面的有效调节、职工需求与愿望的满足、农村民营金融企业自身形象的树立和宣传等。

4. 企业道德

企业道德是企业行为的规范,是企业文化的重要内容,是企业价值观功能发挥的必然结果。企业道德虽然不具有法律的强制约束力,但有积极的示范效应和强烈的感染力。农村民营金融企业道德建设必须要有广泛的群众基础,只有在员工不断提高认识的基础上,才能形成大家能够共同遵守的行为准则,才能保证企业行为的端正和统一。如果农村民营金融企业缺乏良好的企业道德,就有可能在同业竞争中出现"犯规"行动,将自己的利益建立在牺牲其他金融企业或客户利益的基础上,将造成金融市场秩序的紊乱,最终危害自己的生存和发展。

5. 企业精神

农村民营金融企业文化的核心内容是企业精神。企业精神是企业在经营管理实践中逐步形成的、并为全体员工所认可和接受的一种群体意识。它是企业素质的综合反映,是全体员工意志的提炼和集中,是企业生存和发展的精神支柱。作为一种客观存在,金融企业精神具有强大的凝聚力、感染力和影响力。金融企业精神作为一种精神存在,虽然是无形的,却在农村民营金融企业的经营管理和员工言行中得到具体的、有形的体现。

6. 企业目标

企业目标是创办农村民营金融企业要达到的目的和标准。农村民营金融企业目标体现了企业的执著追求,同时又是员工理想和信念的具体化。农村民营金融企业目标是企业文化追求的动力源。一个科学的、合理的企业目标,可以激励员工坚持不懈地努力创造卓越业绩。优秀的企业文化必然与合理科学的企业发展目标相结合,两者互为映衬,互促互进。农村民营金融企业要构建自身的企业文化,必须结合实际,体现企业的具体目标。不同的农村民营金融企业应该有不同的企业目标,这与其业务的划分和经营对象的不同有着极大的关系;即使同一金融企业,在不同时期也应当有不同的企业发展目标。

7. 企业规范

农村民营金融企业规范主要包括企业的规章制度、组织机构以及工作、管理程序和标准等用文字表达的内容。它是农村民营金融企业在一定时期内的"规定动作",是为维护相应的企业文化提供的制度化方面的规范。如金融管理制度就是一种重要的企业规范,是经营管理活动中形成的带有强制性的义务和保障一定的权利的规定,是实现经营管理目标的有力措施和手段,这种规范必须贯穿于整个企业文化的运作体系之中。

8. 企业环境

农村民营金融企业各项经营活动的业务性、政策性极强,这是与其他行业的重要区别。特别是在当前深化金融体制改革进程中,创造一个良好的心理环境和工作环境,是一项极为重要的工作。文化建设搞得好,有利于形成良好的企业经营环境,保障农村民营金融企业的健康发展;有利于各项工作更好地进行,企业的经营目标更好地得以实现。

（二）农村民营金融企业文化的功能

企业文化作为农村民营金融企业管理的软实力,是企业战略实力的重要组成部分,发挥着重要的作用。

1. 形成认同感,增强企业凝聚力

农村民营金融企业文化是在企业经营活动中逐步形成的,是有着共同价值观、共同理想、共同行为准则、共同价值取向的一种微观文化体系。它使农村民营金融企业成为全体员工的利益共同体,使管理层和员工在日常经营活动中,很自然地用共同行为准则约束自己的行为,并以此调节人与人之间的关系。企业文化能使员工自我约束,强调自觉行为,变被动为主动,变外力推动为内力推动。它能减低阻碍企业发展的人为摩擦,建立较为融洽的人际关系,使人们为了共同的目标而彼此尊重、互相学习。这种凝聚力的产生,使得企业上下团结一致,共同努力为实现企业的目标而奋斗。

2. 调动员工积极性,激发创新精神

有了共同的价值观和价值取向,企业就会努力创造一切可能的条件,培养和树立员工的主人翁意识,发挥他们的创新精神。企业管理者都会有意识、有目的地在工作中努力创造一种融洽的环境,使企业员工能最大限度地体现自身价值。优秀的企业文化应该形成这样一种环境,人人都以为企业的发展作出贡献为荣,以企业的不断成长壮大为己任,尽心尽责,不辱使命。

3. 树立企业良好形象,增强竞争实力

企业文化建设,有如企业的 CI 策划,让社会公众和客户潜移默化地感受金融企业的人文关怀和服务,融入企业的服务过程中来,逐渐成为金融企业的关心者、支持者和爱护者,甚至以融入金融企业的文化体系为荣。企业文化建设可以使农村民营金融企业在与社会的联系中逐步树立良好形象,提高企业的社会声誉,拥有日渐扩大的忠诚客户群体,为企业金融业务的开展奠定良好的客户基础。

4. 有效地促进农村民营金融企业两个文明建设

两个文明一起抓、两个成果一起要,是社会主义社会金融企业经营管理的重要特征和本质要求。企业文化建设与精神文明建设具有内在的统一性,农村民营金融企业文化建设可以促进精神文明建设,成为新农村建设的重要组成部分,为农村的经济发展和社会进步作出新的贡献。

三、加强农村民营金融企业文化建设的对策和建议

高度重视企业文化建设工作,采取强有力的措施和方法,培育和建设企业文化,对农村民营金融企业的发展和企业战略目标的实现,具有至关重要的作用。在农村金融体制改革的关键时期,我们更应该重视文化建设对农村民营金融企业发展的推动作用。根据民营金融企业的特点,应重点从以下几方面加强农村民营金融企业文化建设。

（一）培育企业家精神,建立金融企业家群体

要努力培养和造就一大批具有较高素质、较强能力和较为成熟的金融企业家,让他们在激烈的市场竞争中发挥最大的管理效率,创造性地经营和管理农村民营金融企业,以实现其发展的战略目标。特别是在当前金融企业专业化服务转型的过程中,创办农村民营金融企业更要特别注重挑选、培养和引进具有企业家精神的管理者,要把企业的利益与他们的个人利益通过一定的股权方式结合起来,形成利益共同体,以充分发挥他们的聪明才智。

农村民营金融企业文化是靠农村金融企业家创立、倡导和培养的。农村民营金融企业文化是金融企业家精神的集体化、企业化,是金融企业家个性的充分体现,是其个人人格向组织人格的转化。金融企业家作为农村民营金融企业经营管理活动的

决策者,对各项工作有着决策、指挥和支配权。这种决策权必然使农村民营金融企业的发展战略、管理特色、经营方式等受个人因素的影响和制约。作为农村民营金融企业的负责人,金融企业家个人的理想、道德和信念,决定着企业的行为方式和取向。

然而,人无完人,金融企业家作为民营金融企业的形象和代表,总会存在着这样或那样的缺陷。如果这种缺陷体现在企业文化建设上,那将对企业的发展十分不利。为了弥补这种缺陷,就必须通过一定的市场机制,刻意培育金融企业家群体,让金融企业家群体来管理金融企业,推动企业文化的形成和发展。

(二)培育员工的主人翁意识,造就一支高素质的员工队伍

员工的主人翁意识主要包括:员工的敬业奉献精神、职业道德观念、自我发展意识和拼搏创新作风等。需要提倡一种精神,创造一种环境,提供一种氛围,形成一种机制。农村民营金融企业文化建设是一项系统工程。要做好这项工作,就必须打破传统的组织分工,对现有部门实行职能归位,不能各行其是,要讲求企业员工的整体协作效益;要重点研究企业文化发展战略;对农村民营金融企业的企业文化建设与发展,要进行总体和战略上的考虑和规划。同时,要考虑到农村民营金融企业精神的提炼和概括、职业道德规范和行为规范的制定等。企业文化的所有要素,都要通过口号、准则、规范、标准、制度等确定下来,并在实践中不断总结和完善。

(三)增强客户至上的思想观念,提高企业金融服务质量

可以说,金融企业家的"企业家精神"和员工的"主人翁意识",最终都体现在"客户观念"之中,体现在为客户服务的质量之上。也可以说,企业文化建设的核心是"客户观念",就是要强调服务意识,突出金融企业的服务职能和价值。要通过企业文化建设,真正树立起"客户至上、客户第一"的观念;真正树立起"高效地、最优地满足客户的需求"的观念;真正树立起"不断创造新的需求,寻求新的客户"的观念。离开"客户观念"谈"企

业家精神"和"主人翁意识",就不是真正的金融企业文化。这种客户观念,不仅要体现在组织目标和经营方针中,体现在金融产品设计上,更要体现在服务上,甚至体现在组织结构上。

（四）企业文化建设应紧跟时代,体现金融企业个性和特点

建设农村民营金融企业文化是一项复杂的系统工程,不能孤立地进行。一方面,企业文化要反映社会的本质特征和时代精神,用大文化指导小文化;另一方面,又要有自己的独特个性,即金融企业的服务特征。如果农村民营金融企业文化只反映共性的一面,而忽视了突出个性的一面,就会变成空洞、平淡的口号,失去存在和发展的基础。有个性才有针对性,有针对性才能产生效果。建设农村民营金融企业文化,要选择具有明显个性的价值观念、行为规范。"为农民服务"似乎成为通用的农村服务型企业和机构的口号,但对农村民营金融企业而言,这确实是一句至高无上的企业价值追求,离开了这个根本,也就无所谓农村金融服务。

（五）建立金融企业文化建设的传导机制

农村民营金融企业文化建设不能仅仅停留在文化理念的层面,而必须通过一定的传导机制,渗透于企业经营管理活动的各个领域和全部过程。企业制度建设、宣传教育引导、沟通协调工作和企业形象塑造是四种最为主要的传导机制。

加强制度建设,健全规章制度体系。企业的规章制度建设是企业文化建设的重要组成部分。要把全体员工认同的价值观念用制度规定下来,成为协调利益关系、判断行为得失的共同准则。农村民营金融企业的制度建设必须体现民主管理、人本管理、科学管理的要求,努力建设以人为本、透明公正、导向明确、赏罚分明的制度文化。

加强教育引导,促进企业文化认同。要紧紧抓住构筑企业共同价值观这个企业文化建设的根本,开展生动活泼、形式多样的教育培训和实践活动,持续不断地深入宣传企业核心价值观

念。注重积累、整理企业经营决策、内部管理、市场营销、窗口服务等各方面的典型案例，通过典型案例的剖析阐发企业的文化理念，让员工在具体、形象、生动的体验中接受企业文化熏陶。农村民营金融企业在文化建设过程中，应该高度重视员工在企业文化建设中的首创精神和主体地位，精心设计各类实践活动，努力使广大员工在主动参与中了解和认同企业文化的核心理念，减少经营管理中的思想冲突和价值分歧，提高企业内部沟通和工作效率，形成上下同心、共谋发展的良好氛围。

加强沟通协调，营造和谐的企业氛围。要建立渠道通畅、沟通及时、协调有力的沟通协调机制，营造相互信任、彼此尊重、团结协作的和谐氛围。完善以职工代表大会、股东大会为基本形式的企业民主管理制度，切实推进企务公开、切实推进平等协商、集体合作制度，从源头上落实职工基本权益的维护工作，构建和谐的农村民营金融企业劳动关系。

提升服务质量，塑造良好的企业形象。良好的企业形象不仅有助于建立农村民营金融企业和社会公众的和谐关系，同时也使员工获得强烈的自豪感；不仅有助于打造农村民营金融企业差异化的竞争能力，同时也使员工获得一种明确的价值导向，自觉按照企业的标准来规范自身行为。农村民营金融企业应以服务创新为突破口，充分发挥金融业优化资源配置、分散社会风险、完善社会管理、健全社会保障体系、培育社会诚信的功能，加大对构建社会主义和谐社会和新农村建设等各项战略举措的金融支持。加强企业的社会宣传，提升农村民营金融企业的知名度、信誉度和美誉度，以进一步拓展业务市场。

责任、审慎、合规、创新只是优秀金融企业文化的共同特征和基本要求，并没有涵盖金融企业文化的全部内容。作为具有现代文明特征的企业，农村民营金融企业应当崇尚人本管理、民主管理、科学管理；作为现代服务业，农村民营金融企业必须努力培育精益求精、追求卓越的服务文化；适应员工队伍年轻化、专业化的特点,农村民营金融企业要努力培育兼容并包、和而不同、团结协作的团队精神。农村民营金融企业由于其产权组织形式不同、业务范畴不同、经营战略不同、历史传承不同,应当形成自己鲜明的个性特征,形成一种生机勃勃、充满活力的企业文化,以适应市场的不同变化。

第五节 推进农村民营金融企业的信息化

一、农村民营金融企业推进信息化的意义

随着我国金融业的改革与发展,我国金融企业的信息化建设取得了令人瞩目的成绩,大大提高了金融行业的整体竞争能力和现代化水平。但数据的集中处理远非金融信息化建设的终点,金融行业的信息化含意非常深刻,具有深远的时代特性和经济全球化的烙印。当前,信息化依然是我国金融企业改革和创新的重中之重,特别是面对我国加入 WTO 后日趋激烈的金融市场竞争的新形势,金融信息化建设更显得迫切和任重道远。

经过近年来的信息化建设,我国的金融数据通信网络框架基本形成。但是国内金融企业在实施信息化建设的过程中还存在着不少的问题,而且,问题的表现还不仅仅体现在硬件的配备上,在相当程度上,人们观念的更新显得尤其重要和突出。目前,各金融体系的建设标准很难统一,阻碍了金融信息化的进一步发展。金融企业之间的互联互通问题难以得到解决,银联的出现和普及似乎也未能彻底解决这个问题。金融服务产品的开发明显落后于信息化的速度。当前,人民银行正在加快推进中国现代化支付系统和企业个人信用服务体系的建设步伐,努力提高金融服务水平,建立和完善统一高效、安全的支付清算体系和建立健全信用体系,是党的十六届三中全会确定的重要任务。

随着我国社会主义市场经济的发展和金融改革的深化,对中国现代化支付体系建设和金融信用服务体系建设提出了更迫切的要求。

国情决定了我国农村金融市场的特殊性,我国农村民营金融企业的发展对信息化的要求更为急切。在硬件建设对金融服务业的发展要求越来越高的新时代,网络化和信息化、信息资源共享和获取的便利性,征信系统的完善和低成本运作,成为现代金融企业设立和发展的前提条件。农村民营金融企业往往处于通讯技术手段相对落后的农村地区,存在硬件建设上的先天不足,加上金融制度设计上的缺陷和农村地区信用意识的淡薄,农村金融企业的信息化现状令人堪忧。农村民营金融企业管理现代化、信息化是必由之路,是破解农村金融体制改革难题的重要方面,是推进民营金融体制建设,增强农村民营金融企业发展后劲的必由路径。

二、农村民营金融企业信息化面临的问题

金融企业的信息化,一方面是业务信息化,另一方面是管理信息化。我国金融行业的信息化现状是:在业务信息化方面,我国金融业发展得很快,采用了很多先进的系统、设备等等。在数据处理方面,唯一的问题是集成与集中的程度不够,这一问题已引起各家金融机构的高度重视,目前的工作重点都在进行数据大集中。在管理信息化方面,我国金融行业尚有较大的差距。

改革开放 30 多年来,我国的金融信息化建设从无到有、从单一业务向综合业务发展,取得了一定的成绩。如今已从根本上改变了传统金融业务的处理模式,建立了以计算机和互联网为基础的电子清算系统和金融管理系统。但是国内金融企业在实施信息化建设的过程中还存在着不少问题,这些问题同样困扰着农村民营金融企业。归结起来主要表现在以下五方面。

1. 各金融体系的建设标准很难统一,阻碍了金融信息化的进一步发展

在国家金融信息化标准出台之前,许多金融机构都已经建立了自己的体系,由于机型、系统平台、计算机接口以及数据标准的不统一,使得各地、各机构的差异比较大,系统的整合比较困难,标准化改造需要一段时间,从而影响到金融服务的效率。

2. 金融信息化建设中,金融企业之间的互联互通问题难以得到解决

如国内众多的银行卡之间要实现互联互通,似乎需要经过一番曲折的经历。因为银行卡的联通意味着小银行可以分享到大银行的资源,大银行当然不愿意。因此,金融企业的互联互通,必须找到一种市场驱动机制下的利益平衡点。而在农村,由于网点的问题和硬件的缺陷,这个问题要得到全面的解决,似乎有待时日。

3. 服务产品的开发和管理信息应用滞后于信息基础设施的建设和业务的快速发展

目前,国内金融企业的计算机应用系统偏重于柜面、核算业务处理,难以满足个性化金融增值业务的需要。同时,缺乏对大量管理信息、客户信息、产业信息的收集、储存、挖掘、分析和利用,信息技术在金融企业管理领域的应用层次较低,许多业务领域的管理和控制还处在半信息化阶段。技术和人才的双重缺陷,不仅影响到金融企业的信息化进程,而且成为金融企业提升核心竞争力的制约因素。

4. 网上金融企业的认证中心建设速度缓慢

目前我国各金融企业的客户很多,都是网上的潜在客户,然而,由于国内金融企业在建设认证中心的意见上难以统一,使得网上金融的认证标准没有统一。而外资金融企业又虎视眈眈,一旦外资进入,国外金融标准将有可能在中国大行其道,到那时,制定国内金融企业的认证标准将增加许多的难度,甚至有可

能失去话语权。网上金融是发展的必然趋势，也是现代金融服务业的走向，我国的网上认证中心问题不解决，将不能成为真正意义上的网上金融，金融竞争力将进一步受到影响。

5. 实现数据大集中与信息安全的矛盾

数据大集中意味着统一管理，减少重复建设。而且，数据集中是实现各种新业务和新服务的前提基础。然而，数据集中从某种程度上讲增加了系统的不安全性，一旦某一地方的系统出现问题，全国的系统都将受到影响。构建金融体系的安全管理标准，实施统一高效安全的数据管理和运用，是必须尽快得到落实和解决的重大问题，需要金融机构和政府组织密切配合，加以推动。

农村民营金融企业作为新生的金融组织机构，面临着更为严峻的信息化建设的难题。农村信息化发育程度的滞后，民营资本投资的民间性，政府信息化建设的公共投资难以覆盖民营企业以及农村征信体系构建的复杂性、艰巨性，诸多因素阻碍着农村民营金融企业的管理信息化建设的推进。

概括分析，我国农村民营金融企业信息化建设主要存在以下问题和不足：农村民营金融企业在信息技术投入方面长期以来偏弱，企业经营者注重业务投入，而往往忽视管理的信息化处理，即使是有一定规模的商业化民营金融企业，也常常表现为"前台有余无集中，后台不足无支持"，具体地讲，"财务系统"基本上为记账电子化，尚无强大的管理会计和成本控制；"人力资源管理系统"尚停留在人事档案记录电子化，缺乏分析功能和与财务系统等的集成；"企业管理系统"基本限于办公自动化等，没有有效的利润分析、风险控制和战略决策功能；"客户关系管理系统"基本限于电讯传达，缺乏深入的客户信息分析及与后台可集成的销售业务操作功能。总之，农村民营金融企业的人力资源系统、财力系统、各种分析控制系统、评估系统、客户管理系统多数是不到位的，有些甚至缺乏基本的系统和职能分工,处于较为原始的手工处理信息事务的阶段。可以说,我国农村民营金融企业还处于信息化的初级阶段,信息化建设任务十分急迫。

三、农村民营金融企业信息化的阶段和目标

农村民营金融企业信息化将历经三个过程:第一是电子化,电子化使银行告别手工记录和纸张文档,目前大部分银行已基本上完成了或正在继续完成基础性的电子化;第二是信息化,即利用数据仓库和管理系统把金融数据转化为有用的信息以支持管理决策;第三是知识化,即利用数据挖掘和管理学及金融学模型从信息中发现具有普遍意义的知识以优化金融企业的管理决策。

农村金融信息化工作应确立以下发展目标:建立区域金融数据通信网,实现互联互通、资源共享;建立现代化支付清算体系,为农村广大客户提供安全、快捷、方便的支付结算服务;全面推广综合柜面业务系统、网上银行、电子商务等新型金融业务系统和金融信息服务系统;实现银行卡的联网通用,改善服务区用卡环境;完善金融监管体系,推广应用综合金融监管系统;完善金融管理信息系统和办公自动化系统,提高防范金融风险的能力和办公效率;建立金融计算机安全体系,保障银行业务应用系统安全运行。

（一）区域金融数据通信网建设

农村金融系统要充分利用电信、联通、中信等通信服务商提供的光纤及其他多种通信技术手段,完成区域横向骨干网络覆盖当地城乡金融市场、垂直上联全国各银行数据中心并进而达到全国联网的金融网络工程建设,结合与人民银行的合作,完成金融卫星通信网扩容和 TCP/IP 协议网络的改造,实现金融地面骨干网络与卫星网络互为备份,为金融系统提供更多的通信服务。要实现企业内部各部门利用互联网技术建立系统内 Intranet 网络,加强内部的信息化管理,提升管理质量和效益。

(二)支付系统建设

完成对传统业务的改造,具备条件的农村民营金融企业要推广综合柜员业务系统,重点发展网上银行、移动银行、电子商务、电话服务中心等各种新兴服务,拓展应用范围。大力发展银行卡业务,全面实现银行卡联网通用。加快实现银行营业网点计算机化和网络化的步伐,要使所有金融营业网点全部实现电子化和网络化。完善支付清算体系,要与人民银行一起完成大额支付和小额支付等现代化支付系统的推广应用,实现资金清算自动化,加快社会资金周转速度。

(三)管理信息系统和办公自动化

进一步加强金融监管,建立全面的金融监管系统和银行管理信息系统,为防范金融风险和实现经营管理决策的科学化、规范化提供信息支持。应建成系统内部的内联网系统,支持包括公文、电子邮件等业务的自动传输,实现金融公文传输和办公无纸化,提高办公效率。

(四)计算机系统安全

建立和完善金融企业计算机安全组织管理体系、技术防范体系及制度体系。切实加强和保障金融企业电子数据和信息的安全。各金融企业计算机处理中心应建立灾难备份系统,通信网络实现天地互为备份,确保金融企业主要业务应用系统安全稳定运行。

四、构建完善的农村民营金融企业信息化体系

一是积极推进整合,不断提高农村民营金融企业的核心竞争能力。推进数据集中和数据整合,就是为解决原有的信息系统过于分散等问题,实现数据集中处理,在高度灵活的体系中实现信息共享和灵活的技术开发,通过技术创新形成强大的业务创新能力。加强组织结构调整的力度,努力把数据集中带来的

优势转化成企业的竞争优势,要正确处理技术先进性和技术实用性的关系,充分利用现有资源,避免重复建设和过度投资,要正确处理金融创新与防范金融风险的关系,认真评估金融创新活动中的业务风险和技术风险,完善内控机制,防范和化解金融风险。

二是要实现农村民营金融企业信息化以业务为中心向以客户为中心的转变。农村民营金融企业信息化不仅是数据的集中和整合,而要在数据集中和整合的基础上向以客户为中心转变。农村民营金融企业信息化要适应竞争环境和客户需求的变化,创造性的用信息技术对传统运作过程进行集成和优化,实现信息共享、资源整合和综合利用,把民营金融企业的各项作用统一起来,优势互补、统一调配各种资源,为企业的客户开发、服务、综合理财、管理、风险防范奠定坚实的基础,从而适应日益增长的金融服务需要,全面提高金融企业的竞争能力,为金融创新和提升市场应变能力服务。

三是要进一步加强信息技术在农村民营金融企业风险管理中的应用,实现风险管理的现代化。风险管理是农村民营金融企业的生命线,风险管理水平是银行核心竞争能力的重要内容,加强信息技术在农村民营金融企业风险管理中的作用,是提高风险管理水平,实现风险管理现代化的重要途径。要了解客户,就必须收集、存储和查询客户的各种数据,就必须充分发挥现代信息技术的作用。高度重视信用征信体系建设,充分发挥信用征信系统在农村民营金融企业风险防范方面的积极作用。

四是推动农村民营金融企业管理和决策信息化,努力提高经营管理和决策水平。充分利用先进的信息技术,在信息整合的基础上建立和完善决策支持系统;进一步开发和完善综合业务管理、信贷管理、财务管理、客户关系管理、风险管理、市场营销管理、绩效考核管理和人力资源管理系统,并努力实现信息系统共享;利用信息技术逐步实现业务流程和管理流程的标准化,内控机制信息化，全面提高农村民营金融企业的风险防范水平。充分利用农村民营金融企业的数据信息，实现数据深层次的利用，为农村民营金融企业深层次的管理和金融服务创新提供信息支持。

五是切实加强农村民营金融企业信息安全保障工作，维护系统安全运行。加强安全信息保障，维护系统安全运行关系到农村民营金融企业信息化服务体系能否有效提供金融服务，是一项需要精心设计、常抓不懈的管理工作。随着银行信息集中和系统整合，信息系统安全保障工作更为突出。农村民营金融企业要加强信息管理体系和管理技术建设，加强信息安全保障体系建设，加强计算机安全的定期检查，建立信息安全保障、沟通机制，认真落实安全责任制，切实保障信息化服务体系安全、平稳、高效运行。要高度重视数据备份建设，在综合考虑运行和应急备份的基础上统筹兼顾、合理布局，稳步推进，确保金融体系的数据安全，防范金融信息风险。

第六章

农村民营金融的竞争与合作

农村民营金融与国有金融各具优势,都有其存在的合理性,两者有一定的竞争关系,也存在较强的合作关系。在我国农村金融改革中,应充分重视民营金融发展,引导其开展竞争,促进合作。

第一节 农村金融竞争与合作的共生性

一、农村金融的竞争性

(一)农村金融市场的竞争性

农村金融市场不是一个单一金融市场,它由多个局部金融市场组成,存在着大量金融服务需求。因此,应引入多种农村金融组织,开展多种多样的活动,在农村金融的供给方面引入竞争机制,建立一个多元化的竞争性农村金融体系和竞争性农村金融市场,打破垄断或者准垄断格局。竞争能够带来效率,扩大金融服务,促进金融创新,促使金融机构按照服务产品的成本和风险定价。

然而,目前社会上对农村金融市场是否需要竞争仍存在以下几种观点:

第一种观点:赞成市场竞争但是不赞成农村市场中的竞争,认为农业是"天然的弱质产业",应该对其采取保护措施而非引入竞争机制。这种看法与以往呼吁对家电、纺织等行业实行保护的观点如出一辙。"盲目的保护"实际上是对农村经济发展最大的不利,竞争机制与相关的社会扶持政策并不排斥,两者相对应的是农村资金需求的不同层次,即使在一些交叉区域有主次之分,也不能因此而否认竞争机制在整个农村金融市场中的基础性作用。

第二种观点:农村金融的市场容量太小,"容不下"竞争。这种看法不仅混淆了市场的需求和供给因素,而且忽略了金融市场中潜在进入者所带来的"可竞争性"因素。市场容量的大小取决于需求水平,而竞争的存在与否,则取决于是否有产权独立的市场经营者以及市场进入壁垒。这两者尽管有联系,但毕竟是两个问题。如果认为农村金融市场容量太小,那为什么还有如此大量的金融需求不能被满足而"无谓损失"掉呢?进一步来看,即使市场小得只能容纳现有的金融机构数量,但也不能否认市场应该具有的"可竞争性"因素,现存的金融机构必须是在竞争中产生的。

第三种观点:竞争可能会影响农村金融稳定。实际上,是否存在竞争与是否存在恶性竞争是两个问题,前者是市场结构问题,后者涉及对市场行为的监管,这两者的关系不能混淆。

第四种观点:市场竞争会影响农村信用社"支农主力军"的作用。这种观点在一定程度上违背了市场经济的基本原理,"支农主力军"不是人为指派的,而是在市场中实现的,一个金融机构只有在农村金融市场的竞争中取得优势,并且具有较大的资本和资产规模,它才可能成为真正的"支农主力军"。

因此,上述 4 种观点都有失偏颇。笔者认为,农村金融市场需要竞争,竞争能促进农村金融市场进一步发展。农村金融市场的竞争性可以从以下几个方面来理解:

第一,农村金融需求主体的多层次性决定了农村金融市场的竞争是多层次的。中国农村经济发展具有较强的不平衡性和层次性,农村金融需求主体对金融产品的需求也表现出较强的多样性,因此,对于不同层次的农村金融需求主体,应该用不同层次的竞争性金融结构来满足。

第二,市场机制的扩展和深化进一步推动了竞争性农村金融市场的形成。竞争性农村金融市场的形成过程是一个伴随着农业产业结构升级调整、农户从小农经济逐步走向现代商品经济的动态演进过程。社会主义新农村的建设将提高农村的城镇化水平,扩大农业的产业化、规模化程度,从而改变农村目前的商品货币关系以及金融主体的资金需求特征。市场机制在农村地区的扩展和深化则将进一步扩大商业性金融的服务能力和服务范围,从而推动竞争性农村金融市场的形成和发展。

第三,竞争性农村金融市场的主体是真正受市场约束的。从总体上讲,不能指望任何一类金融机构在没有市场退出压力下,其经营者能够勤勉尽责并尽最大努力争取与交易方的共赢。在市场原则下,对农村金融服务需求的满足、对农村金融市场的开拓,在很大程度上是竞争性市场压力的结果,而不是当事人服从某种理念的行为。

第四,竞争性农村金融市场的培养需要借鉴其他先进经验。农村金融改革的视角不能始终停留在对现有农村金融机构的改革上,而应解放思想,大胆吸取城市和企业改革的经验,在政府整体规划的框架下,以市场机制为基础整体推进。要结合不同地区农村经济实际情况,引入不同产权形式的合作金融组织、贷款批发机构、贷款经纪人组织等新型的金融主体。

然而,目前我国农村金融市场尽管已经形成了商业性、政策性和合作性金融"三足鼎立"的局面,但是仍然缺乏竞争主体,并且它们之间也没有形成有效的竞争机制。现在,农业银行在市场化改革中将竞争视角从农村转向城市,从农业转向工商业,在许多乡镇及以下地区少有分支机构,造成农村金融市场国有银行主体缺失。农业发展银行主要从事粮食收购企业及粮食生产龙头企业贷款,贷款对象不是农户而是特殊企业群。农村合作银行、农村商业银行数量很少,且均由原来的农村信用社改造而成,加之农村邮政储蓄机构只存不贷,农村信用社成了农村金融市场上的主力军,几乎垄断了农村金融市场。在农村金融业务方面,其他金融组织并不对农村信用社产生竞争威胁,农村信用社之间由于地域的限制也缺乏有效竞争。

另外,从农村金融主体来看,农村金融主体参与程度不充分。中央与地方财政投入不足,加上财政引导的滞后效应,其他主体参与程度也明显不够充分,如农户投资额较低。统计数据显示,农户农业投资占农业总投资来源的比重大多集中在10%~30%的区间,农户对农业投入不足直接导致了农业生产的低效率,严重制约着农业的进一步发展。

再者,农村金融客体供给也存在严重不足的现象。我国对农业的投入占农业增加值的比重仅为发达国家的一半,与发展中国家平均水平也有一定差距。农村发展资金供给不仅存在着总量上的不足,而且资金供给结构失衡,对生产领域、企业供给过多,而对消费领域、对个人、农村供给明显不足。长期以来,农村金融产品和中介服务短缺,投融资工具主要依赖间接性信贷,股票、企业债券、风险基金和专业基金等融资工具很少利用。在传统的信贷工具中,银行票据所占比重不大,信用卡普及面也很小,结算手段落后。新型金融衍生产品如汇率、期货仓单等更是开发不足,导致需求与供给之间差距巨大,使得拓展和创新农村金融产品和中介服务的任务比历史上任何时期都更为迫切。

因此,1996年以来的农村金融改革并没有能促进农村信贷市场的竞争。相反,改革使得农业银行逐步从农村市场撤出其贷款业务,并关闭了农业合作基金会和其他民营金融机构,从而使农村信用社在我国农村贷款市场处于垄断地位,而垄断的农村金融市场一般来说是低效率的。客观上,这些改革措施也赋予了农村信用社独立支撑农村金融主渠道的职能,然而,农村信用社自身能力与所负责任不相称的矛盾很快暴露出来。由于农村信用社巨大的历史包袱、利率管制和部分地区经营管理的低效率,不少处于垄断地位的信用社,特别是中西部地区的信用社仍然面临经营亏损,无法长期名副其实地承担农村金融"主力军"的作用。

更严重的是,由于农村信用社在农村国有金融市场中处于高度垄断地位,即使农村信用社亏损严重、资不抵债,也无法将其关闭,滋生了严重的道德风险。由于亏损的农村信用社缺乏市场退出机制,中央银行只能通过一次次注入资金来实行救助,维持农信社的低效经营。救助的结果是农村信用社自身丧失了改革的动力,监管者逃脱了监管责任,无法触及农村信用社根本性的问题。

因此,可以说,现在农村金融市场参与程度还不够高、竞争性不强,市场建设力度还有待加强。

(二)农村金融主体之间的竞争

对农村民营金融与国有金融之间关系的理解决定了理论界和决策层对农村民营金融部门的态度和所采取的政策措施,因此,系统全面地理解两者之间的关系是制定正确金融政策的关键。

同为金融机构,农村国有金融组织与民营金融机构之间肯定会有业务上的重合,因此,必定会形成一种竞争关系。由于民营金融部门信贷活动的相对单一,这种竞争关系主要表现在存款和贷款业务上,特别是在贷款业务上。在贷款业务领域,很多农户和小企业由于没有附和银行贷款要求的抵押品,或者是由于贷款手续繁杂，导致从农信社贷款困难重重。相比之下，很多民间借贷发生在亲戚和朋友之间，农户不论是为解决生活问题还是生产问题进行贷款，都比从银行贷款障碍少得多。另外，农村中小企业融资很大一部分也是通过农村民营金融途径获得的，尽管通过这种方式利率要比农信社或其他银行高很多，但是其手续便捷，也不需要抵押品和担保，因此，中小企业发展初期，这种方式也许比从国有银行贷款更加合适。再者，有些企业在既有农信社等国有金融机构贷款、又有民营金融机构贷款时，他们往往会先偿还后者，这就可能给国有金融组织的正常运营造成不确定性，同样会造成实际上的竞争。

（三）农村金融竞争的重要意义

尽管农村民营金融会与国有金融进行竞争，但这种竞争也会产生很多积极因素。

首先，这种竞争能促进农村市场机制的发育。由于我国农村国有金融机构或多或少地存在排斥市场而习惯为传统体制服务的特性，所以，农村民营金融组织的存在则可以填补国有金融机构留下的空白，使非公有制经济成分得到资金支持，促进市场机制的发育。

其次，这种竞争能促进农村国有金融的发展。由于民营金融的借贷活动往往是在家族或老乡熟人之间发生的，因而可以减少信息不对称造成的呆账坏账，这也是很多民营金融组织的坏账率比国有金融机构低的一个很重要的原因。因此，从某种意义上说，农村民营金融与国有金融进行的竞争可以促使国有金融转变经营意识，提高服务质量和服务效率。所以，我们应该充分利用农村民营金融组织的优势来进一步促进农信社及其他国有金融组织的改革。

总之，在竞争激烈的农村金融市场中，农村民营金融要想获得生存和发展，必须充分发挥自己的比较优势，积极开展竞争，为客户提供特定的产品和服务，获得发展空间。与此同时，农村国有金融组织作为农村金融市场上最重要的金融组织,其经营活动必然受到农村民营金融的冲击,农村民营金融的高效率会对农村国有金融产生竞争压力,迫使其能够更好地为农村金融需求主体服务,提高效率。进而,农村国有金融机构就会针对目标市场的需求,明确金融产品和自身的市场定位,通过制定有针对性的市场营销策略,积极与农村民营金融进行竞争。这种竞争的结果,必定有助于提高金融资源配置的效率。

二、农村金融的合作性

在较长一段时间里,学术界和决策层普遍认为农村国有金融与民营金融之间只是简单的此消彼长的竞争关系,然而,随着实践和理论研究的发展,人们发现,两者之间也有互补合作的一面,这为我们在政策设计上扬长避短提供了一个新的视角。

(一)农村国有金融与民营金融的合作

由于国有金融和民营金融各有其比较优势,同时也存在自身的风险,因此,国有金融与民营金融之间不仅仅是一种竞争关系,事实上,它们在很大程度上还能够起到互补作用。

农村国有金融机构资金实力雄厚,组织制度完善,经营管理人员的素质相对较高,业务进行有严密的控制程序,因此,在提供大额和长期的贷款方面更能体现其优势;而农村民营金融由于其操作简单易行、灵活、便捷、小规模等特点以及在信息方面的优势,更擅长向农村居民及企业提供零星、小额贷款。由于国有金融市场和民营金融市场各自具有比较优势,使得两者在信贷市场上能够服务不同类型的对象,形成了比较合理的分工。只要是农村国有金融服务所不能覆盖的地方,就可以成为农村民营金融生存和发展的空间,因此,可以说,农村民营金融发展的领域正是农村国有金融服务的薄弱环节。国有金融组织往往更为关注经营活动是否能够实现利润最大化,并且因其经营活动还会受到有关规章制度的约束,以至于往往丧失一定的灵活性,影响对市场机会的把握,特别是对一些比较特殊的客户无法提供金融服务,这将为农村民营金融创造发展机遇,从而使农村正式金融与农村非正式金融形成互相补充、互相促进的合作关系。

（二）农村国有金融与民营金融合作有利于促进农村金融体制的完善

农村国有金融与民营金融之间的合作关系已形成了互补效应,都成为我国金融体系中不可或缺的部分。和发达国家相比,农村民营金融在我国发展的客观性和必要性显得更加突出。农村民营金融对国有金融所具有的互补效应也更加强烈。这是因为:我国是一个典型的二元经济国家,城乡经济和金融发展极不平衡,这为农村民营金融的发展提供了有利的宏观环境。同时,多种所有制成分、多种经营形式、多种经营层次并存的情况在我国将长期存在,数量众多的中小企业和分布在广阔农村的数以亿计农户有着庞大的资金需求,相当一部分需要求助于民营金融,这为农村民营金融的发展提供了生生不息的原动力。因此,农村客观金融市场的存在给农村国有金融与民营金融合作提供了现实基础,也更促进了农村金融体制的进一步完善。

三、农村金融竞争与合作的共生性

（一）农村金融竞争与合作共生性的含义及意义

共生,又称"互利共生",最初泛指生物中两个或两个以上有机体生活在一起的相互关系,一般指一种生物生活于另一种生物的体内或体外相互有利的关系。

农村金融竞争与合作的共生性则指农村国有金融与民营金融之间相互依存、相互促进、竞争中有合作、合作中有竞争的关系。"竞争—合作—竞争"已成为农村金融业生存与发展的基本方式。

农村金融竞争不仅不排除金融合作,而且以合作为基础。

农村国有金融和民营金融,各有不同的地位和特点,不同的功能和作用,它们只有相互协调,彼此合作,互为补充,才能实现农村金融全局利益和局部利益、近期效益和长期效益的统一,从而实现稳定持续的发展。农村金融竞争能促使国有金融机构转变经营机制,改善治理结构,提高市场经营水平;能促进民营金融机构选准市场定位,提高管理水平;能改善从业人员素质,从而激发合作需求,拓宽合作广度,提高合作效果。农村金融合作则能促进农村金融机构发展金融创新,提高金融绩效,从而使金融竞争在更高层面上展开。通过合作可以得到竞争伙伴间的协同效应和耦合效应,便于在短期内迅速提高竞争力,为新一轮竞争做好准备。金融竞争与金融合作的相互促进,将从整体上增强农村金融竞争力,使农村金融企业在外资金融机构的冲击面前,相互协调,密切配合,形成最大的竞争合力,有效应对来自外资金融机构的严峻挑战。把竞争与合作结合起来,既竞争又合作,就能突破孤军奋战的局限,把自身优势与其他企业的优势结合起来,把双方的长处最大限度地发挥出来,既提高自己也提高别人的竞争力,实现双赢或多赢。

（二）农村金融竞争与金融合作共生的原动力

任何事物的发展都有其内在原动力。农村金融业竞争与合作共生的内在原动力主要是农村金融业对利益最大化的追求。

竞争是现代经济生活的基本发展途径。无论农村国有金融还是民营金融机构,作为市场竞争主体,都是以追求自身利益最大化为经营目标,在竞争中对其他的利益主体天然的具有排斥性。优胜劣汰的竞争规律在市场竞争中必然要顽强地体现于每一项金融活动中。真正的竞争应该是对未来充满希望、满怀信心的市场竞争主体的主动出击。然而,任何竞争都是经济主体的自觉活动的结果,都受控于人的行为的支配。实践证明,市场博弈中"囚徒困境"的非合作竞争的结果,有可能导致竞争参与双方两败俱伤。要想避免这种结局,合作是竞争双方的必然选择。合作能促进不同的经济主体优势互补,实现双赢或多赢的结局。所以,农村国有金融和民营金融竞争战略问题,主要是把握竞争与合作的平衡问题。合作不是不要竞争,而是一种在竞争中的相对平衡状态,是一种避免直接竞争,形成自身优势的成功发展战略。

四、正确处理农村金融竞争与合作的关系

妥善处理农村国有金融与民营金融竞争与合作的关系,对于增强农村金融企业活力,保持农村金融稳定发展,维护良好的农村金融市场秩序,是十分重要的。若处理不妥,农村国有金融与民营金融企业之间便可能出现恶性竞争,使双方相互排斥,两败俱伤,在外资金融机构挑战面前不能协调立场,甚至相互拆台,被分化利用,各个击破。

妥善处理农村国有金融与民营金融竞争与合作的关系,以金融竞争推动金融合作,以金融合作促进金融竞争,需从以下几方面努力:

（一）准确选择市场定位

农村民营金融应始终定位于服务"三农",以服务农村民营中小企业和小型科技创业企业为主,这样才能避开同大中型国有金融企业进行恶性竞争,才能有利于发展他们之间的合作关系。

（二）科学进行空间布局

农村民营金融不宜统统进入较发达的农村地区,而应在农村的发达地区、一般地区和贫困地区形成合理的空间结构。一般来说,发达的农村地区能为民营金融机构获取经济效益提供更好的条件,但是,如果农村民营金融企业都挤进发达农村地区,那么它们之间的恶性竞争势必爆发,这对它们自身发展是不利的。所以,应鼓励农村民营金融进入农村贫困地区,对这类地区的民营金融机构也应在政策上给予更多的扶持。

（三）形成合理产品结构

农村国有金融与民营金融企业如果产品结构单一且雷同，他们之间的排斥力就会加大，吸引力便会减弱。农村各地情况千差万别，经济发展水平互不相同，经济结构各有特色，资金需求结构也存在差别。因此，农村国有金融与民营金融企业应根据所在区域不同情况，不断创新和开发出适应不同需求的金融产品，以促进农村金融竞争和合作的健康发展。

（四）逐渐推进利率市场化

在农村利率未完全放开前，应继续扩大农村利率浮动范围。由于农业贷款尤其是个私经济的贷款具有点多面广、风险较大、单笔规模小、贷款成本高等特点，因而应该进一步上浮农村的存贷款利率。这样，一方面，可以促进农村金融适度竞争；另一方面，还可以更好地吸引非公经济进入农村金融领域，使他们感到有利可图而提高进入的积极性。另外，还能对农村过高的民间借贷利率产生一定的抑制作用。

第二节 发展农村民营金融的适度竞争

当前，农村民营金融活动绝大多数是基于信任和声誉基础，注重人缘、地缘和血缘关系，倚重社会排斥和债务追偿等非正式机制，因而安全性比较大，违约率比较低，对农村经济社会的发展发挥着较大的建设性作用，应该允许其存在和发展，鼓励其与农村国有金融开展适度竞争。通过竞争，提高农村整体金融水平，促进农村经济发展。

一、当前农村金融市场缺乏竞争、缺乏效率

（一）人为地将国有金融与民营金融对立起来

这种思想和做法本质上是对民营金融的一种歧视。用国有金融一统农村金融的设想，正是没有认识到国有金融与民营金融对农村经济发展的互补作用，没有为农民自主参与各种民营金融提供良好的环境。

（二）城乡二元金融体系的长期存在造成了我国农村明显的金融抑制问题

农村金融市场和城市金融市场之间形成了一个割裂的不平等市场，由于在这个市场里面资金缺乏有效的双向流动，在许多地方甚至可以说是一个从农村向城市输送资金的单向流动金融市场，很少有城市资金回流到农村金融市场。这就直接导致农村金融有效供给的严重不足，农村经济发展和农业产业结构调整对金融服务的要求自然也就大打折扣。

（三）农村金融体系结构单一

目前，我国已形成了以农村信用合作社为主体，中国农业银行和中国农业发展银行为辅助，以地下钱庄等民营金融组织充当补充的农村金融体系。从表面上看，这个体系功能合理、种类齐全，但事实上，这个体系缺少层次性，农村金融服务功能弱，不能满足农村日益高涨的金融需求，而且导致了农村金融机构资金配置能力不足，使农信社在农村金融市场上形成垄断。我国现有的农村金融机构类型仅有存贷型的金融机构，缺乏为农村经济、农村金融进行广泛服务的农业保险、担保、信托、租赁等非银行金融机构。

（四）农村金融缺乏竞争主体，农村资金大量进城

现在驻守在农村的金融主体如农村信用社和邮政储蓄等机构一方面从农村吸收大量的资金，但同时又不愿将吸收来的资金用于支持农村经济的发展，而是将绝大多数的资金上存，用于支持城市第二、第三产业的发展，而仅剩余的一点资金也通过信贷利率大幅上浮，使农民望"贷"兴叹，致使农村资金外流，农业筹资困难。同时，也造成在我国广大的农村金融市场缺乏竞争主体，难以引进有效的竞争机制。

总之，从宏观层面上来看，由于农村金融组织存在结构性缺陷，使得农村金融市场缺乏竞争、缺乏效率，虽然农村金融组织和活动有着政策性、商业性、合作性及民营金融等多种金融形式，但却缺乏多元性、复合性和高效性的农村金融组织体系。

二、构建适度竞争的农村金融体系的原则

一种组织体系是否完善，一个重要的衡量标准就是它是否与社会的现状相适应，是否能促进社会进步。同样，农村金融机构体系的健全和完善，应该体现在它与我国农村现状的适应性上，体现在与我国农村特定的经济形态、交易方式和经济结构相吻合性上，体现在能给组织自身带来效率和稳定上。

（一）农村金融机构体系应与农村经济运行机制相适应

市场经济条件下，竞争性作为市场机制的一个重要特征，必然要求现代金融体系与之相适应。竞争性农村金融机构体系必须保证在市场上的主体是真正受市场约束的。从总体上讲，在市场原则下，对农村金融服务需求的满足、对农村金融市场的开拓，在很大程度上是竞争性市场压力的结果，而不是当事人服从某种理念的行为，不能指望任何一类金融机构在没有市场退出压力的情况下，其经营者能够勤勉尽责和尽最大努力争取与交易方的共赢。

（二）农村金融机构体系应与农村经济发展水平或阶段相适应

从经济社会的发展史来看，不同的经济发展水平或阶段，社会分工及其细化程度、市场规模和交易方式大不相同，对应地，金融体系必须具有不同的结构特征和复杂程度，要与国民经济运行体系相适应。从总体上说，我国农业生产的产业化水平较低，经营农业的收益不高。农业作为一个弱势产业，农民收入低，承受能力弱，农村资金需求主体数量不但单笔数额小、资金分散且资金需求个体差别很大，商业金融的逐利性特点，决定了我国农村经济发展不能单纯地依靠国有金融。

（三）农村金融机构体系应与农村经济运行结构相适应

不同领域、不同地区微观经济主体的经济活动存在着不同层次的融资需要，为了促进经济有效运行和增长，金融机构体系应根据不同区域市场经济的发展程度，实行分层次的组织运行结构，并通过不同的管理方式来调节资金的运行，以实现不同区域资金的优化配置和有效利用。

三、建立多元化的、适度竞争的农村金融机构体系

（一）促进农村金融发展的基本思路

2005 年年初中共中央一号文件进一步提出要改革和完善农村投融资体制，健全农业投入机制。央行副行长易纲阐述了央行促进农村金融发展的基本思路：一是为促进县域经济发展和金融机构适度竞争，可新设一些县域小型商业银行，允许民营资本、外资和国际资金参股。二是培育更加贴近农民和农村需要、由个人或企业发起的小额信贷组织。通过筹措自有资金、受赠资金或转贷资金，小额信贷组织面向农户发放贷款，弥补大型金融机构信息不对称的缺陷，形成对农村信用社的竞争。三是监管部门制定相应法规，规范民间借贷。可考虑在一些民间金融较活跃的地区，修订并试行有关规范民间借贷活动的规则，加大对高利贷的打击力度。四是鼓励各类担保机构金融创新，拓展符合农村特点的担保业务，解决农户和中小企业贷款难和抵押难问题。

（二）农村金融机构体系的构建

根据上述基本思路，应建立农村金融机构退出和准入制度，引入适度竞争机制，构建国有资本、民营资本、外国资本并存的农村金融机构体系。

一是重新整合现有金融机构体系，明确各自在农村金融市场上的职责和分工。加快农村信用社改制，做到产权明晰、职责明确。

二是发挥民营资本在农村建设中的积极作用。由于我国农村投资环境以及国家政策等原因,国有资本一直垄断农村金融市场。虽然民营资本未取得"合法"的地位,但民营资本在农村金融市场的表现却异常活跃。但是,由于民营资本操作不规范,又缺乏法律保护,很难发挥应有的效用。在政府投入有限的情况下,如果对民营资本加以引导和利用,对于新农村的建设将具有极其重要的意义。

三是加大农业领域引进外资的力度。我国农业利用外资渠道大体分三类,即:国际多边机构提供的贷款或赠款;双边政府之间的经济技术合作;以合资、合作、独资企业为主要形式所吸收的资金。为了提高我国农业的国际竞争力,提高我国综合国力,国家应加大政策支持力度,通过合资、合作、独资等形式积极引进外资和先进技术,以改善农村基础设施和生态环境,繁荣农村经济。

193

四、从政策上鼓励、支持农村民营金融参与农村金融市场竞争

当前,农村民营金融在农村金融中非常活跃。据统计,在广东、福建、浙江等民营经济发达的地区,地下金融的间接融资规模大约相当于国有银行系统融资规模的1/3,地下金融活动相当活跃。与其屡禁不止,还不如因势利导。通过民营银行的形式,有条件地给予这些民营金融机构以合法地位,引导这些机构浮出水面,走向规范,更好地接受监管。应当充分肯定农村民营金融机构为地方民营经济发展作出的贡献,充分肯定民营金融机构在突破金融管制过程中的金融创新。消除对农村民营金融的歧视,降低门槛,鼓励农村民营资本进入国有金融机构;确立农村民营金融的法律地位,引导农村民营金融有序成长;建立农村民营金融的市场准入与退出机制。

五、促进有序竞争，防止过度竞争

在农村金融改革中，必须构建良性运行的农村金融市场体系，以促进各金融机构在竞争中完善机制、提高效益、增强功能。一个良性运行的农村竞争性金融市场体系应该促进有序竞争，防止过度竞争。

（一）促进有序竞争

农村金融市场需要不同产权结构、不同规模和不同分工的金融机构的参与。农村信用社、农业银行等金融机构是农村金融服务的主力军，除此以外，政策性金融机构、民营金融机构等都可以成为其有效的补充。通过引入各种竞争主体和营造开放有序、公平竞争的市场环境，构建一个多元化的农村金融体系，将为农村发展和农民创业提供强大的资金支持。

要做到有序竞争，监管一定要到位。农村金融中存在的不良资产、产权不清、机构单一等问题，或多或少都与监管不到位或监管不当有关。传统的监管模式以市场准入、利率控制、事后查处等为主要手段，忽视了治理结构、竞争规则以及事前防范等问题。今后，在监管方面应投入更多精力，保证宏观政策的明确性、稳定性和连续性，使金融市场中的个人和组织对未来产生长期稳定的预期。同时，应保持政策系统中各项规则的协调性和一致性，这样才能抑制机会主义行为，使政策与现有法律相协调、政策与政策之间相协调、政策目标与实施手段相一致。

（二）防止过度竞争

当然，在为农村民营金融创造良好环境、促进其适度竞争的同时，也要防止过度竞争问题。由于允许众多基层的农村民营金融机构打破业务经营的地理限制，很有可能导致农村金融市场出现过度竞争，有时演变为恶性竞争，最终导致金融市场中介有效性和效率的降低，甚至有可能引发金融动荡，从而阻碍一个地区的经济发展。

因此,在发展农村民营金融过程中,我们应构建一个适度竞争而不是过度竞争的环境,促进农村各金融机构有序竞争,使得所有的金融机构能够在一个尽可能好的基础上按照自身利益最大化原则去运作,去发展。

第三节 加快形成和提高农村民营金融竞争力

当前,相对于城市金融来说,我国农村金融十分薄弱,农村资金需求与资金供给的矛盾非常突出,农村金融竞争力大大弱于城市金融竞争力。提高农村民营金融竞争力是提高农村金融竞争力的重要方面,是发展社会主义新农村的客观要求。

一、加快形成和提高农村民营金融竞争力,是建设社会主义新农村的迫切需要

当前,我国正在全面建设社会主义新农村,新农村建设要求农村金融也要适应新形势的需求,提供多样化的金融产品、更多的资金支持、更便利的服务。而在农村金融中,农村民营金融是一支不可或缺的力量,必定在建设社会主义新农村中作出自己应有的贡献。

（一）多样化的金融产品需求

随着新农村建设的不断推进,农村金融服务需求会不断发生变化,需要得到金融支持的主体越来越多。如农户、农村企业和农村基础设施建设项目是新农村建设中不同层次的经济主体,它们的性质、经济状况、风险承受能力不同,对金融服务的需求差别很大,而且对这些主体进行进一步细分,发现各个细分群体尽管总体需求相似,但相互之间还是存在较多的差异,需要金融机构进行深入分析,有针对性地进行服务。

（二）规模化的金融资金需求

新农村建设必然促进农村经济增长、农村产业结构调整升级、农村原有生产经营方式发生变化，使农村经济由传统农业逐步向专业化、市场化、集约化的现代农业发展。因此，对资金的需求无论在总量上还是在单笔额度上都将明显地增加。一方面，农户贷款需求面逐步扩大，总量持续增长；另一方面，随着新农村建设一系列优惠政策的实施，农村基础设施和公共服务建设会越来越完善，农村经济也会逐步向规模化、集约化经营方向发展。然而，规模化经营要求必须拥有大量的资金投入，在农民自我积累严重不足的情况下，只有依靠大量贷款才能满足需求，这就必然造成资金需求额度大量增加。因此，新农村建设促使农村资金需求呈刚性增长态势。

（三）便利化的金融服务需求

建设社会主义新农村，无论是发展现代农业、促进粮食生产和农民持续增收，还是加强农村基础设施建设、进行全面综合改革，其关键还是离不开金融支持，需要农村金融市场的发展。随着农村产业规模的扩大和农民商品意识的增强，农村会出现越来越多的跨地区交易等现象，农民对金融服务的时效性和专业性服务如对银行卡、汇兑以及利率政策等相关金融知识的提供也会提出更高的要求，也就是说，农民希望金融部门能够利用自身优势，提供市场信息、技术、品种、管理等支持，提供便利化的金融服务。

然而，当前我国城乡发展失衡，在城乡居民收入、城乡教育、城乡医疗、城乡消费、政府公共投入等方面，都存在许多差距，且这些差距呈现出日益扩大的趋势。城乡差距的日趋扩大，是当前我国经济生活中存在的突出矛盾之一。不妥善解决这一矛盾，构建和谐社会的战略目标便不可能实现。造成城乡差距扩大的一个重要原因就是农村金融长期薄弱，解决"三农"问题的金融支持力相当弱小。由于资金信贷日益向城市集中，政府公共投入也严重向城市倾斜,导致城乡经济处于失衡状态的二元结构的状况尚未发生根本性变化。城乡经济的失衡,同城乡金融的失衡密切相关;缩小城乡经济差距,就必须缩小城乡金融差距。

因此,在国有金融机构绝大部分集中在城市的情况下,支持农村民营金融发展,是构筑和谐社会、全面建设小康社会的内在要求,是解决"三农"问题、建设社会主义新农村的战略举措。

二、农村民营金融企业竞争力的主要影响因素

农村民营金融企业竞争力本身是一个系统,由许多具体要素构成,这些要素对农村民营金融企业竞争力的强弱会产生较大影响。

(一)资本规模是影响农村民营金融企业资产竞争力的基础要素

在现代金融中,信用成本、产品创新、科技实力、人员素质等因素,对金融竞争力的增强,具有日益重要的作用,而这些因素无一例外地均需在资本实力基础上加以改善。适度的资本规模,对农村民营金融企业竞争力具有重大影响,是农村民营金融企业高效运转不可忽视的基础条件,对增强农村民营金融企业竞争力产生重大影响。

(二)资产质量是决定农村民营金融企业竞争力的关键因素

资产质量优,不良资产率低,可提高农村民营金融企业的盈利能力,使农村民营金融企业竞争力得到稳定改善;资产质量劣,不良资产率高,则不仅会降低农村民营金融企业的盈利能力,损害农村民营企业竞争能力,而且可能导致农村民营金融企业出现危机,甚至陷于破产的境地。

(三)商誉是影响农村民营金融企业竞争力的重要因素

从某种意义来说,农村民营金融企业是经营信用的企业。

农村民营金融企业的商誉,是农村民营金融企业的生命线,直接决定着市场对它的信心和认知度,关系到其经营成本的高低和市场份额的大小。

（四）经营机制同样是影响农村民营金融企业竞争力的重要因素

农村民营金融企业经营机制,包括决策机制、分配机制、激励机制、控制机制等,具有强烈影响农村民营企业员工偏好及行为的重要功能。

（五）人力资本是影响农村民营金融企业竞争力的基础性要素

人力资本是相对于物质资本的另一类资本,人力资本是一种最基本的生产性投入,它作为农村民营金融企业的第一资源要素,成为企业竞争力的基础性要素。

（六）风险管理能力是影响农村民营金融企业竞争力的关键要素

从某种程度来说,金融企业是经营风险的企业。在市场经济环境下,农村民营金融企业面临着复杂多样的技术风险和运作风险等。

（七）金融创新能力是影响农村民营金融企业竞争力的重要因素

影响农村民营金融企业竞争力的一个非常重要的因素,是农村民营金融企业的创新竞争力。金融创新竞争力是金融企业决策力的依托,只有不断创新,农村民营金融企业才能在复杂多变的市场竞争中求得生存和更大的发展空间。

三、加快形成和提高农村民营金融竞争力的措施

就目前所处竞争环境来看,农村民营金融在农村金融市场的发展是困难与优势并存,机遇与挑战同在。从农村民营金融的竞争力、面临的竞争以及竞争者的状况等因素考虑,农村民营

金融市场经营战略选择应是：立足农村，不断增强自身的综合实力。这既是是农村金融改革对农村民营金融的要求，也是拓展农村金融市场的现实要求。

（一）立足农村、服务农业、支持农民是农村民营金融提高竞争力的必然选择

农村民营金融的发展离不开农村金融市场的逐步发展和完善。随着农村金融市场准入的开放，农村国有金融必将取得更大的发展，农村民营金融作为国有金融的一个竞争对手，要能够生存和发展下去，只有深入地研究和关注农民、农村企业的金融需求，设计和提供适合需求的金融服务产品，才能在激烈的市场竞争中立于不败之地。

农村民营金融的优势在农村，离开了农村，就毫无竞争力可言。作为土生土长的农村金融机构，农村民营金融具有"天时、地利、人和"的比较优势，这一优势在较为封闭的经济欠发达地区农村更为显著。"农村、农民、农业"是农村民营金融生存的土壤，农村民营金融机构应抓住农村金融改革的良好机遇，发挥地缘、人缘优势，进一步壮大自己实力。如果农村民营金融目标飘移不定，或者为了追求高回报率而放弃农村市场，那么就相当于将已经到手的市场拱手出让，而去换一个竞争更激烈、自己更不熟悉的城市市场。这样的选择显然是不明智的，是非理性的。

（二）突出战略发展规划，明确市场战略定位

农村民营金融在立足农村的基础上，也要因地制宜，根据各地实际情况，明确市场战略定位。如，就经济发达地区的农村民营金融而言，应准确将市场定位为"农民自己的金融机构"，以支持农业发展和农民增收为己任，注重从地区农业产业结构调整的方向出发，将信贷投放向扶持农业产业经营、规模化生产倾斜，切实增加农民收入，提高支农工作水平，始终保持支农本色，满足不同层次的客户资金需求，以支持民营经济和个体私营经济为突破口，推动其成为当地的"龙头企业"、"骨干企业"，培植

农村民营金融新的效益增长点,从而拓宽自己业务和客户新空间,培植农村民营金融新的效益增长点。

(三)大力发展金融创新,培养农村民营金融发展的可持续性

金融创新是金融发展的动力之源。金融创新竞争力,是金融竞争力系统中的子系统,是衡量金融竞争力强弱的一个重要指标。提高农村民营金融竞争力,必须大力推进金融创新。

1. 创新金融产品,促进产品多元化

创新的金融产品具有个性化、多功能化、高附加值等特点,能有力改善金融产品结构,使之与多层次、多样性的客户需求相适应。创新农村民营金融产品,要不断创造出新的需求,使潜在的市场需求转化为现实的市场需求,并且不断提高农村金融企业之间的竞争层次。农村民营金融产品创新为农村民营金融机构提高盈利和风险控制能力提供了更大空间,使农村民营金融机构能根据自身的情况和需要,选择交易对象和金融工具,从而更好地进行资产负债管理和风险管理。创新农村民营金融产品能不断为农村民营金融机构开拓新的业务领域和盈利渠道,使他们向不同偏好的客户提供不同的产品,充分发挥农村民营金融信息集散点的功能,获取更多的利润。创新农村民营金融产品,还能不断扩大自身金融市场规模,降低交易成本,增加投资的安全性,从而使农村民营金融市场的有效性得到提高。

2. 创新中间业务,拓展发展渠道

一般来说,商业银行中间业务的发展,大致会经历三种形态的变化:第一种是以代理业务为主的劳动密集型中间业务;第二种是涉及资产业务为主的中间业务如担保性、融资性中间业务;第三种是以金融衍生品种为主的知识密集型中间业务。我国目前的中间业务发展是处于以代收代付为主的阶段。这是与我国目前市场需求和商业银行自身发展相适应的。

随着我国农村金融市场竞争的加剧,大力扩张中间业务以

稳定和提高赢利能力,应成为农村民营金融科学、明智的选择。创新中间业务,能扩大资金来源,增加收入渠道。因此,农村民营金融一是要不断拓展市场的广度和深度,突破传统界限,把存款与中间业务有机结合;二是要有效改善资产负债结构,提高资金营运水平,实现资产运作效益性、安全性、流动性相统一。通过创新中间业务,不但能使农村民营金融中间业务收入在总收入中的比重大幅度提高,优化资产结构,也能促使低成本的存款不断增加。

3. 加快科技创新,提高科技含量

目前,在竞争日益激烈的农村金融市场,农村民营金融要充分利用现有的科技信息平台,以技术创新为核心,以信息化为动力,尽快加大自主创新力度,加大标准化技术的外包和整合,尽快提高农村民营金融新产品的科技含量,提高自己的核心竞争力。一是要加快信息工程建设,建立高效的信息决策指挥系统。二是要适应市场需求变化,建立快速反应的产品研发体系。三是要加快科技原创步伐,打造独具特色的产品核心竞争力。

4. 促进管理创新,向管理要效益

第一,管理创新是金融创新的基础。管理创新是指用新的、更有效的方式整合组织资源,使之更有效地达到组织的目标。对于农村民营金融来说,金融创新的各个方面都离不开管理和所依赖的管理组织,离不开持续的管理创新。因为管理创新可降低金融创新过程中资源配置的不合理性,提高金融创新中资源的配置效率,从而直接推动金融创新的良性循环。

第二,管理创新是化解金融创新风险的有效手段。农村民营金融为了提高自身的竞争能力和适应市场发展变化,总是需要不断地进行金融创新。但是,金融创新实际上是一柄"双刃剑"。一方面,农村民营金融通过金融创新,达到提高金融资源配置效率的目的;另一方面,每一种金融创新,都必然伴随着新的风险因素。而新的风险因素的化解,必须用创新的风险管理来完成。

总之,农村民营金融机构要根据自身业务发展状况,制定适宜的市场营销策略,通过明确市场定位,细分目标市场,推出适宜的金融创新产品,改善对金融创新产品的售后服务,最大限度地满足客户的金融需求。农村民营金融创新的最终目的是提高竞争力,从而最大限度地获取利润。在我国现阶段,由于在金融创新过程中自主创新项目少,借鉴、模仿类的创新多,因此各农村民营金融机构在金融创新过程中,要根据自身业务发展状况、自身竞争力优势等情况综合考虑,引进、吸收、消化其他金融机构业已成熟的、优秀的金融创新产品项目,并努力开发适合自身业务特点的金融创新产品,形成明确的市场定位,以有利于自身综合竞争力的提高。

(四)强化防范意识,加强风险管理

面对农村金融竞争激烈的环境,农村民营金融更应树立风险意识,加强风险管理。首先,应加强内部控制机制建设,建立和完善责任分明、平衡制约、规章健全、运作有序的内部控制体系,强化经营管理者的行为规范,强化职能部门的责任管理,强化规章制度的执行,有效树立内控规章的严肃性和权威性。其次,应明确相应权限,分清相关责任,实行信贷公开、财务公开和政务公开。再次,应加强信贷管理,优化资产。一是要把好贷款投放关,实现投向准确、用途合理、效益良好、按期归还。不增无效贷款,避免新的资产沉淀。二是要实施风险贷款"谁放、谁收、谁负责"的责任人制度,对有责任贷款的责任人全部纳为考核、监控对象,列出一般责任人和重点责任人,对不良贷款责任人实行挂钩考核。

(五)精心培育农村民营金融企业的商誉,树立良好的市场形象

农村金融市场对农村民营金融企业信心的强弱、认知度的高低,不仅决定着农村民营金融企业的市场份额,经营成本的高

低,而且直接关系到农村民营金融企业的兴衰和成败。社会信用体系的不健全,给经济和金融发展带来了一系列负面影响。随着市场经济的发展,企业信用和个人信用的需求越来越被激发出来。加强农村金融环境建设,营造法制健全、恪守信用、竞争有序、和谐发展的农村金融格局,不仅是农村国有金融企业的迫切需要,而且是农村民营金融企业的强烈呼声。随着农村金融利率市场化改革的进行以及社会公众对农村民营金融企业风险的认识,一些商誉好、形象佳的农村民营金融企业,可能得到长足发展;而一些商誉劣、形象差的农村民营金融企业,则可能面临很高的负债成本,在资产业务和中间业务中处于劣势地位,甚至难逃倒闭的厄运。因此,农村民营金融企业应十分重视形象的改善和商誉的培育,通过这种无形资产的积累和转化,提升自身的竞争力。

（六）着力培养农村民营金融企业家,打造一支优秀的金融企业家队伍

企业家是企业的人格化,是推动社会发展的中坚力量。现代市场经济在本质上是一种竞争经济,而竞争实质上是高层次管理人才的竞争。因此,现代市场经济也是企业家经济,企业家及企业家队伍对企业的发展至关重要。

对农村民营金融企业来讲,高素质的企业家是推动农村民营金融发展的灵魂。他们处于企业的决策中心和经营管理的神经中枢,不但要提出企业发展的总战略,而且要具体组织实施,对企业的兴衰成败负有重大责任。他们对外代表着企业的形象,起着宣传和信誉担保作用;对内代表企业精神,对职工起着凝聚力、向心力的作用。他们是企业经营活动的组织者、领导者、指挥者、协调者,也是企业职工群体的领头羊。培养、打造农村民营金融企业家队伍需要从创新制度、完善机制入手,为企业家成长提供切实保障。

（七）加强人力资源管理、改善人力资源绩效

1. 制定人力资源的发展规划

农村民营金融机构应制定针对当前和未来员工数量和技能要求并符合企业发展战略要求的人力资源发展规划，包括员工职位描述、能力和资格的确定等。在某些情况下，还包括员工再培训或裁员计划。

2. 强化人力资源招聘和配置

随着我国农村金融体制的进一步放开，更多的外资银行也将进入到农村金融的竞争行列，争夺优秀人才的竞争也会日益加剧。外资银行除了具有很高的国际声誉，能提供世界级的培训外，还能提供丰厚的薪酬和员工激励计划如员工持股制度等。面对这种挑战，我国农村民营金融机构必须未雨绸缪，及早制定招聘、留住金融人才的战略，合理配置人力资源，努力理解和满足员工的长期需求，以达到用好人才、留住人才的目的，保持农村民营金融旺盛的生命力。

3. 实施绩效管理

农村民营金融机构要使从业人员的行为符合自身的发展战略和目标，有必要建立严格的绩效考核制度，制定适当的目标和激励方法，从而充分调动从业人员的积极性。

4. 鼓励员工发展

事业的发展和更多的培训机会是农村民营金融从业人员另外一个主要动力，事业的发展应与绩效管理挂钩，把效绩考核的结果转化为可行并有效的培训和事业发展措施。

（八）培育先进的企业文化，创造核心价值观

创造一种凝聚人心的核心价值观，并始终不移地信奉它，是农村民营金融企业获得核心竞争力的根本法则。"人为企业之本，德是兴业之魂"，用一种先进的人本文化来打造、锤炼队伍，农村民营金融才会立于不败之地，才会有发展后劲。企业文化是一种以人为中心的管理文化，既不是简单的规章制度、组织形

式,也不是单纯的资金、设备和技术,而是以人为本,充分调动员工的积极性和创造性的企业文化。只要农村民营金融企业能够真正以人为本,就能拥有大量的金融人才,就意味着农村民营金融能够拥有服务,拥有市场,拥有客户,拥有效益,就能够不断发展壮大。培育先进的企业文化,农村民营金融应该做好以下两点:

（一）树立"大文化"观念,建立大文化宣传格局

农村民营金融必须把创建金融品牌、展示形象的文化宣传摆到议事日程上来,开展多种形式的立体宣传活动,应加大宣传力度,扩大自身影响,另外,应不断完善宣传工具和手段,拓展宣传企业文化知识、研讨文化建设理论、交流建设经验和信息的阵地。

（二）企业文化建设必须做到系统思考,全员参与

农村民营金融企业所有员工都是企业文化的参与者、实践者,每个人的行为都在影响着企业文化的发展轨道。在企业文化建设中,每个员工既是企业文化被升华和熏陶的对象,又是企业文化的推动者。新形势要求农村民营金融企业必须成为一个学习气氛浓厚、能充分发挥员工创造性思维能力,能继续创造新发展的学习型组织。要建立共同愿景,把个人愿景整合为农村民营金融企业的共同愿景,将全体员工凝聚起来,形成农村民营金融企业强大的生命力。

第四节　推进农村民营金融的合作

一、农村民营金融合作的基础

农村民营金融与国有金融之间合作产生的基础在于:农村信贷市场上信息和合约实施问题导致了农村国有金融和民营金

融之间资源和能力的不匹配。国有金融通常有广泛的基础设施和资金来源,但他们却远离农户,因此,获取信息和降低风险都较困难。相比较而言,农村民营金融贴近农户,具有信息优势和较好的合约实施机制,而且更具有弹性和创新性,但不足的是他们缺乏资源和基础设施,使得服务仅局限在一个小范围内,导致资产高度集中。因此,国有金融和农村民营金融之间的合作可以减少信息、合约实施方面的问题,进而降低农村金融交易成本。农村国有金融和农村民营金融之间存在天然的互补关系,合作可以有效克服农村金融的系统性缺陷,成功扩大农村地区金融进入。

因此,在重新构建和调整农村金融体系时,必须充分发挥农村民营金融的优势,创造条件建立农村民营金融与国有金融之间相互合作互补的关系,扩大农村地区金融服务。另外,农村民营金融毕竟是一种相对低级的、处于政府监管之外的制度安排,存在着不可克服的内在缺陷,如形式上的落后、发展的不规范等,通过建立两者之间的金融合作,利用国有金融较强的资源背景、规模经济、范围经济的优势弥补农村民营金融发展不足的劣势,有利于农村民营金融向更高层次的组织形式变迁,同时也有助于创新农村金融供给模式,既可扩大农村金融的覆盖面,也可以提高农村民营金融机构发展的可持续性。

众所周知,即便在经济发达的国家和地区,农村非正式金融仍然是存在的,这说明虽然农村国有金融可以提供许多的金融服务,但是其永远也无法提供全部金融服务,总有一些服务领域是其无法顾及的。这部分金融服务一般来说是由农村民营金融来提供,为农村民营金融留下了生存空间,这也是由农村国有金融和农村民营金融的某些差别所决定的。如果没有农村民营金融提供的金融服务来弥补,农村社会经济发展就无法顺利进行。因此,农村民营金融可在相当程度上弥补国有金融的各种"覆盖空白"、缺口或缺陷,如:地区空白、产品空白、需求缺口、体制缺陷及管理缺陷等。显然,国有金融和农村民营金融之间存在相互依存和相互补充的关系。另外,在一定条件下,农村民营金融可转化为农村国有金融,农村国有金融也可转化为农村民营金融;同时,农村国有金融内部往往也程度不同地包含有农村民营金融成分,农村民营金融作为农村国有金融的竞争对手,有利于促进农村国有金融机构改善经营,有利于促进农村金融市场功能的不断完善。

一个有效的农村金融体系,应该存在国有金融部门和民营金融部门之间的信贷分层,国有金融部门对民营金融部门放贷,民营金融部门再向农村的信贷需求者或其他的中间人放贷,由此形成一种两部门垂直合作的金融体系。

因此,构建国有金融部门和民营金融部门两部门垂直合作型模式,充分利用民营金融部门的资金、信息和信贷执行机制的优势,拓宽农村融资渠道,才是农村金融体系的最有效的安排,才是解决农村融资困境的有效模式。

二、促进农村民营金融合作的策略

(一)吸收农村民营金融资本进入农村国有金融部门

产权(股权)决定企业的定位和性质,企业的定位和性质又决定其经营目标和发展方向,经营目标和发展方向又决定了企业经营方式和模式的选择。故企业产权的改革是根本性的改革,农村金融的改革也不例外。为促进农村民营金融与国有金融部门之间的合作,应放宽准入限制,将民营金融企业的部分资本吸纳到国有金融机构中来。这实际上是利用国有金融和民营金融的互补功能,打破和消除垄断格局,促进市场竞争,提高农村金融效率。这样,既可以增强国家货币政策的调控能力,也可以实现农村国有金融机构产权的多样化。

就当前来讲,可以吸收农村民营金融机构的资本入股农村信用合作社。

周小川（2004）指出，新一轮农信社改革中，主要依靠民营注资，注资可能来自于当地的私人、村民或者信用社职工。尽管来源各种各样，但基本是民营性质，这就为农村民营金融资本进入农村信用合作社创造了可能。

吸收农村民营金融机构资本入股农村信用社可采取将现有农村信用社的股本设置为资格股和投资股的办法。资格股主要募集对象是农户和个体工商户等，继续实行"入股自愿、退股自由"的政策，资格股持有人享有贷款优先权和利率优惠权。投资股是为了获取投资收益并承担相应风险的股金，主要面向种养业大户、个体民营业主和企业法人等筹集。通过吸收农村民营金融资本入股农村信用社，一方面，可以使农村信用社股权多元化或民有化，可进一步实现对农村信用社的全面改造和规范化治理，有助于建立完善的"激励—约束"机制。把农村信用社建设成为真正为"三农"服务的农村金融主体，使之贴近农户和服务农户的优势得到更好的发挥。

（二）农村国有金融机构也可以向农村民营金融机构提供储蓄、贷款、培训、技术顾问等多种服务

通过国有金融将低价的信贷资金提供给民营金融，即贷款给农村民营金融组织，增加农村民营金融的资金供给，可以改善广大农户和农村中小企业的贷款条件，提高农村金融需求的满足度，农村民营金融在信贷、保险提供和流动资金管理等方面的能力也将大为改善，因此，合作对于农村国有金融和民营金融双方都是一个双赢选择。

当前，在我国许多地方，实现这种贷款的主要方式，是由农村信用合作社将资金贷给一种农村新型合作金融组织，然后再由新型合作金融组织将贷款转贷给农户。虽然说，由农村小企业主自发组成一些小团体进行互助融资，可以部分解决企业发展的资金需求问题，但是与企业期望的还相差甚远。因此，当新型的农村合作金融组织建立以后，资金不足是它们面临的主要

问题。此时,农信社将资金贷给这些合作金融组织后将会产生双赢的局面:一方面,合作金融组织获得了资金支持,可以更好地进行互助合作,促进农村经济发展;另一方面,由于合作金融组织很好地解决了贷款中信息不对称及缺乏抵押物的问题,因而能在很大程度上解决农信社惜贷问题。另外,农信社通过新型的合作金融组织为农户提供贷款可以很好地解决现代额度的错位问题。同时,也可以对合作金融组织发放长期贷款,规避很多不合时宜的政策规定,从而解决信贷期限的错位问题。

第七章

农村民营金融机构的准入和退出

近年来我国金融市场环境发生很大的变革,农村金融机构的市场准入要求有很大的调整,新型农村金融企业日益增多,农村金融格局显现出较大的变化。在关注金融市场准入的同时,不可忽略的问题是农村金融机构的市场退出。日益开放且复杂多变的金融环境要求我们倍加审视农村民营金融机构的准入和退出,这就要求我们建立科学合理的农村民营金融市场准入和退出机制,从而有效防范和控制金融风险,提高农村民营金融机构的绩效。

第一节　农村民营金融的市场准入

市场准入是任何一个产业规模、健康发展所必需的。农村金融机构的发展离不开市场准入制度的规范。农村民营金融市场准入是指符合相关条件并愿意参与提供农村金融服务的自然人或法人,按照法律程序设立独立的金融机构而参与农村金融市场竞争的一种市场行为。农村民营金融市场准入必然要遵循一定的法定程序,要按照相关法律法规的要求来设立,并遵循一定的行为规范和行为准则,受到一定的制度约束。这是农村民营金融机构参与市场竞争,形成规范的市场秩序,也是实现整个农村金融业持续稳定发展的前提条件。

一、农村民营金融市场准入的重要性

市场准入制度作为国家介入金融市场的手段,是极其重要的,其根本原因在于可以弥补金融市场本身的缺陷。尤其是在一国金融市场不完全的条件下,国家对于金融市场的干预是必须的,但也可能会加剧市场的不完全程度。由于政府通过市场准入制度对金融的准入加以限制,可能人为割裂市场,限制资本的跨地域流动,一定程度上会加剧市场的不完全性。市场准入制度是否会加剧市场的不完全性,取决于其反映和满足市场需要的程度。从理性的角度出发,市场准入制度永远不可能与实际的需要完全一致。但是,人们可以通过努力将市场准入制度的负面影响降低到可以忽略不计的程度,或是承受准入制度的负面效应时获得更大的益处。因此,我们需要在农村民营金融市场准入与市场有效竞争之间寻找一个平衡点,既要满足民营金融能有效进入农村,从而满足新农村建设的资金需求,也要注意进入的门槛,以防止出现过低的门槛而导致出现金融风险。因此,农村民营金融市场准入,应根据农村实际情况,力求达到两者的兼顾。

二、农村民营金融市场准入的原则

(一)一般原则

这是各国形成金融机构的基本原则,也是金融市场准入的基本要求。一般来说,建立一国金融市场准入制度的基本原则,主要包括:第一,公平竞争、提高效率原则。竞争是建立合理的市场结构、提高市场绩效的基本要素,只有公平竞争,才能使金

融市场具有效率。第二,安全、稳健原则。第三,规模经济原则。

（二）具体原则

依据金融监管当局对金融市场结构的判断以及对其安全性能方面的要求,各国都对金融市场准入制定相应的规则。如英国1987年《银行法》提出了银行进入应遵循的原则是:

1. 适当与适合原则

机构的董事、控制者或经理在其位置应当是适当与适合的。所谓"适当与适合",是指上述管理人员是正直、富有竞争和善于判断、勤奋地履行其职责以及保护存款人的利益。为保护公众利益,英格兰银行作了如下限定:在过去的营业和金融活动中没有涉及欺诈或暴力的犯罪行为;没有因其不诚实、不胜任或玩忽职守而在银行业以及保险、投资等其他金融服务或公司管理中造成损失或机构倒闭;在业务经营中没有进行欺诈或触犯法律等其他不适当(非法的)的业务活动等。

2. "四只眼"原则

要求一个银行的业务经营至少应有两个知识经验丰富、有管理决策能力的人来进行有效的管理。20世纪70年代以来,英国就一直禁止"一人银行"进入市场。这样做的目的,也是为了保证银行能够有效地控制风险。

3. "谨慎行为"原则

银行要以谨慎方式经营业务,包括:①充足的资本。银行的资本能适应银行业务的性质和规模,能保护存款人和潜在存款人的利益,抵御经营的内在风险。②充足的流动性。流动资产与流动负债要在数量和时间上匹配,并有一段时间内提供流动性的能力。③充足的坏账准备金。要有充足的准备金应付银行资产的贬值或消失,包括坏账和所有问题贷款的准备金。④充足的会计记录和内控记录。银行要保持充足的会计和其他业务记录、充足的控制业务和记录的体系,能完成其履行银行法责任的作用。

4. 完整的技巧型经营业务

银行应以完整和专业技巧来适应其业务的性质和规模。

5. 授权的最低净资产要求

所谓净资产是指实缴资本和储备。在给予申请的机构授权时，要求其最低资产不少于 100 万英镑，银行则需要 500 万英镑的资产。

三、农村民营金融市场准入的基本内容

农村民营金融作为一国金融市场的一部分，有其特殊性，其市场准入内容最主要为：

（一）资本金要求

金融机构独特的负债经营方式及其在国民经济中特殊的地位，决定了其必须投入巨额的资本作为债权人的财产担保，必须投入相应的巨额资本才能与其经营规模相适应。因而依法确定和维持金融机构一定数额的资本，实行严格的法定资本制，并公布于众，使他人了解和掌握金融机构的信用状况，对于保护存款人、投资者和社会公众利益，保证金融体系的稳健运行就具有十分重要的意义。由于金融的特殊要求，各国金融监管当局几乎都对金融的注册资本有非常高的要求。而巴塞尔新资本协议对银行资本具体的管理要求，更成为各国金融监管当局对银行资本进行管理的基本依据。

资本金是否充足是衡量农村民营金融机构抗风险能力的重要标志。金融机构的设立必须具有法定的最低资本额，农村民营金融机构的设立也不例外。农村民营金融机构一旦进入市场运作，随之而来的经营风险就不可避免。如果资本充足率比较低，那么抵御风险的能力就相对较弱，就容易产生和累积金融风险。按照《中华人民共和国公司法》《中华人民共和国商业银行法》和中国人民银行颁布的《金融机构管理规定》对法人金融机构准入的资本金规定，以及将来制定的关于农村民营金融方面

的相关法律法规的规定,农村民营金融机构必须符合相应的要求。农村民营金融机构的货币资本必须及时合规入账到位;资本金应是出资者有权支配的自有资金,不得以借资、债权作为资本金,等等。

一般而言,农村民营金融机构的最低资本标准可以根据农村地区经济发展水平、经营地域范围、经营业务范围、金融机构类别、组织形态与组织模式等方面的不同而有所差别。因而,确定农村民营金融机构的最低资本标准,需要因地制宜地进行灵活处理。

总之,最低资本金标准是为了保证农村民营金融机构健康持续经营所必需的,也是避免可能的道德风险和金融风险所必需的,所以,农村民营金融资本金要求的适当与否,直接决定着农村金融的健康发展与稳定。

(二)从业人员尤其是高级管理人员的任职要求

一个值得信赖的、健全的、有声望的、有专业管理经验和竞争能力的职业经营管理层对金融机构的经营成败至关重要。因此,具有合格的管理人员也是金融机构设立的重要条件。我国农村民营金融机构的设立,必须具有一批合格的管理人员,离开了这些人的创新活动,农村金融发展将难以持续发展。就农村民营商业银行而言,根据《中华人民共和国商业银行法》、中国人民银行颁布的《金融机构管理规定》和中国银监会制定发布的《关于调整放宽农村地区银行业金融机构准入政策更好支持社会主义新农村建设的若干意见》等规定,设立商业银行或村镇银行等金融机构,必须有具备任职专业知识和业务工作经验的董事长(行长)、总经理和其他高级管理人员,并对任职资格作出明确规定。通过对从业人员尤其是高级管理人员的任职要求,以确保农村民营金融机构掌握在品德好、业务精、信誉高的管理人员手中,从而实现既满足农村金融需求,也维护农村金融的稳定。

目前中国农村社会经济发展中,既有丰富农村金融理论又有丰富实践经验的优秀的经理人员还非常缺乏,这对农村民营金融的发展是十分不利的。这就迫切需要吸引和培训一批合格的农村民营金融机构的经理人员,提高其各方面的素质以满足金融经营活动的需要,推动农村民营金融机构的持续发展。

四、我国金融机构在市场准入方面的发展历程

从发展历程来看,我国金融机构在市场准入方面经历了一个逐渐开放的过程。改革开放以前,与国民经济体制高度集中相适应的我国金融体制,呈现出高度的集中统一。在银行的信用活动中,中国人民银行"一统天下",其既是形势金融宏观调控的"中央银行",又是经营诸如存款、贷款、结算、现金出纳等具体金融业务的"商业银行"。尽管当时存在着中国银行、中国人民保险公司等,但这些机构的主要任务是为我国经济建设提供海外业务,并且从内部体制上看,它们也只是属于中国人民银行的一个内部部门。与此相适应的是,银行市场准入的审批具有浓厚的行政色彩。

改革开放以来,中国的金融体制随着经济体制的改革而迅速发生变化。从金融机构的构成来看,1979 年开始,我国恢复设立了中国农业银行、中国银行和中国建设银行三家国有专业银行。1984 年 1 月,我国在原中国人民银行的基础上,组建了中国工商银行。四大国有专业银行在中国金融业中的地位尤其突出。1987 年以后,我国恢复设立交通银行,并相继建立了一些银行和非银行金融机构。我国金融业开始呈现以商业银行为主体、其他多种类型金融机构为辅助的金融机构体系。

目前,我国在金融市场准入问题的处理上正逐步走向规范化、法制化。金融市场准入的基本特征主要表现为:

(一)市场准入标准逐渐放宽,各项规章逐渐细化

金融机构市场准入的要求逐渐开始完善,各种规定、规章逐

步细化,并且根据需要不断调整市场准入的要求与标准,法律法规体系逐渐完善,突出表现在以下几点:①根据客观要求,制定或修订有关法律法规,对农村金融机构、外资金融机构等的市场准入提出新的要求。②放松市场准入限制,如大幅调整农村金融机构的市场准入标准等。

（二）金融市场准入的承载形式是"金融许可证"

2003年5月31日,由中国银行业监督管理委员会第一次主席会议通过、并于当年7月1日起正式施行的《金融许可证管理办法》对外公布。金融许可证是指由银监会依法颁发的特许金融机构经营金融业务的法律文件,适用对象包括政策性银行、商业银行、金融资产管理公司、信用社、邮政储蓄机构、信托投资公司、企业集团管理公司、金融租赁公司和外资金融机构等。据此办法,我国统一规范了金融许可证的监管主体,明确了许可证的适用对象,建立了分级授权、机构审批权与许可证发放权适当分离的管理体制,适当简化许可证的承载内容,明确许可证的期限等,并且要求金融机构领取和更换金融许可证,应当向银监会或其派出机构缴纳审查费、注册费等相关费用。

2003年8月27日,第十届全国人民代表大会常务委员会第四次会议通过《中华人民共和国行政许可法》。据此,中国人民银行于2004年9月24日颁布了《中国人民银行行政许可实施办法》;中国银监会据此也颁布、实施了相应的法律法规,对各类银行业金融机构的机构设立、机构变更、机构废止、调整业务范围、增加业务品种和高级管理人员任职资格等实施行政许可,从而使相应法律法规的程序安排更加有效。

（三）金融市场准入监管机构的变更以及监管重点的改变

自金融体系建立到2003年4月,我国实施银行业监管的机构是中国人民银行,目前我国负责监管商业银行市场准入的机构是于2003年4月挂牌成立的中国银监会。

自成立以后,银监会根据我国情况,制定并颁布了有关监管的多项法规,为我国银行性金融机构的规范经营打下了较好的基础。目前,银监会已将建立公正、透明的市场准入管理体系纳入到建设有效银行监管体系的目标和措施中。

可见,我国金融市场准入是在不断变化的,这是我国经济发展以及环境变化的结果。只有不断根据情况调整市场准入的规则变化,才能适应外界条件和环境的改变。所以,农村民营金融的市场准入,既要根据我国整个金融市场准入的要求而制定,同时也要考虑到农村的特殊情况而定。当前,农村是金融资源欠缺的地方,农村经济的发展、农民收入的提高都期待更多的金融资源进入。因此,农村民营金融的准入要求不能定得过高,否则不利于农村经济的发展,社会主义新农村建设将会大打折扣。当然,考虑到金融风险的影响,农村民营金融市场准入标准的放开,应该是逐步的、渐进的、适当的,并且市场准入标准的放开,必须考虑相应的金融风险控制问题。

五、农村地区银行业金融机构准入政策的调整放宽及其影响

为解决农村地区银行业金融机构网点覆盖率低、金融供给不足、竞争不充分等问题,中国银行业监督管理委员会决定,按照商业可持续原则,适度调整和放宽农村地区银行业金融机构准入政策,降低准入门槛,强化监管约束,加大政策支持,促进农村地区形成投资多元、种类多样、覆盖全面、治理灵活、服务高效的银行业金融服务体系,以更好地改进和加强农村金融服务,支持社会主义新农村建设。为此,2006 年 12 月 22 日,银监会制定发布了《关于调整放宽农村地区银行业金融机构准入政策更好支持社会主义新农村建设的若干意见》(以下简称《意见》)。

(一)准入政策调整和放宽的具体内容

1. 放开准入资本范围

积极支持和引导境内外银行资本、产业资本和民间资本到农村地区投资、收购、新设以下各类银行业金融机构：一是鼓励各类资本到农村地区新设主要为当地农户提供金融服务的村镇银行。二是农村地区的农民和农村小企业也可按照自愿原则，发起设立为入股社员服务、实行社员民主管理的社区性信用合作组织。三是鼓励境内商业银行和农村合作银行在农村地区设立专营贷款业务的全资子公司。四是支持各类资本参股、收购、重组现有农村地区银行业金融机构，也可将管理相对规范、业务量较大的信用代办站改造为银行业金融机构。五是支持专业经验丰富、经营业绩良好、内控管理能力强的商业银行和农村合作银行到农村地区设立分支机构，鼓励现有的农村合作金融机构在本机构所辖的乡（镇）和行政村增设分支机构。农村地区各类银行业金融机构，尤其是新设立的机构，其金融服务必须能够覆盖机构所辖区域的乡（镇）或行政村。

对于在农村地区设立机构的申请，监管机构可在同等条件下优先审批。股份制商业银行、城市商业银行在农村地区设立分支机构，且开展实质性贷款活动的，不占用其年度分支机构设置规划指标，并可同时在发达地区优先增设分支机构；国有商业银行、股份制商业银行、城市商业银行在大中城市新设立分支机构的，原则上应在新设机构所在地辖内的县（市）、乡（镇）或行政村相应设立分支机构。

2. 调低注册资本，取消营运资金限制

根据农村地区金融服务规模及业务复杂程度，合理确定新设银行业金融机构注册资本。一是在县（市）设立的村镇银行，其注册资本不得低于人民币300万元；在乡（镇）设立的村镇银行，其注册资本不得低于人民币100万元。二是在乡（镇）新设立的信用合作组织，其注册资本不得低于人民币30万元；在行政村新设立的信用合作组织，其注册资本不得低于人民币10万元。三是商业银行和农村合作银行设立的专营贷款业务的全资子公司，其注册资本不得低于人民币50万元。四是适当降低农村地区现有银行业金融机构通过合并、重组、改制方式设立银行业金融机构的注册资本,其中,农村合作银行的注册资本不低于人民币 1000 万元,以县(市)为单位实施统一法人的机构,其注册资本不低于人民币 300 万元。取消境内银行业金融机构对在县(市)、乡(镇)、行政村设立分支机构拨付营运资金的限额及相关比例的限制。

3.调整投资人资格,放开境内投资人持股比例

适当调整境内企业法人向农村地区银行业法人机构投资入股的条件。境内企业法人应具备良好诚信记录、上一年度盈利、年终分配后净资产达到全部资产的 10% 以上、且资金来源合法等条件。

资产规模超过 50 亿元,且资本充足率、资产损失准备充足率以及不良资产率等主要审慎监管指标符合监管要求的境内商业银行、农村合作银行,可以在农村地区设立专营贷款业务的全资子公司。

村镇银行应采取发起方式设立,且应有 1 家以上(含 1 家)境内银行业金融机构作为发起人。适度提高境内投资人入股农村地区村镇银行、农村合作金融机构持股比例。其中,单一境内银行业金融机构持股比例不得低于 20%,单一自然人持股比例、单一其他非银行企业法人及其关联方合计持股比例不得超过 10%。任何单位或个人持有村镇银行、农村合作金融机构股份总额 5% 以上的,应当事先经监管机构批准。

4.放宽业务准入条件与范围

在成本可算、风险可控的前提下,积极支持农村地区银行业金融机构开办各类银行业务,提供标准化的银行产品与服务。鼓励并扶持银行业金融机构开办符合当地客户合理需求的金融创新产品和服务。农村地区银行业法人机构的具体业务准入实行因地制宜,区别对待,由当地监管机构根据其非现场监管及现场检查结果予以审批。

充分利用商业化网络销售政策性金融产品。在农村地区特别是老少边穷地区,要充分发挥政策性银行的作用。在不增设机构网点和风险可控的前提下,政策性银行要逐步加大对农村地区的金融服务力度,加大信贷投入。鼓励政策性银行在农村地区开展业务,并在平等自愿、诚实信用、等价有偿、优势互补原则基础上,与商业性银行业金融机构开展业务合作,适当拓展业务空间,加大政策性金融支农服务力度。

鼓励大型商业银行创造条件在农村地区设置 ATM 机,并根据农户、农村经济组织的信用状况向其发行银行卡。支持符合条件的农村地区银行业金融机构开办银行卡业务。

5. 调整董(理)事、高级管理人员准入资格

一是村镇银行的董事应具备与拟任职务相适应的知识、经验及能力,其董事长、高级管理人员应具备从事银行业工作 5 年以上,或者从事相关经济工作 8 年以上(其中从事银行业工作 2 年以上)的工作经验,具备大专以上(含大专)学历。二是在乡(镇)、行政村设立的信用合作组织,其高级管理人员应具备高中或中专以上(含高中或中专)学历。三是专营贷款业务的全资子公司负责人人选,可由其投资人自行决定,事后报备当地监管机构。四是取消在农村地区新设银行业金融机构分支机构高级管理人员任职资格审查的行政许可事项,改为参加从业资格考试合格后即可上岗。五是村镇银行、信用合作组织、专营贷款业务的全资子公司,可根据本地产业结构或信贷管理的实际需要,在同等条件下,适量选聘具有农业技术专长的人员作为其董(理)事、高级管理人员,或从事信贷管理工作。

6. 实行简洁、灵活的公司治理

农村地区新设的各类银行业金融机构,应针对其机构规模小、业务简单的特点,按照因地制宜、运行科学、治理有效的原则,建立并完善公司治理,在强化决策过程的控制与管理、缩短决策链条、提高决策经营效率的同时,要加强对高级管理层履职

行为的约束,防止权力的失控。一是新设立或重组的村镇银行,可只设董事会,并由董事会行使对高级管理层的监督职能。董事会可不设或少设专门委员会,并可视需要设立相应的专门管理小组或岗位,规模微小的村镇银行机构,其董事长可兼任行长。二是信用合作组织可不设理事会,由其社员大会直接选举产生经营管理层,但应设立由利益相关者组成的监事会。三是专营贷款业务的全资子公司,其经营管理层可由投资人直接委派,并实施监督。

（二）准入政策的放宽对发展农村民营金融机构的有利影响

自 2000 年以来,大型商业银行为追逐市场利益,相继撤出成本较高的农村市场,形成了农信社"一社支三农"的局面。农村地区金融投入准入门槛放宽之后,农村民营金融机构可以根据自身特点在多层次的农村金融业务中更好地找准定位,从客观上加大对"三农"的支持力度。新型农村金融机构如村镇银行可以充分依托其贴近农村的优势,按照商业化原则,开办各类银行业务,增加农村资金投入总量;信用合作组织不得在成员以外吸收存款,但在成员内部可以开办存款、贷款等业务等。

因此,准入政策的调整放宽,能使更多的民营金融机构更好地进入到农村,从而有利于增加农村金融供给,有效缓解农民贷款难的问题,缓解农信社在农村大部分地区"一社独大"的压力,加大各类银行业金融机构之间的竞争度,从整体上提高农村金融业的经营效率。

（三）我国民营金融市场准入中存在的问题

1. 道德风险

在设立金融机构的审批机构和民营银行的发起者之间存在严重信息不对称的问题,在这种情况下会出现道德风险。由于信息不对称,设立金融机构的审批机构很难掌握民营金融机构建立的真实初衷。因为的确存在为数不少的民营企业老板,想通过建立民营金融机构从社会敛财,为原有的企业发展融资。很多民营企业在建立金融机构时的确是"为了我们以后公司的发展和获取贷款方便","但后来觉得银监会对股东贷款的规定与我们的想法不符,所以就退出了"。由此可以看出,避免道德风险是民营金融市场准入的一个难题。

2. 寻租及内部人控制

由于农村民营金融准入审批权掌握在某个部门手中,一般会导致寻租现象,这使很多不具备开办条件的金融机构进入市场,从而为将来民营金融的总体发展留下隐患。民营金融一般是自发组建,资本来自民间,其在股权安排上容易出现两种不利的股权现象:一是股权过于集中,导致少数人控制;二是股权过于分散,众多的股东之间相互冲突,导致事实上的经理人控制。这两种现象都会造成事实上的内部人控制。因此,必须收紧对民营金融与关联人士的信贷以及他们之间的其他金融往来的监督和控制,必要时要由股东作出避免关联贷款的承诺。

3. 农村民营金融投资者的素质低可能引发民营金融经营效率低下

现代商业银行的业务已不再是传统意义上的存款和贷款业务,日益复杂并广泛应用的派生产品和电脑技术,已改变了银行的运行模式,使它成为一种技术性很强、完全依靠科学和严密的管理制度运行的行业。现代商业银行不是一般人所能经营得好的,如果经营不善,出现了巨额不良资产,受损害的就不仅是投资人,还有众多的储户。因此,农村民营银行并非谁持股多谁就能当上银行董事长,企业就能经营好,他需要董事长具有银行经营管理等专业素质和综合素质。目前为数不少的企业经理缺乏从事金融方面工作的经历,难以胜任现代商业银行的管理工作,会给民营银行的发展造成很大的负面影响。

4. 风险——收益、损失的悖论

由于对利润最大化的强烈追求,农村民营金融对高风险运作和金融创新有着强烈的冲动,极易出现过分注重资金回报而损害其他人利益包括社会利益的情况。民营银行如果过分追求高风险、高收益的投资,一旦投资失败,绝大部分损失将由股东承担。如果由此导致银行破产倒闭,损失则将最终转嫁给存款人或者存款保险公司,甚至政府也要承担相应的社会利益的损失。这的确是一个很大的矛盾,也是一个风险——损失、收益的怪圈。

第二节　农村民营金融的市场退出

金融机构有市场进入就有市场退出的问题,这是市场经济的客观规律。自20世纪20年代末美国爆发经济危机以来,包括发展中国家在内的许多国家都经历了程度不同的金融危机,大量的金融机构退出市场。我国随着市场经济体制的逐步建立,金融机构因经营失败而淘汰,经历兴衰而退出市场,也是市场经济条件下必然出现的一种现象。1995年以前我国的金融机构在国家信用保护下相当长的一段时间里不存在市场退出问题。但是,伴随着金融机构经营体制和经营方式的缺陷不断暴露,部分金融机构经营风险逐渐累积,高风险、有问题的金融机构不断涌现,少数金融机构将不可避免地要通过法定程序退出市场。1995年9月出现了我国第一笔金融机构市场退出案例。人民银行对中银信托投资公司接管结束了我国金融机构在政府保护下长期舒适运营的幻想。此后海南发展银行关闭、中国农村发展信托投资公司关闭,我国金融机构市场退出已经涉及银行业、证券业、保险业、信托业、金融租赁等各个金融领域。因此,在允许农村民营金融机构准入的同时,必须设计好农村民营金融机构的市场退出机制。对于农村民营金融机构的退出,要严格按市场机制办事,以保证农村金融体系的稳定发展。

一、建立农村民营金融机构市场退出机制的必要性

作为金融资源欠缺的农村,其金融机构的进入非常重要,但进入的这些民营金融机构同样也会面临市场退出的境地,所以,建立农村民营金融机构市场退出机制是很有必要性的。

(一)减少发生危机的可能性

随着社会主义新农村建设的进行,金融体制改革的深化,农村民营金融机构的数量越来越多,金融商品和金融工具越来越发达,各种金融交易活动越来越活跃,金融机构之间的竞争越来越激烈。作为"经济中枢"的金融部门,在各种因素的影响和冲击下,面临的和潜在的风险已日益加大。最大限度地将金融风险分散转移开来,避免经营风险,维护农村金融运行的安全与稳定,就成为金融机构本身和金融监管当局的共识。

(二)强化金融机构自身风险防范意识的需要

在我国,金融机构长期受到政府、国家的特殊照顾,缺乏风险防范意识。但我国市场经济的发展以及加入 WTO 后面临的新形势,都要求金融机构必须逐渐从以前的"温室"走出来接受市场竞争的考验。尤其作为民营金融机构,随着金融机构的日益增多,其竞争将日益加剧,因而通过市场退出机制,果断地让那些经营不善、失去竞争力的问题机构退出市场,客观上增强了其他金融机构的风险防范意识,从而激励其不断提高经营管理水平,增强竞争能力。

(三)保护受服务者利益,维护农村金融体系安全与稳定的需要

农村金融机构提供的是一种社会化的服务,往往涉及广大农民的利益,一旦成为"问题金融机构",若不能及时、有效地退出市场,必然会引发诸多不良连锁反应。这不仅对受服务者的利益造成损害,而且会给整个银行体系带来更大的风险。通过建立完善的市场退出机制,既可以及时保护受服务者的利益,也

可以避免因此而引起更大的金融波动。

（四）优化金融资源配置

市场经济运行规律迫使问题金融机构退出市场，可以产生正面的激励效果，促使银行业开展积极的竞争，从而促进社会资源的合理流动，实现资源的优化配置。

二、农村民营金融机构市场退出机制的基本原则

金融机构市场退出是一项法律性和外部性很强的政策行为，其本质目的，一是增进金融机构市场退出效率，提升金融机构对经济和金融制度的贡献率；二是防止因个别有问题金融机构发生挤兑、倒闭或破产而导致金融体系不稳健，进而引发信用、经济和社会危机，保持金融秩序的稳定，维护金融安全和经济安全。所以，保证金融机构市场退出顺利进行，必须遵循一定的原则。农村民营金融作为我国金融的重要组成部分，同样也要遵循一定的原则。

（一）坚持审慎性原则

在金融机构市场退出过程中，何种情况下采取接管，何种情况下进行关闭，何种情况下实施清算，目前还没有客观的、系统的、规范的标准。在建立金融机构市场退出的标准时，除了与一般企业市场退出相同的公平效率标准退出之外，在法律上还应制定高于一般企业市场退出的标准；金融业的市场退出申请应征得金融监管当局的批准，任何金融机构市场退出行为都必须在金融监管当局的有效监督控制下依法公开、公正和公平地进行。

（二）坚持"适度"原则

长期以来，"国家信用"的强有力支撑，银行破产的概率很小，人们心理承受能力也有限。从宏观制度的角度而言，市场退出是一种"效率转移"的指示器，这一行为可增进金融制度的效率贡献，是一种能获取帕累托效应的行为，但它毕竟有着相当大

的社会经济成本。从这一角度讲，又是一种非帕累托改进行为。基于此，就应该坚持加强金融监管为主、市场退出为辅的"尽量少破产"原则，破产清算方式只有到万不得已时才使用。为了最大限度地减少社会震荡，对于农村金融机构市场退出，可以区分不同性质的银行，采取不同的退出方式。

（三）坚持"适时"原则

及时、恰当处理有问题金融机构，可以有效降低处理风险的成本。退出有严重问题金融机构的解决不会有好的结果，不稳健的金融机构继续经营，往往会采取风险更大的做法，会削弱原来是稳健的竞争者而增加全系统发生危机的可能性。在金融机构明显的缺陷暴露之后才采取措施，这对于保护失败金融机构债权人的全部利益来说经常是为时已晚。对危机金融机构的处理犹如救火般必须准确、果断，但也应当注意选择市场退出的时机。

（四）坚持风险最小化原则

基于金融机构的特殊性，金融机构市场退出在一定程度上可以说是一种两难选择。因为，市场退出的关键在于化解风险，但这一行为本身又不可避免地引发一定范围、一定区域不同程度的金融震荡。因此，对待金融机构市场退出问题，必须坚持风险最小化原则，把这一行为可能引发的金融震荡限制在最小的范围程度内。

三、农村民营金融市场退出的具体原则

为保证农村民营金融市场退出的顺利进行，除遵循基本原则外，通常还必须遵循具体的一些原则。在处理农村民营金融市场退出时遵循的具体原则有：

（一）以市场规则为主

银行市场退出通常有行政方式和市场方式两种处理手段。前者是以政府承担市场退出所造成的很大部分损失为代价，后者则以市场规则来处理银行退出,效率很高,且行政承担损失小,所以市场经济国家在处理银行市场退出时,在市场行为和行政干预相结合的基础上,更多地注重市场手段和方式的运用。

(二)兼顾效益和成本

农村民营金融的退出行为是一种市场行为,必须考虑成本和效益。银行退出的效益是指问题银行通过市场退出对整个银行体系效率的贡献度、减少整个银行体系的风险程度及其他效益。金融机构退出的成本包括两部分,一是问题金融机构本身的损失,二是问题金融机构退出对社会的间接影响。因此,决定农村民营金融机构是否退出必须考虑退出的效率与成本的配比。

(三)维护农村金融的稳定

金融机构的市场退出目的并非在于简单地退出市场,而在于通过适宜的退出方式安排,增进银行体系的效率。同时,银行市场退出必须以稳定社会和不对金融体系构成较大冲击为前提,必须坚持风险最小化原则,维持银行体系的稳健性,保护整个经济社会体系运行的稳定和安全。

(四)保障存款人和债权人利益

银行业是典型的负债经营行业,严重依赖外部资金和公众的信任。因此,农村民营银行的破产倒闭不仅意味着股东投资的失败,更重要的是存款人将遭受巨大损失。在处理这些银行退出问题上,要确保存款的合法权益不受损害,尽可能减少一般债权人的损失。

(五)多并购少破产

商业银行的破产清算会产生金融震荡甚至信用危机等外部性问题,而并购可以使有问题银行有充足的时间去恢复经营能力,而且政府承担的损失较少,所以在商业银行市场退出方式上应坚持少破产多并购原则。

四、我国农村民营金融机构市场退出的方式

根据现行法律要求,我国金融机构市场退出的方式目前主要包括以下几种,当前,农村民营金融的退出也可以参照这几种方式。

(一)收购和兼并

收购和兼并是指问题金融机构在不可救助、救助失败或中央银行接管未达到预期目的的情况下,由另一家有实力、有需求的金融机构全额收购其股份,或采取吸收合并的方式将其并入的行为。

(二)托管

问题金融机构经救助无效,被金融监管部门取消其金融业务许可证,依法组织清算,并制定一家金融机构托管,完成清算后再宣布解散或撤销。

(三)接管

根据我国《商业银行法》的规定,商业银行已经或者可能发生信用危机,严重影响存款人的利益,国务院银行业监督管理机构可以对该银行实行接管。接管的目的是对被接管的商业银行采取措施,以保护存款人的利益,恢复商业银行的正常经营能力。被接管的商业银行的债权债务关系不因接管而变化。接管由银监会决定,并组织实施。

(四)解散

根据《商业银行法》的规定,商业银行因分立、合并或者出现公司章程规定的解散事由需要解散的,应当向银监会提出申请,并附解散的理由和支付存款的本金和利息等债务清偿计划,经银监会批准后解散。实行商业银行解散的,应当依法成立清算组进行清算,按照清偿计划及时偿还存款本金和利息等债务,并由国务院银行业监管机构清算过程。

（五）撤销

依照我国《金融机构撤销条例》（以下简称《撤销条例》），撤销是指中国人民银行对经其批准设立的具有法人资格的金融机构依法采取行政强制措施，终止其经营活动，并予以解散。根据《撤销条例》，金融机构有违法违规经营、经营管理不善等情形，不予撤销将严重危害金融秩序、损害社会公众利益的，应当依法撤销。《商业银行法》规定，商业银行因吊销经营许可证被撤销的，银监会应当依法及时组织成立清算组，进行清算，按照清偿计划及时偿还存款本金和利息等债务。

（六）破产

如果商业银行不能支付到期债务，经银监会同意，可以由人民法院依法宣告其破产。商业银行被宣告破产的，由人民法院组织银监会等有关部门和有关人员成立清算组，进行清算。商业银行破产清算时，在支付清算费用、所欠职工工资和劳动保险费用后，应当优先支付个人储蓄存款的本金和利息。

由于我国金融机构市场退出的实践活动相对较少，缺乏一些必要的条件和保证，因此在金融机构市场退出的过程中，对于上述法律所规定的实施方式的运用并不那么明确，既可能是单独、也可能是同时运用上述方式。农村民营金融机构的市场退出，也应根据具体情况具体分析，选择适当的退出方式，从而维护各方利益，维护农村金融稳定。

五、金融机构市场退出的运作规程及处理的主持机构

（一）市场退出的运作规程

金融机构的市场退出，有一定的运作规程安排。根据金融机构市场退出中的意愿特征，可将其划分为主动型市场退出和被动型市场退出。主动型市场退出主要是指当金融机构因为丧失了清偿能力或者具备了章程所规定的解散事由，而决定主动市场退出；被动型市场退出主要指金融机构以被关闭、撤销或者

破产的形式退出市场。

不同类型或形式的金融机构市场退出规程不是完全一样的。主动型市场退出是由于主动退出事由出现，如丧失清偿能力或机构章程规定的解散事由等的出现，该金融机构向监管当局申请退出，金融监管当局经过审批并同意退出，则下一步为发表退出公告，并成立清算组，最终通过清算方式退出。或者，如果监管当局审查后并采取紧急救助措施但问题仍未解决，则可以进行接管的形式处理债权债务问题，最终寻找并购者将该机构兼并或收购。

金融机构被动型市场退出是由于被监管当局审查并发现了严重问题且采取了紧急救助措施而问题仍未解决，则将该机构接管过来处理其债权债务，最终问题未获解决，则进行行政关闭进入行政清算程序，或直接进行破产清算而进入司法清算程序。

（二）市场退出处理的主持机构

长期以来，中国人民银行作为我国最主要的金融监管机构，负责金融机构终止的审批工作，银行等金融机构的市场退出都是在人民银行的监管下完成的。2004年底，经全国人大审议并通过、开始正式实施的《中国人民银行法》（修正）、《中华人民共和国商业银行法》（修正）以及2004年颁布的《中华人民共和国银行业监督管理法》，确立了中国银行业监督管理委员会对我国商业银行的主导监管地位。当银行业金融机构出现支付困难，可能引发金融风险时，为维护金融稳定，中国人民银行经国务院批准，有权对银行业金融机构进行检查监督。所以，中国人民银行在此起一定的辅助作用。

六、国外金融机构市场退出的制度安排

（一）金融机构市场退出的法律体系较为完备

为确保各方面的正当权益，维护金融市场稳定、提高金融市场效率，发达国家都先后建立了较为完备的有关金融企业被接管、终止、兼并、破产及拍卖等管理办法。如美国的《联邦储备法》和《联邦破产法》，日本的《日本银行法》《存款保险法》《破产法》《商法》《关于金融机构合并及转换的法律》及《金融机构再生紧急措施法》，并于1998年通过《金融再生关连法案》和《金融早期健全化法案》，试图在破产处理中引入法律形式，从而确立了处理有问题金融机构市场退出的基本法律框架。1988年颁布的《英格兰银行法》对金融监管当局实施对银行的强制措施作出了原则性的规定。总体言之，国外金融机构市场退出的法律框架，既包括规定监管当局处理有问题金融机构的权利，对违反审慎监管法规银行所采取的监管措施，对银行强制管理；当银行的资本低于法律规定的最低限时，监管当局有权监管；还包括对有问题银行的强制清盘与破产清算等。

（二）实施存款保险制度

存款保险制度由美国在20世纪30年代经济大危机的基础上首创，大多数西方国家60～80年代先后陆续建立了该制度，该制度已成为西方国家普遍推行和采用的防范金融风险的有效方法。存款保险制度为整个金融体系设置了一道安全防线，维护了金融体系的信誉和稳定，有效地避免了金融风险。此外，存款保险机构对加入存款保险的金融机构的监管已成为中央银行监管的辅助和补充。存款保险制度优缺点的判断取决于如何在下列两点间达到平衡，即：存款保险给金融业稳定性的促进作用和由于道德风险给未来银行业带来的脆弱性的影响。该平衡点在很大程度上取决于提供存款保险的条件和存款保险的融资情况，特别是存款保险提供赔付的程度和保险的定价是影响道德风险的关键。

（三）金融机构市场退出的处理办法

为了减少金融机构市场退出可能给国民经济带来的负面影响，发达国家的共同经验是建立一个能对金融机构市场退出的风险进行分解的"安全网"。它包括如下几方面：金融监管当局、金融同业互助、存款保险机构、临时性专门救助组织、政府。这些安全网在发挥作用时，一般采取以下办法：①接管，即当某一金融机构陷入危机时，由其自身向金融监管当局申请，或是由金融监管当局强制要求，将其全部经营业务由指定"管财人"接管（"管财人"，可以是其他商业金融机构、金融监管当局或是专门组建的机构）。"管财人"在实施救助措施的同时，还有三种选择：寻求愿意合并该机构的金融机构；由存款保险机构或政府向其注入公共资金，通过重组再将其转让给其他民间金融机构；对其实施彻底清算，使其消失。②合并或收购。如1995年荷兰ING银行收购因衍生交易失败而破产的巴林银行。合并和兼并是处理金融机构危机的一种较为普遍的做法，也是对大银行经常采取的措施。③清算破产，即对亏损严重，已经失去偿债能力的金融机构实行强制接管，禁止挤兑，清理其资产负债，按比例偿还其债务。该机构的股东将失去其股本，债权人也将承受损失。

在上述的三种处理办法中，由于合并与兼并能用较低的成本稳定金融秩序，且购并方可以相对较低的代价获取被并购方的优秀管理人才、营销网络、优质客户及在某一业务领域的特许权等，因而，合并与兼并是各国所最乐于采用的方法。由于破产处理方式产生较大的负外部性，因而它是各国尽力避免的方式。

七、我国农村民营金融机构市场退出的制度缺陷

从我国以往金融机构退出和现有的我国金融法律来看，农村民营金融机构在市场退出过程中也同样会面临其他金融机构出现的问题，这主要表现在：

（一）缺乏金融机构市场退出时对存款的保障机制

金融机构发生危机，特别是面临市场退出时，存款人的存款如何得到保障的问题是最需要认真加以对待的。西方主要国家大多建立了存款保险制度，负责对参与保险的金融机构在市场

退出时进行规定限额内的存款给付。存款保险制度对保护存款人利益、维护公众信心起到了重要作用。我国当前没有建立存款保险制度,储户的存款利益很难得到保护。金融机构退出市场没有保障,如引起金融恐慌,势必导致储户对金融机构信誉失去信心,不利于金融秩序的维护和社会秩序的稳定。因此,对存款保护没有有效落实,很容易使储户存款受损,对金融机构的信心受损,有可能造成广泛的挤兑,使个别金融机构的风险转化成系统风险;同时,也使中央银行成为"救火队员",大量精力陷于对危机机构的广大存款人的说服、咨询、纠纷处理等日常事务;因此,在没有存款保险"防火墙"作用时,如果金融机构大面积出现问题,其后果将不堪设想。

(二)缺乏金融风险的预警预报系统和危机机构处理的配套机制

当前,关于建立金融风险预警预报系统已提上议事日程,但还没有完全付诸实施,有的是根本没有建立风险监督指标和监测制度,金融监管机构对金融机构的风险基本上不了解;有的是建立了监测制度,也看到了金融机构的风险苗头,但出于"保一方金融平安"的政绩考虑及其他原因,对风险瞒而不报,从而使风险累积,危机处理的时机被延误。我国由于长期以来都是国有金融机构占据垄断地位,在所谓的"国家信用"下,风险矛盾被掩盖,基本上没有进行危机处理的机构。近年来,由于城乡信用社、信托投资公司证券公司等独立法人体制的金融机构的风险矛盾的暴露,才使问题显得日益突出。确切地讲,我国对金融危机机构处理既缺乏法律准备,也缺乏实践经验。中国人民银行、中国银监会、中国证监会等各级机构在长期的日常性监管后面对日益增多的危机处理也是束手无策,往往是一级请示一级,大批的公文传递和红头文件求急,其结果易导致拯救时机延误,拯救成本扩大,更严重的后果是使本来可以拯救的金融机构不得不从市场中退出。

（三）政府在救助过程中介入过深，且过多地运用行政手段

金融机构的设立和退出本应是一种市场行为，应遵循优胜劣汰的市场规律。但在时机把握上，由于金融机构的性质特殊，所有的金融机构退出，基本都是在政府的主导下进行，金融机构的市场退出制度难以体现"市场问题由市场解决"的原则。以农村合作金融为例，农村合作金融退出方式都是以被动退出的方式进行，均是由于经营的混乱引发了金融危机后处理的结果。农信社改革以及农村"三会一部"等非法金融机构进行清理整顿以来，有部分农村合作金融机构退出了市场，但是它们并不是以市场的方式以法律的形式退出，往往是在严重资不抵债、扭亏增盈无望、救助无效的情况下，政府对它们采取了行政"关闭"或撤销。以行政手段为主，政府对金融机构市场退出存在过分干预的倾向。政府几乎承担了有问题金融机构造成的所有损失，债权人和债务人实质上都等于买了国家保险单，均不承担损失。这样既不能实现净化金融体系和提高金融体系运作效率的目的，也导致了社会、国家信用风险的积累；既不产生分散、转移、补偿风险的机制，也无助于提高投资者的风险意识。

（四）基本上属于被动型的市场退出

我国的金融机构市场退出基本上属于被动型，而西方国家一般注重以并购为主要表现形式的主动型市场退出。主动型市场退出可以提高本国金融业的国际竞争力，增强本国金融业的竞争力和发展后劲，扩大本国金融业在国内国际金融市场上的份额。我国金融机构市场退出制度的注意力目前仍停留在低层次上，对金融机构之间依市场竞争原则并基于商业基础上的收购兼并等主动型市场退出未给予足够的重视，不利于我国金融机构依据发展和竞争的需要积极开展战略性重组，也不利于新型金融机构通过收购兼并迅速扩大规模并壮大实力。

（五）缺乏系统健全的退出法律依据，且法律的可操作性不强

目前，我国对金融机构实施市场退出的法律依据主要有

《中国人民银行法》《商业银行法》《信托法》《金融机构管理规定》《企业破产法》《公司法》《金融机构撤销条例》和《银行业监督管理法》等，对金融机构的接管、解散、撤销（或关闭）、破产都有规定，但是对金融机构市场退出的方式、范围和程序等都没有做出具体的规定，可操作性不强。这一方面反映了现行金融法规大都欠缺相应的实施细则，致使一些规定徒有其文；另一方面又体现了某些法律的空白，致使金融监管无法有效达成。

从以上可以看出，我国在处理问题金融机构市场退出中存在诸多问题，作为金融市场一部分的农村民营金融市场，其市场退出必然也面临同样的问题，所以，在市场退出过程中，要不断地完善农村民营金融市场退出机制，从而保证农村金融的稳定。

第三节　建立农村民营金融市场准入与退出制度的设想

一、将农村民营金融市场准入与退出作为一种市场制度建立起来

（一）金融机构市场准入与退出的基本关系

金融机构市场准入与退出两者之间的联系，主要反映在以下几个方面：

第一，市场形成因素的同一。如：沉淀成本在银行业既是市场进入壁垒，也是市场退出壁垒。对此我们可以用银行的信息成本来进行具体分析。银行信息成本的存在，使得银行在发生市场退出时可能难以取舍。同时，信息成本也是市场上"在位银行"所依靠的成本。因为银行需要这种"内部化的信息"以及相应的"内部化成本"来维持其在银行贷款等业务市场上不易被取代的地位。并且在以下两方面构成新银行的进入壁垒，一方面使新企业没有办法很快取得特定客户的信息，也没有办法

在短时间内形成与客户的特殊关系;另一方面,这些关系和信息是一种难以转让和出售的成本,一旦形成就只在银行的存续过程中产生效益。当银行退出市场时,其就变成了沉淀成本。在一个间接融资占主导地位的金融市场上,原有银行会充分运用这种信息成本和关系成本,维持自己的市场地位,有效地阻止新企业的进入。另外如果银行和借款人之间不仅存在借贷关系,甚至还存在互相持股的关系时,这一信息关系就更具有排他性。新银行在进入这种市场时,其进入壁垒将更加明显。

第二,具体形式的一致。商业银行的市场准入与市场退出,需要采用一定的方式或者形式。而这些方式与形式在两者之间是可以通用的。如,行政性市场准入壁垒与行政性市场退出壁垒,在银行业市场经常是同时存在的,并且其程度也呈现出高度的一致性。又如,银行间的并购即是一些银行进入到新市场的一种方式,也是银行从原有市场退出的一种措施。

第三,管理上的密切联系。市场准入与市场退出之间天然的联系,在各国金融监管的管理要求中"自觉不自觉"地体现着。我们可以在很多金融监管的要求中看到这一点。如,资本充足率反映了商业银行的风险抗衡能力,因此很多国家的金融监管将资本充足率的状况与对银行的风险监管连接在一起。我国 2004 年 2 月开始正式实行的《商业银行资本充足率管理办法》,即根据资本充足率情况将银行分为三大类,由银监会根据不同情况给予相应的管理与干预政策。

第四,商业银行市场准入与退出在实践活动中的关联性。从国际上的实际情况和经验来看,银行业的市场准入与市场退出,表现出高度的一致性。银行业市场进入壁垒高的国家,往往也是银行业退出壁垒高的国家;银行业市场进入限制越多,银行业市场退出发生的情况越少。反之,如果银行业市场准入的要求越宽松,银行业的市场退出就迅速增多。产生这种现象的原因主要在于:第一,银行业在国民经济中的特殊地位和准公共产品的特性，使得世界各国都对银行业的市场进入和退出给予高度重视，这一点在发展中国家和以间接融资模式为主的国家尤为突出。而限制银行市场进入、也即银行市场准入要求严格的国家，一般也会对银行业的市场退出报以非常谨慎的态度。这种慎重或严格，既体现在银行机构本身会想方设法不出现各种市场退出的情况，也体现在金融监管当局对市场进入与市场退出的规定均相当严格，会设定一些方式不让机构轻易能够退出。从各国的实践上看，凡是银行业市场进入较容易的，退出也会比较容易。反之，银行业市场进入困难，市场退出也会比较困难。

第二，银行业市场准入和市场退出政策上的放松，一般意味着银行业市场竞争的加剧。这种放松对于经营状况不佳、经营管理不善的银行来说，加大了经营的各种不确定性，使得在严格控制市场准入情况下不那么显著的风险突然变得十分明显。而金融风险的凸现加剧了金融体系的脆弱性和不稳定性，也使得金融机构退出市场得数量增加，对这个问题深入研究和分析，我们还可以看到，商业银行的市场准入与市场退出实际上与很多问题存在着内在的密切联系。

因此，银行业市场进入与市场退出之间的关系极其密切。一个健全、稳定、高效、创新和可持续发展的市场，必然应该是市场进入与市场退出协调合理、互为前提的市场。从商业银行的角度看，市场进入与市场退出之间存在着相互影响和制约的关系：

1. 商业银行的市场准入影响和制约着商业银行的市场退出

首先，顺利的市场进入是商业银行能够进行市场退出的前提。如：有自由银行主义传统的美国，其对银行的市场准入要求较为宽松。美国每年都会有大量新的银行进入银行业市场，但是因为各种原因而退出市场的银行每年也"大有人在"。与其相对应的是，商业银行市场准入要求较高的国家，银行业市场进入困难，市场退出也比较困难。我国就是典型的例子。

造成这一问题的原因很多,一个主要原因是银行的沉淀成本在起作用。因为如商业银行市场准入的成本过高,一些新建的银行就很难有效地进入银行业市场且由于已经进入市场的银行曾经花费了大量的成本才得以进入,其一旦出现问题,也很难或是不愿意退出市场。另外,如果市场准入的条件过于严格,会带来银行业市场缺乏竞争,已进入市场的银行可能会因此而放松其在经营管理上的各种要求,而使银行风险出现的概率加大。因此,市场准入条件的放松,是商业银行能够顺利退出市场的前提,或者说,银行建立淘汰机制的前提之一是相对宽松的市场准入制度。

其次,商业银行市场进入的方式影响着其退出的方式。纵观各国银行的发展历史,我们看到:一个国家存在怎样的商业银行市场进入壁垒,往往也就存在着同样的市场退出壁垒。如:在银行的市场进入中过多强调政府的作用,则在市场退出中也会强化政府的作用。一个典型的例证是日本。虽然目前其对银行市场进入的限制已经大大减少,但是基于其固有的金融传统,其对银行的管制依然较多。而在市场退出的过程中,政府的行政色彩也依然浓厚。如 1996 年,政府出资 6850 亿日元拯救住宅金融专门公司,政府前后共出资 12800 亿日元。又如,很多发展中国家在放宽市场准入的过程表现为将国有银行私有化或者是允许建立民营银行,而在遇到金融危机时,这些国家往往也会采取暂时国有化的措施实施银行的市场退出。如:印度尼西亚、泰国、韩国等等。

2. 商业银行的市场退出反作用于其市场进入

第一,利用商业银行市场退出的时机来调整银行业的市场组织结构。世界上很多国家利用银行出现危机的时机,对银行市场组织结构进行调整。这类国家往往原来是国有银行比重较大的国家。如在 1995 年以前,阿根廷的国有银行占据其银行业的主导地位。20 世纪 90 年代初阿根廷出现恶性通货膨胀,银行出现危机,尤其是国有银行糟糕的业绩使得财政不堪重负。1994年12月,阿根廷国有银行不良贷款比例达到33%,而私有银行是10.3%。在此背景下,阿根廷1991—1994年进行了广泛的金融改革,并一改往常对国有银行一贯支持的态度,启动了清算和出售国有银行的计划,对国有银行进行产权改革。1994年底,阿根廷的34家国有银行中,1家银行被清算,1家国家银行和3家省级银行被出售给私人部门。阿根廷还通过分割出售、允许关闭分支机构等,鼓励国有银行进行私有化。

第二,商业银行市场退出的处理情况,影响其市场进入的政策以及政策调整。商业银行的市场退出、尤其是银行机构的市场退出,是处理银行机构经营失败的一种方式,而且经常是最后一种处理方式。任何一个银行、尤其是大银行的市场退出,都可能会对整个金融体系乃至国民经济产生巨大影响。因此,一个健全、合理的市场退出机制,能够最大限度地减少银行市场退出对国民经济的破坏作用。与此同时,市场退出机制的有序和顺畅,也会反过来影响监管者对于银行业市场进入政策的调整,包括市场进入的所有制限制、审核的宽严程度、国外金融机构的市场准入要求、各类金融机构的进入比例等等。如从我国的情况来看,自1997年以来,我国已有几百家金融机构从市场退出,另有上千家金融机构被并购,金融机构的市场退出已成为影响我国宏观金融稳定的重要因素。与此同时,我国金融监管部门在处理市场退出的问题上却面临巨大的压力,包括法律的缺陷、资金的缺位,权责利难以划分、地方政府消极等等。这一切反过来严重影响了我国对于金融业市场进入壁垒的调整,金融监管部门对银行尤其是中小银行、非正规金融的不信任感强烈,反映在实际工作中我们无法用民营化的办法来解决包括商业银行在内的金融机构市场退出问题,此时决策者也就更难决定放开金融业中民营机构的市场进入问题。

（二）基本结论：在我国逐步建立完善银行业市场进入与退出制度

总结上述银行业市场进入与退出的基本关系，我们得到的启示是：应该将市场进入与市场退出放在同一个框架中进行研究；而在实践中也必须注意两者之间的关系，如：在放宽银行市场准入的同时，应该相应降低银行市场退出的壁垒，因为只有这样，才能降低因市场准入的放松而带来的银行风险控制以及防范问题。此外，市场淘汰机制应该是建立在相对宽松的市场准入制度的基础上，否则会出现银行业市场结构的不均衡或者是因无法满足市场需要而出现银行无法退出市场的状况。

所以，应将商业银行的市场进入与退出作为同一种市场制度建立起来，建立并逐步完善我国的银行业市场进出制度。因为市场准入与市场退出是密切关联的，有进入就会有退出。而市场准入与市场退出的交叉点在于两方面：第一是金融安全；第二是银行业市场结构的调整。因此，银行业市场进出制度的建立与完善是决定商业银行市场安全与市场活力的重要因素。将市场准入与市场退出两者联系起来，从源头上建立银行业的市场制度，有利于规范银行业的市场活动、保证银行业的运营安全，并使银行市场内部各个机构能够顺应市场要求、符合市场规律来开展其业务活动。

所谓市场进出制度，是指市场主体进入或退出整个市场或特定的生产经营行业和地区的行为。市场主体的进出行为是推动竞争而制约垄断的力量。一个市场体制越是能够允许比较自由的进出，它就越具有开放性，从而也就越具有竞争的活力。因此，从市场经济发展的角度看，应当尽可能减少市场进出的障碍而扩大自由度，以形成竞争力较强的市场结构。另外，建立社会主义市场经济是我国经济改革的目标。要达到这个目标，需要建立健全包括：产权制度、契约制度、货币制度、进出制度、竞争制度、产品责任制度、舆论监督制度等在内的一系列社会主义市场制度。因此市场进出制度的建立,是建立、完善社会主义市场制度的一个重要组成部分。从这个角度出发,建立商业银行市场准入与退出制度的必要性与重要性突出地表现在:既利于银行业市场的发展,也利于国家经济的发展与宏观调控的运行,同时也是我们建立社会主义市场经济的需要。

二、完善我国现有的农村民营金融市场准入制度

在建立农村民营金融市场准入与退出制度之时,在我国当前的情况下,还要完善现有的农村民营金融市场准入制度。

(一)积极创造有利于农村民营金融发展的政策环境

在发展农村经济中充分发挥财税政策的杠杆作用,改善宏观调控,在手段运用上财政和金融两个政策要配套。社会主义新农村建设中发展现代农业面临的任务和困难很多,而目前资金配置的体制、机制均不完善,应实现财政和金融两大政策的相互联动,发挥它们的合力,进行具体的政策设计和制度安排。如实行农业贷款的民营金融机构营业税率降低或免交等。

(二)在放开准入门槛的同时加强对民营金融的监管,提高金融监管的有效性

一是对村镇银行的业务范围、存贷目的作出更具操作性的界定,对《意见》的内容作出具体的规定,完善配套管理办法,达到有章可循。二是在审批和监管过程中,要谨防一些以逐利为主要目的的民间资本通过设立村镇银行进行非法集资、圈钱、诈骗等活动。三是要实施分类监管。对于村镇银行,要比照其他商业银行全面实施审慎监管;对于贷款公司,要重点发挥好投资人的监督制约作用,同时要强化对投资人的监管;对于农村资金互助社,主要实行社员自律管理,同时要积极探索建立以自律管理为基础、银行业监管机构监管为主体、地方政府风险处置为保障、社会监督为补充的分工协作和相互配合的监督管理体系。四是根据引发金融风险的可能因素,制定监管的具体条件,如资

本充足率、流动性、短期内资产负债的剧增剧减等指标。这些指标的确立要考虑各机构的规模、业务特点、社会经济总体运转情况。当这些指标达到临界点时,依程序对这些机构进行全面检查。五是严格监管问责。对监管失职、渎职行为,要严格追究监管人员和银行业监管机构主要负责人的责任。

（三）处理好地方政府干预和建立地方政府补偿机制的关系

目前一些地方经济发展落后,农村金融市场发展滞后,金融服务落后、不规范,金融运行环境较差,更容易出现政府干预行为,使新设村镇银行等民营金融机构不能按照市场规律自主经营、自负盈亏,加大局部金融风险,因此,要防止地方政府特别是乡镇政府过多干预。同时,这些机构的设立都是服务当地经济,可把政府承诺作为条件,优先考虑在地方政府风险补偿机制好的地方设立。

（四）多措并举确保农村金融健康有序运行

一是运用竞争机制填补服务空白。建立正确的正向激励机制,增强农村民营金融机构的竞争力。二是运用利率机制活跃农村金融市场。实行更具弹性的利率政策,为农村民营金融机构提供更广阔的生存空间。三是尽快建立存款保险体系,健全金融机构市场退出机制,解决存款人的后顾之忧,减轻财政负担,确保农村金融市场的稳定。

三、建立适合我国国情的农村民营金融市场退出制度

近几年来,国家替关闭清算的金融机构和商业银行不良资产总共投入 5 万亿元,约占 GDP 的 1/3。主要有 1998 年发行 2700 亿元特别国债,用来补充四家国有商业银行资本金;治理金融"三乱"给各省补贴 2000 亿元左右;从四大商业银行剥离 1.4 万亿元不良资产;四家资产管理公司从央行再贷款 6700 亿元;向中行、建行、工行注资 600 亿美元;股改中核销不良资产和

免税绝对超过 1 万亿元;给农信社兑付票据 1700 亿元及补助 200 亿元。国家对金融稳定付出巨大成本的一个重要原因是没有建立完善的市场退出机制,而对这些金融机构实施了过度救助。对于农村民营金融的退出,要建立完善的退出机制,应该做好以下几个方面:

（一）建立存款保险制度

事实上,建立存款保险制度不仅是发展民营银行所必须的,对加深国有商业银行改革也是必要的。存款保险制度是指在金融体系中设立保险机构,强制地或自愿地吸收银行或其他金融机构缴存的保险费,建立存款保险准备金,一旦投保人遭受风险事故,由保险机构向投保人提供财务救援或由保险机构直接向存款人支付部分或全部存款的制度。它是发展民营银行必需的制度,西方国家的银行发展经验表明,这是解决银行盲目扩张、保护储户利益的好方法。

目前我国不同类别银行间风险和内控机制差别很大,因此,我国存款保险制度的建立应当分步进行。当前的首要目标是形成一个以市场原则为基础的规范的金融机构退出机制,通过建立存款保险计划、设立存款保险基金,初步形成存款保险制度的基础性框架。我国存款保险制度法律规范的主要内容应包括:存款保险的组织形式、法律地位、法定职责及权限,存款保险组织与政府及中国人民银行的法律关系,参加存款保险的金融机构范围,存款保险的初始资本金及后续资金来源,享受存款保险的存款业务种类和品种、保险费率的确定、调整和收缴,存款保险理赔的情形、限额及支付方式,存款保险组织处理有问题金融机构的原则、条件及方式,存款保险组织清算有问题金融机构过程中的权力,有关存款保险组织建立内控制度以防范道德风险的法律要求等。

（二）完善农村民营金融机构危机预警机制和评价体系

从基本构成看,农村民营金融机构危机预警体系主要包括以下几部分内容:①农村民营金融机构风险指标体系。按一定标准筛选的,能够反映金融机构风险状况的监测指标。②预警阈值。指标体系的数据变化达到可预兆发生金融机构失败的水平。③数据处理。用事先确定的数据处理方法或模型,对各指标的取值进行综合处理,得出金融机构风险的综合指数和相应的风险等级。④灯号显示。为了直观预报不同类型的风险等级采取类似交通管制的蓝灯、绿灯、黄灯、红灯信号来分别表示正常状态、低度风险警戒、中度风险警戒、高度风险警戒不同等级的警度,这些不同颜色的信号灯即为灯号显示。

构建我国农村民营金融机构合理的危机预警机制必须遵循以下原则:第一,指标的合理性。科学构造危机预警指标体系是构建预警系统的核心内容,也是判断金融机构问题性质的依据。要根据金融机构的业务特征设置相应的危机预警指标体系,能够综合反映金融机构治理水平、管理层素质、风险管理和内部控制能力等方面的内容。第二,预警系统具有计量上的充分性。这包括以下含义:一是指预警系统指标体系具有统计上的及时性,即所选择指标的数据资料能够及时得到,以便迅速地对银行经营状况作出正确的判断;二是指标数据的样本区间具有足够的长度以及在计算口径上具有一致性,以便能够准确反映金融机构的长期经营水平。第三,预警阈值的合理性。即要求金融指标的数据变化能够达到可预兆金融机构经营风险水平。第四,预警等级的科学性,即要求预警等级能够精确给出银行的问题程度等级,以便能够对其采取正确的处置方式。

根据以上分析危机预警指标体系建立原则以及结合我国农村民营金融机构经营特点,借鉴美国 CAMEL 的经验,构建我国农村民营金融机构的危机预警评价体系。具体来说这个系统包括:①以资本充足率为基础的快速识别与纠正系统(按照银行资本充足率高低将银行分为不同的级别)。②金融监管部门的风险评价体系。金融监管部门可以从银行的资本充足率、资产质量、管理能力、盈利能力、流动性、市场风险等六个方面来综合对银行进行考察。③通过建立对以上六个指标的取值进行综合处理，得出银行风险的综合指数和相应的风险等级。④最后根据预警阀值给出银行相应的风险水平，使监管部门、银行管理层和相关利益主体能够共同采取正确的处理措施。

（三）要做好对资产与负债的处理

首先是对资产的处理，抵押优质贷款应该不被清算且继续保留在金融系统中。其次是对债务的处理，要加强对中小存款人和债权人的保护，机构破产会导致对其他金融机构的危机传染和挤兑，即使是在最有效系统中，破产清算通常都不是金融机构倒闭尤其是银行倒闭最优的退出机制。与破产清算或行政关闭不同的方案包括私人部门的清算方案，比如兼并和收购，以及私人和公共部门结合的清算方案，如收购和接管交易、保险存款转移等。尽管纯粹的私人部门清算方案不涉及任何公共部门和存款保险资源，但是其他管理部门积极参与退出清算仍然是十分必要的。收购和接管交易意味着在撤销失败金融机构之前，只有受损资产和某些债务留在倒闭银行等待被清算和处置，而将其资产和优先债务向其他金融机构转移。对资产的收购接管交易可以实现资产的贬值最小化和风险传染最小化，因为存款人仅仅在很短的一段时间内不能使用他们的资金，而贷款也并没有离开金融系统。如果能够及时处理金融机构危机，在资产价值低于负债之前清算，可以采用完全的私人部门清算方案。如果优质资产不足以用来偿付职能部门希望转移的债务，就需要利用存款保险或其他公共资源，通过私人和公共部门结合的方式予以清算。其处置方法有两种基本形式，即存款清偿法和购买与承担法，前者方式下破产机构的运营价值将基本全部丧失，因此只使用于特许权价值和组织价值比较小且资产比较差与无买主的机构。美国 RTC 用此方式处理机构总数约 11.3%，资产总量约 3.0%。后者是指由较好的金融机构购买其部分或全部资产,并承接其全部存款。美国联邦存款保险公司和 RTC 的做法是由本部门专家或委托专业机构对破产机构清算价值进行估计,然后进行投标,并将最高标价与事先估计的清算价值比较,高于清算价值的,则达成交易,否则,采用存款清算法进行处理,亦称最小成本原则。

（四）应合理选择金融机构市场退出的方式,建立开明的金融机构破产制度

我国选择金融机构退出市场的方式时,往往选择合并、撤销的方式。实践中,即使被撤销金融机构严重资不抵债,清算组与单位债权人难以达成协议,监管当局也不愿意同意破产,破产往往作为最后的选择。笔者认为,应当采取更开明的态度看待破产,该破产时应当及时向法院申请破产。理由有以下几点:

1. 破产能豁免未能兑付的债务

撤销是建立在债务都需要清偿,如不能清偿则需取得债权人同意放弃的基础上,对于达不成债务清偿协议的,撤销清算对不能偿还的债不能免责,债权债务不能终结,撤销清算并不能豁免未能兑付的债务。而破产不同,破产是通过司法程序对不能兑付的债务部分予以豁免,解决一方要求清偿另一方无力清偿的矛盾,以破产的方式达到了结债权债务的目的。事实上,对债权人而言,有些单位债权人是无能力表态豁免债权的,但可以凭法院的破产裁定核销债权。

2. 破产可以避免清算工作久拖不决

首先,法院有裁决权。监管当局行使的是行政机关的职能,行政权不能裁决清算中遇到的一些对债权的认可等实体问题,无权决定或裁定债务问题;而法院有司法权,可以直接裁定在清算过程中遇到的各种问题并立即执行。其次,法院回收债权的力度大。在撤销清算中,对金融机构在外的债权只能由清算组向法院提起诉讼,严格按诉讼程序操作,费时长,还要交纳不少的诉讼费用;而破产中对债权的追收可直接由法院进行裁定。

再次,法院对完成清算工作的手段要较撤销清算的清算组多,对不执行法院裁决的行为法院有强制执行手段。

3. 破产能解决行政权与司法权的冲突问题

撤销清算存在行政权与司法权的冲突,表现为被撤销金融机构会因经济纠纷被起诉至法院,被撤销的金融机构因不服撤销决定向法院提起行政诉讼,对清算分配后不足额清偿的债务,债权人可向法院起诉相关单位。而破产清算则没有这些后遗症,对法院做出的破产裁定不存在再向法院起诉,对清算中的经济纠纷都由破产法院合并处理,破产程序终结后,债权债务关系均已了结。

另外,我国的法院不应给金融机构进入破产程序设置过多的障碍。目前司法实践中,法院对金融机构进入破产程序的审批非常严格,特别是要求金融机构必须解决完个人债权以及员工遣散工作才能受理。这些要求既没有任何法律法规依据,而且实践中也给金融机构的市场退出造成诸多麻烦。因为金融机构的个人债权形成原因类型较多且复杂,特别是要剔除那些公款私存的个人债权,就要调查其资金来源的合法性,这就使解决个人债权问题的难度较大,有可能需要漫长的时间。据此,拖沓冗长的破产申请程序造成金融机构的资产因缺乏司法保护而大量流失或者被各地法院强制执行等不利情况出现,严重影响法院受理破产后的清算工作。因此,笔者认为进入破产程序前只需处理完已确认的个人债权,而其他个人债权问题完全可以在法院受理破产后再予以解决。

(五)要选择适合我国国情的农村民营金融机构市场退出模式

对于农村民营金融机构引入退市机制,需要认真研究。对于本来就稀缺的农村金融资源,不能使其轻易地退出农村。根据农村及农村民营金融机构的实际情况,可以采取引入战略投资者、实行区域联营、实施资产置换、鼓励并购、扩大经营范围等等手段加以解决。

　　发达国家的处置经验表明，兼并方式由于处置成本小、对经济社会的冲击小等特点被广泛采用。然而，在我国尽管也鼓励健康机构收购濒临倒闭机构，但缺乏相关政策支持，最重要的是没有建立损失分担机制，也没有建立对濒临倒闭机构的不良资产进行剥离的制度。借鉴国际成功经验，结合中国实际，根据问题机构的现实状况，选择行政接管、重组、并购、撤销、关闭清算等多种市场退出方式，以尽可能小的社会震动和处置成本、尽可能少的公共资源，最大限度地保护存款人、债权人和纳税人的利益，最大可能的支持新农村建设的顺利进行。对于需要救助的金融机构，金融监管当局可以主要采用援助或收购和兼并的方法，尽可能地使失败金融机构恢复正常或重新组建。有关机构直接投入资金，促使陷入困境的金融机构重新正常运转起来；对不值得救助的民营金融机构可以作出关闭或撤销的决定。由政府监管部门组织有关部门的专业人员组成清算组，清理被关闭机构的债权债务，制定清算方案，处理剩余财产，办理注销登记手续并向社会公告等。

第八章

农村民营金融监管

对于农村民营金融,一方面要支持其创新和发展,另一方面又要对其实施金融监管,以防范和控制农村金融风险。为了实现农村民营金融健康稳定的发展,需要建立和健全农村民营金融监管体系,认真搞好日常监管。金融创新是农村民营金融发展的动力之源。实施金融监管和支持金融创新,是辩证的统一体,我们应把这两个方面结合起来,以监管促进创新,以创新完善监管。

第一节 农村民营金融风险与金融监管

在市场经济条件下,金融业毫无例外地要受到比一般工商业更为严格的监管。农村民营金融在资产规模、服务对象和经营战略等方面具有自身的特点,这些特点只是决定了农村民营金融具有自身的风险特征,而不能说明农村民营金融的风险无关紧要。因此,对农村民营金融的监管绝不是可有可无,而是必须实施。以防范和控制农村金融风险为目的的金融监管,不仅是农村民营金融良性发展的需要,而且是整个农村金融和农村经济稳定持续发展的需要。

一、农村民营金融风险

金融业属于特殊的高风险行业,从某种意义来说,金融发展历史便是一部金融风险史。金融风险种类繁多,无所不在,无时不在。农村民营金融也是如此。

农村民营金融若能防范和控制风险,便可能实现自身健康稳定地发展,并对农村经济发展产生重大促进作用。反之,农村民营金融若不能有效防范和控制风险,甚至风险不断积聚而不能自觉自控,则极可能引发某些民营金融企业的系统风险,导致这些金融企业经营困难甚至倒闭,由于连锁反应,还很可能引起这些农村地区整个金融的动荡,从而造成地区性金融危机,给区域性农村经济造成很大杀伤力。正因如此,我们在重视发展农村民营金融的同时,也应重视民营金融监管,以防范和控制农村金融风险,维护农村金融秩序,保证农村金融健康发展。

一般来说,农村民营金融风险,是农村民营金融机构在经营过程中,由于市场预测和经营失误、农村客观情况变化以及其他种种原因,而造成其资产、财产和信誉遭受损失的可能性。农村非正式金融相当普遍,其中非法设立的金融机构及其非法从事的金融活动,极易直接引发民营金融业的风险,所造成的资金损失更大,危害也更为严重。与公有大中型金融企业相比,农村民营金融企业在资本规模、资产规模、经营战略、服务对象、业务策略等方面,都具有自身的特点,由此决定了农村民营金融风险也存在自身的特点。

(一)农村民营金融的信用风险

公有大中型银行属于交易型银行,其交易产品的标准化程度高,需要获取的信息可信度较高,且信息成本较低,往往采取集中审批贷款的方式,信贷审批权相当集中,县级分支机构的审批权很小。农村民营金融企业则不同,他们往往是关系性银行,在作出信贷决策时,主要依靠信贷人员与贷款人在日常经济金融活动中所形成的各种联系,在实地调查中获得难以量化的非标准化的信息,包括农户和微小企业资产情况、经营情况、信誉情况、资金需求特点等信息。公有大中型银行的信贷决策具有严格而复杂的程序,在每道程序中都制定了具体的操作规定和要求。农村民营银行的股东往往直接参与经营管理,因而较好解决了委托—代理中的信息不对称问题,使其基层领导者拥有较高的信贷决策权,能根据当地贷款人的具体情况灵活作出信贷决策。公有大中型银行不仅可获取相对稳定的较低的利差收益,而且可以通过开展非信贷业务获取非利差收益。农村民营金融企业的收入来源则有所不同,他们主要采取关系型贷款,一般可获取较多的利益收益,农户和中小企业愿意为获得快速、便捷、非交易型贷款而支付较高的贷款利率,也愿意为获得个性化的服务而接受较低的存款利率。但是,农村民营金融企业的非利息收益率较低,其收益结构缺乏稳定性。公有大中型银行在信贷管理中,有条件建立信用风险评估和管理量化模式,以对信用风险进行识别、预测、控制和防范,而农村民营银行一般限于当地农村社区经营,难以获取客户公开的可以量化的信息,通常采取传统的风险定性评估方式,依靠的是维护同客户的日常关系,进行灵活的定性化管理,这一方面使得其业务量无法同公有大中型银行相比,另一方面制约了其信贷管理层次和水平的提高。

农村民营银行同公有大中型银行的上述差别,决定了农村民营银行信用风险具有其自身的特征。农村民营银行的风险较为集中。农村民营银行限于一定的农村区域开展经营,其信贷的集中度较高,经营业绩与当地农村经济发展息息相关。一旦当地农村经济出现大的滑坡,将对农村民营银行产生很大冲击。农村民营金融的服务对象较为集中,主要是农户、专业户和中小企业,其提供的产品主要是中小企业贷款、农村居民贷款和农业贷款,这些贷款在其资产总额中的比例极高。由于这些服务对象的风险承受能力较弱,且对其信用风险评估难度较大,因此,农村民营银行的信用风险较大,信用风险管理难度较高。

（二）农村民营银行的利率风险

农村民营银行的资金来源,主要是当地居民和企业的存款,存款人同民营银行往往具有长期而稳定的关系。农户和中小企业由于缺乏多种投资渠道,储蓄便成为他们富余资金的主要选择。因此,农村民营银行吸纳存款的稳定性较强,利率波动对其影响相对较小。在贷款方面,由于农村民营银行的借款业务大多为关系贷款,他们同贷款者之间的关系具有长期性和稳定性。农户和中小企业由于向大中型银行借款困难,对民营银行存在较高的依赖性,因此,他们对贷款利率的敏感性较弱。此外,农村民营银行经营的空间范围相对较小,主要是当地农村,因此,他们的存贷利率受国际金融市场、国内城市金融市场以及其他农村地区金融市场利率波动的影响较小。然而,农村民营银行的利率风险仍不能忽视。

随着农村金融市场的逐步完善和农村金融竞争的开展和深化,农村金融机构争夺存款的竞争将更为激烈。现代农业的建设,新农村建设的推进,将进一步促进农村经济结构的优化和升级,提高农村经济的发展水平,与此相适应,资金供给的规模也必然扩大。在此环境下,农村金融机构之间、金融机构与借款者之间,也必然围绕着存贷款利率而展开竞争,为了争夺优质客户和优质项目,农村金融机构也会采取降低贷款利率的策略。当前,农村利率虽然存在一定的浮动范围,但仍处在较为严格的管制之中,然而,农村利率市场化将是一种必然选择。由于农村民营金融竞争力较弱小,他们在利率市场化环境中将面临更为严峻的考验。农村民营金融的资本规模和经营规模较小,利率风险将给他们带来较大的冲击。

（三）农村民营金融操作风险

按照巴塞尔银行监管委员会的定义,操作风险为由于不当的业务和工作程序、人员的操作失误、内部控制和系统失灵,或因外部事件所导致损失的风险。在农村民营银行的业务中,较为复杂的业务不多,因而可以降低其内部的操作风险。农村民营银行由于具有经营空间范围和业务对象的集中性,与当地客户和企业维系着长期的业务关系,对他们的经营和信用情况较为熟悉,且有条件进行监控,因而能对他们的道德风险进行有效防范。农村民营银行的决策者一般都持有股份,大股东也往往参与银行的经营管理,从而有利于解决股东和管理层的经营信息不对称问题,降低民营银行的操作风险。但是,农村民营银行的经营既有降低操作风险的一面,也有加大操作风险的一面。农村民营银行实行关系融资,其信贷决策所依据信息的准确性、可靠性、透明度较低,量化信息较少,这就使得民营银行在信贷管理中人为因素较多,信贷决策主要采取定性分析法,决策过多依赖决策者的经验、道德素养和主观判断,从而加大了农村民营银行的操作风险。农村民营银行为小型银行,员工人数较少,为了节约人力成本,往往存在一人多岗、身兼数职现象,难以做到不同岗位之间的相互监督和岗位轮换;相对而言员工业务素质不高,经验不足,风险管理能力较弱,由此也加大了操作风险。

（四）农村民营银行资产规模过度扩张的风险

农村民营银行的资本规模和经营规模较小,存在规模不经济、开发新业务的成本较高、一些有前景的较大项目难以介入等问题。对于金融企业来说,规模经济的作用非常明显,规模大小对金融企业竞争力具有相当大的影响。虽然金融业并非完全的"规模收益递增",但是适度的资本规模对提高农村民营金融企业的竞争力,具有较大影响。影响民营金融企业竞争力的很多要素,在很大程度上都需要在资本实力的基础上得到发展和强化。经济利益的驱动,外部竞争的压力,将促使农村民营银行扩张其资产规模和经营规模。适度的资产规模扩张,对于农村民营银行提高经济效益、增强竞争力是必要和有利的;但扩张过度,则将导致其资本充足率降低,甚至使资本充足率达不到规定的标准,而一旦某个业务环节出现严重问题,则可能导致资金链的断裂,进而出现较大金融风险,甚至造成系统性金融风险。农村民营银行是自主经营、自负盈亏的金融主体,一般来说他们会从自身的经济利益出发,在自我发展和自我控制方面寻求平衡,但是,由于种种原因,他们在市场化经营中也会出现非理性现象,在资产规模扩张中出现盲目性,在强化自我发展力的同时忽视增强自我控制力,从而出现过度扩张所带来的风险。

二、加强农村民营金融监管

加强农村民营金融监管,是民营金融业自身发展的需要。如前所述,农村民营金融的风险种类繁多,成因复杂,对这些风险不加以控制和防范,则不仅会引发农村民营金融企业的系统风险,而且会导致出现农村民营金融行业的系统风险,由此将对农村民营金融造成深重的危害。一般来说,农村民营金融企业资本和经营规模较小,主要为农村社区的农户和中小企业提供服务,他们需要更为宽松的创新环境,需要适应当地农户和中小企业的金融需求特点创新金融产品和服务,需要采取更为灵活的经营策略和手段。同时,农村民营金融发展起来后,必然点多面广、数量众多,在一定时间里,内部管理难以达到科学化、规范化的要求,给金融监管带来许多新的问题。农村民营金融虽然有着自己一系列特点,给金融监管带来不少困难,但是,绝不能由此松懈农村民营金融监管,更不能因此否定农村民营金融监管。农村民营金融监管与农村民营金融发展,应同步进行,良性互动。只有加强金融监管,才能防范和控制农村民营金融风险,使之在提高自我发展能力的同时,提高自我控制能力,在经营活力中的克服盲目性,提高理性程度,从而实现自身的健康、稳定、持续发展。

农村民营金融监管，不仅关系到农村民营金融的健康发展，而且影响着整个农村金融发展的稳定性和安全性。金融风险有一个重要点，就是具有普遍性和扩张性，会引起一系列连锁反应。中国金融市场的发展，城乡经济、城乡金融的统筹和一体化发展，一方面有利于弱化城乡经济、城乡金融二元化现象，缩小城乡经济、城乡金融之间的差距，加强它们之间的协调发展；另一方面在加强它们之间相互联系的同时，也加快了金融风险相互传播。在这种新的金融发展格局中，农村公有金融风险、城市金融风险将加快向农村民营金融传播，甚至国际金融风险也将对农村民营金融产生影响；同样的道理，农村民营金融的风险，也不仅将在其内部蔓延，而且会向公有金融波及，甚至对城市金融造成影响，产生"多米诺骨牌效应"。更为严重的是，少数农村民营金融企业一旦形成严重风险，还可能造成整个农村金融的动荡，给农村金融带来很大的杀伤力。因此，农村民营金融监管，不仅是农村民营金融稳定发展的需要，而且是防范和控制农村金融风险，实现农村金融改革和发展的需要。

农村民营金融监管，也是解决"三农"问题的需要。农村民营金融企业必须服务"三农"，坚持为当地农村提供服务的市场定位。但是，由于农村金融效益低于城市金融效益，农业是弱质产业，致使农村资金非农化现象长期存在，资金外流相当严重。农村民营金融机构吸纳农村存款，但他们出于追求自身经济利益的考虑，很可能将占比较大的资金投向城市，投向非农产业。在农村社区投资法尚未建立，大中型银行成为农村资金吸管的情况下，民营金融的虹吸现象也可能发生。农村资金的供求缺口本来就大，如果新兴的民营金融不能坚持服务"三农"方向，这对于受到资金供给严重困扰的农村经济来说，无疑是雪上加霜。解决农村民营金融资金外流问题，必须加强金融监管，通过监管其资金流向，使其真正发挥服务"三农"的功能和作用。进一步说,农村民营金融即使将其资金投向农村和农业,他们也还有个风险防范和控制问题。以防范和控制金融风险为目的的金融监管,是农村民营金融健康稳定发展的重要保证。合理和有效的农村民营金融监管,能促进农村民营金融发挥优势,在发展现代农业、繁荣农村经济、促进农民增收方面,发挥积极的生力军作用;而弱化甚至放弃农村民营金融监管,则必定导致农村民营金融风险的增加和积聚,影响民营金融和农村经济之间的良性互动,从而弱化农村经济发展的金融支持力。

第二节　农村民营金融的监管框架

农村民营金融的监管体系,是一种包括农村民营金融企业内部控制系统、外部监管和行业自律管理有机结合的监管体系。作为监管基础的农村民营金融企业的系统,已在前面作过介绍,下面主要就农村民营金融的外部监管和行业自律问题加以讨论。

一、建立和完善农村民营金融法律法规体系

建立相关法律法规体系,是农村民营金融企业健康运行和持续发展的重要前提和基本保证。以往多年来,我国农村金融的法律法规较为薄弱,至于民营金融的法律法规,还处在空白状态。

在农村民营金融建立和发展之初,即应在先行试点、总结经验的基础上,制定有关的法律法规,使农村民营机构自始便能依法经营,规范运作,从而更好地步入健康发展的轨道。如果农村民营金融兴起了,而相关法律法规还没有建立起来,由于无法可依,加之利益驱动,盲目经营和消极现象就必然滋生,其结果不仅会使农村民营金融企业自身难以持续发展,而且将影响农村

金融市场的稳定和发展,给农村金融服务业带来一系列不利影响。

为了促进农村民营金融健康、持续地发展,我们不仅要制定农村民营银行业的法律法规,而且要建立农村民营农业保险业、民营担保业、民营投资银行等法律法规。总之,发展什么行业的农村民营金融业,就要建立什么金融行业的法律法规。当然,农村民营金融的法律法规涉及很多方面的内容,而且各个方面的法律法规还有一个逐步丰富和完善的过程,然而在农村民营金融发展之初,我们仍应通过法律法规的形式,将各种行业的农村民营金融业所遇到的基本问题和重大疑难问题规定下来。这些问题主要包括:①农村民营金融机构的性质,他们在履行商业性职能的同时,到底有没有政策性职能。②农村民营金融机构设定的目的,他们的市场定位,如何使民营金融机构的运行同其设立的初衷一致,民营金融机构如何坚持服务"三农"方向。③农村民营金融机构准入条件,在资本规模、员工结构、管理能力、信用建设等方面,要达到哪些条件和标准。④农村民营金融机构退出的标准和机制。不同行业的农村民营金融机构,分别制定不同的标准,一旦达到了法定的标准,则应强制其退出。同时,对于社区银行退出的审批程序,退出后的处理,都应通过法律法规形式规定下来。⑤农村民营金融机构的产权制度。根据农村民营金融机构和农村经济和金融的具体情况,采取不同的产权模式。合作制、股份制、股份合作制,各有其不同的特点和优势,法律法规应规定这些不同的产权结构模式。⑥农村民营金融机构的设立,包括农村民营金融机构的组织形式、设立程序、审批程序和审批机构的规定。⑦农村民营金融机构的监管规则,包括监管机构及其职能、监管方式和监管重点。⑧对农村民营金融机构的内部控制系统的规定,包括农村民营金融机构内部风险控制和监管系统的基本要求、信息披露的相关规定等。

农村民营金融监管的法律法规体系的建设,是一个逐步完善的过程。由于中国农村民营金融发展尚属创新之举,在其建立和发展过程中将会出现许多新情况和新问题,人们对其监管还缺乏经验,因此,我们在建设民营金融的法律法规体系时,应重视借鉴国际经验。发达国家和一些发展中国家,在建立和发展农村民营金融方面具有较长的历史,在监管方面积累了较为丰富的经验。这些经验,对于我们建立和健全农村民营金融法律法规,具有重要参考价值。

二、监管机构监管与行业自律相结合

对于农村民营金融,要加强监管机构的监管,对于促进农村民营金融机构的合规运行和健康发展,具有十分重要的意义。与此同时,还应充分发挥行业自律组织的监管作用,充分发挥其自我管理和自我服务功能,把这两种监管紧密结合起来。

随着农村经济的发展,农村金融组织必然向多元化发展。作为农村金融重要构成部分的民营金融机构,也必然呈现出行业结构多元化趋势,即未来的农村民营金融不仅有中小型的民营银行,而且有民营担保企业、民营保险企业和民营投资银行等。在当前金融监管体制下,不同行业的农村民营金融企业,应置于相应的金融监管机构的监管之下。例如农村民营银行、民营保险企业、民营投资银行,必须分别由银监会、保监会、证监会对其实施监管。但是,在实施监管机构监管的同时,绝不对忽视行业自律组织的作用。

农村民营金融行业自律组织,是民营金融机构自我服务、自我监督、自我管理的行业性组织,是在市场经济下,适应农村金融行业自我保护、自我发展、行业协调、行业管理的需要,自主形成和发展起来的,通常采用行业协会的组织形式。农村民营金融行业协会应由民营金融企业推出的代表进行管理,而不能由政府委派官员,或指定政府有关部门及公有金融机构实施管理。农村民营金融机构自主决定是否加入行业协会,他们作为自律

组织成员,有选择行业协会管理人员、参与制定行业协会章程和有关制度等权利,同时也有遵守行业协会章程、支持行业协会履行其职责的责任和义务。

农村民营金融行业协会要着力搞好两个方面的协调:一是作为农村民营金融的代表,协调好农村民营金融企业与金融监管机构、政府有关部门的关系。行业协会作为沟通监管机构与民营金融企业联系的桥梁和纽带,既要及时向民营金融企业宣传有关金融和经济政策,宣传金融监管的有关规定,积极督促他们按规定及时对外披露信息,使民营金融企业依法经营和合规操作,又要积极向政府部门反映民营金融企业的经营困难和要求,为他们争取应得的利益。二是协调好协会内部民营金融企业之间的关系,指导他们搞好正确的市场定位,处理好金融竞争与合作的关系,维护民营金融企业之间公平和适度的竞争,提高自我控制能力。

农村民营金融行业协会要发挥好监管的功能,就必须把监管和服务有机结合起来,以服务促进监管,将监管寓于服务之中。协会应在支付清算、客户服务、市场开发、产品创新等方面为民营金融企业提供参考意见,介绍适应农村金融需求的投资产品,提供种种经济信息和金融信息,帮助他们开辟新的市场和业务,采取多种形式提供人员培训。行业协会的服务功能、沟通功能、协调功能发挥得越好,其监督功能就发挥得越充分,监督的效果就越好。

三、建立和健全农村民营金融内部监控系统

农村民营金融的准入标准较低,其资产规模和经营规模较小,一旦发展起来,将呈点多面广之势。对如此众多的民营金融企业实行监管,仅靠专门监管部门的力量是难以奏效的,尤其在当前监管任务繁重、监管资源有限的情况下,更是如此。因此,建立和完善农村民营金融的内部监控系统,对于搞好农村民营

金融监管是非常必要和重要的。

农村民营金融的内部监控系统,主要包括相互作用的两个子系统:内部稽核监督和内部控制系统。内部稽核监督系统分为现场稽核和非现场稽核,其主要功能在于检查农村民营金融企业自身存在的管理问题,寻求现有的和潜在的各种隐患,及时发现各种风险,制定排除隐患的措施,督促措施的实施,以保证企业稳定安全的运行。内部稽核监督系统的主要内容包括:对内部各项活动进行检查和监督;检查内部控制系统的健全程度,控制目标、控制措施及各项规章制度的落实情况;检查企业的组织行为,一般工作人员是否将内部控制落到了实处,领导班子的各种管理行为是否符合法律法规和企业自身的规章制度。内部控制系统的内容主要包括:企业各项管理制度,授权和授信制度,业务报告和业务检查,业务记录的资料保全,安全措施,计算机系统等。

建立和健全农村民营金融企业的内部监控系统,涉及多层次、多方面、多环节的经营管理工作,而抓好以下四个方面的监督和内控,显得尤其重要。首先,根据国家宏观调控和产业政策的取向,农村经济发展的要求和企业自身的情况,制定经营管理的各项重大决策,尤其要重视制定资产负债管理决策和信贷管理决策,这既是发展对外业务的需要,也是实行内部控制的依据。其次,按照分散职能的管理方式,明确而具体地划分每个部门的具体职责,同时要将职责落实到每个员工,形成部门之间、员工之间相互促进又相互制约、相互配合又相互监督的机制,以及时发现隐患,防止风险积累,保证安全运行。再次,制定各项具体的业务程序的和工作程序,使之准确反映各项业务和工作运行的具体规律和特点,克服工作程序简单化、表面化和片面化的倾向。另一方面,要检查和监督各项程序的严格执行,坚决克服不按程序办事的现象。应该指出,遵循程序办事,不见得各项业务就一定能控制和战胜风险,但是,如果不遵照程序办事,则必定留下隐患，积累风险，甚至发生危机。最后，建立科学透明的业绩评估系统，这是完善内部监控系统并使之充分发挥作用的关键所在。搞好业绩评估，关键在于设置合理的业务标准，建立和健全业务标准考核程序，做到掌握标准、遵循程序、公平公正、评价有据、全面准确、奖罚分明。

四、建立监督机制

在外部机制中，专门监管机构的监管是主要组成部分。随着农村民营行业结构的逐步发展和完善，在实行分业监管的情况下，银监会、保监会、证监会等金融监管当局，分别对农村民营金融中相应行业的企业，都负有重要的监管责任。有效的外部监督机制，还包括审计机构、会计机构、法律事务机构的监督，此外，新闻媒体对民营金融企业的监督作用，也是不可缺少的。在实施监管中，专门监管机构要督促民营金融企业制定并遵守信息披露制度，在信息披露的内容、时间、范围等方面作出规定，并检查其执行情况。对于农村居民、农村企业、民营金融企业股东和管理人员等反映和举报的问题，监管当局应予以重视，根据情况进行调查和处理，发挥市场纪律对民营金融的有效约束作用。为了促进农村民营金融的合法经营和健康发展，监管部门应根据需要将监管结果和对某些问题的查处对外披露。

在外部监督机制中，与专门监管机制相互配合的还有准入机制和退出机制。

农村民营金融企业准入机制的建立和完善，对于农村金融的发展有重要意义，同时，准入中的一系列规定，也是对农村民营金融企业实施监管的重要依据。当前，农村村镇银行和其他非公银行的准入原则及机制正在着手建立，需要在实践中不断加以完善。准入的原则，包括市场化原则、商业化原则、竞争性原则等，而适应性原则应作为基本原则。发展农村民营金融的根本目的，在于适应农村金融需求，促进农村经济的发展，农村民营金融机构进入前，即应规定其服务"三农"的方向，规定其对当地农村的融资额在其融资总额中所应达到的比例。在准入管理方面，应明确规定农村民营金融企业的产权组织形式，不论是采取股份制、合作制形式，都应达到其规范要求。尤其是实行合作制形式的企业，必须坚持合作制的规定，办成真正意义上的合作制金融机构，而不能有合作制之名，无合作制之实。在资本准入、人员准入和业务准入方面，都应制定明确标准。

退出机制是农村民营金融监管体系中的又一重要组成部分。在以往长时期里，我国都没有建立退出机制。《金融机构撤销条例》的颁布，意味着我国在金融机构退出方面，迈出了重要的一步，但是金融机构尚未列入破产法的范围。为了促进农村金融的健康发展，很有必要建立和健全农村民营金融机构退出机制。农村民营金融机构退出机制的构建，应坚持法制化原则，将退出标准以法律法规的形式规定下来，一旦达到标准，则必须强制退出，行政机构不得干预；坚持市场化原则，农村民营金融机构达到退出标准后，应按市场化方式和手段予以退出。建立和完善农村民营金融机构退出的审批程序，这些程序主要包括：预警程序，基层金融监管部门根据法定的农村民营金融机构预警指标，经过日常监管和指标分析，对民营金融机构提出预警，并提出相应的整改要求；初审程序，经过预警后，如果农村民营金融企业通过整改仍不能改善经营管理，且达到退出标准，监管部门就必须提出退出的建议；终审程序，农村民营金融企业的退出，需经省级监管机构终审决定，规模较大的民营金融企业的退出，则需经国家级的监管部门终审决定。从某种意义上说，农村民营金融的退出过程，是一个监管过程。在此过程中，金融监管机构对每一个具体阶段都应严格履行职责，依法认真监管，监管不力，则应追究有关人员的监管责任。对农村民营金融企业的退出监管应保持独立性，避免农村当地政府的行政干预。

第三节　农村民营金融的日常监管

农村民营金融企业既然是金融企业,对监管的内容和方式,与对公有金融企业监管的内容和方式就有共性之处,即都有合规性监管和风险性监管,都离不开现场监管和非现场监管等手段。但是,农村民营金融企业的资本规模、资产规模、服务范围、业务对策等,都与大中型公有金融企业有所区别,由此决定对他们的监管,又必须结合其风险特点,在监管内容和方式方面有其特殊性,而不能一概照搬对大中型金融机构监管的内容和方式。鉴于银行业是农村金融的主体,未来的农村民营银行是农村民营金融的主要构成部分,下面主要根据农村民营银行业的特点,探讨对其资本充足率监管、信用风险监管、流动性风险监管、资金流向监管、合规性监管、内部监控制度监管。

一、资本充足率监管

对于资本的监管,是对农村民营银行实施日常监管的重点,也是防范农村民营商业银行支付风险的重要手段。巴塞尔委员会于 2004 年 6 月通过的《资本计量和资本标准的国际协议:修订框架》,即新巴塞尔协议,被认为是国际银行业风险管理的"神圣条约"。该协议坚持并强调了银行风险监管的三大支柱性原则:最低资本金要求原则、外部监管原则和市场约束原则,进而提出了衡量资本充足率的新思路和新方法。新巴塞尔协议将最低资本充足率要求作为银行风险管理的第一支柱,规定最低资本充足率要达到 8%。中国银监会根据我国银行情况,颁布了《商业银行资本充足率管理办法》,明确规定我国商业银行资本充足率最低要达到 8%,核心资本充足率要达到 4%。

农村民营银行作为股份制商业银行,具有独立的法人地位,实行完全的市场化经营,外在的市场竞争压力和内存的经济利益驱动力,加之其资本金规模小,很容易出现资产规模盲目扩张的冲动。农村民营银行服务的空间范围较小,信贷和其他业务的集中度较高,服务对象主要是农户和中小企业,面临的风险较高。农村民营银行由于业务历史较短,资本实力较弱,经营管理不够完善,因而信用资源不充足,信用级别较低等等,因而资金融入受到较大限制,存在较大的资金流动风险,甚至支付风险。所以,保证最低资本充足率,对于农村民营银行来说显得尤其重要。为了保证农村金融的安全运行和稳定发展,农村民营银行资本充足率,应适当高于大中型银行。农村民营银行的资本充足率最低应达到10%,核心资本充足率最低要达到6%,一旦低于这一指标,监管部门则应及时警告;如果资本充足率低于6%,核心资本充足率低于4%,则应立即启动退出程序,考虑其退出。

二、合规性监管

合规性监管,是指对农村民营金融是否依法经营和合规操作所进行的监管,是民营金融监管的重要组成部分。

金融是现代经济的核心,农村金融则是现代农村经济的核心。农村金融的安全运行和稳健发展,对于引导农村生产要素的流向和流量,促进农村资源的优化配置,推动农村经济结构的优化和升级,促进现代农业建设和农民收入提高,都具有十分重要的作用。农村民营金融作为农村金融体系中不可或缺的构成部分,目前还相当弱小,但它必然在农村改革中加快成长和壮大起来,必然对农村金融和农村经济产生越来越大的影响。如果农村民营金融合规操作稳定发展,则其对农村经济金融将产生积极作用和影响;反之,农村民营金融违规操作,钻政策的空子过度投机,则其必定产生消极作用和不良影响,其结果,不仅会给自身发带来苦果,而且将给农村经济和整个金融体系的健康稳定发展造成严重损害。因此，对农村民营金融实行监管，必须将合规性监管置于重要位置。

农村民营金融的合规性监管，主要包括资金流向的监督，民营金融机构是否达到农村融资的最低比例规定；是否达到账户管理和反洗钱方面的法规要求；内部控制系统的各项规定是否得到执行，各项责任是否得到落实。这里需要强调的是对农村民营金融企业的关联交易，尤其是对民营银行的关联贷款比例的监管，应引起特别重视。农村民营金融企业大多实行股份制，它可以使股权较为分散，但总有少数大股东的股权占有较大份额，如果相互制衡不好，作为大股东的民营企业则可能通过民营银行为本企业，或为其控股的其他民营企业进行较大规模的融资。少数规模较大的民营企业，还可能介入多家农村民营金融机构，通过一系列资本运作控股农村民营金融机构，通过多种融资方式盲目进行规模融资和购并扩张。这种大规模的关联贷款和快速的产业扩张，极易导致民营企业金融风险加大、财务负担加重、资金链条拉长等一系列问题。如果某个环节一旦出现问题，整个资金链就可能断裂，其系统性金融风险就可能随时爆发。在这种情况下，他们控股的民营金融企业就会蒙受巨大的经济损失，甚至陷于关闭退出的境地。因此，对农村民营金融企业的合规性监管，一定要把防止大股东利用关联贷款套取民营银行贷款作为重点之一，绝不能让大股东把民营银行变成其提款机。

三、资金流向监管

农村民营金融企业应该立足农村、服务"三农"，增强农村经济发展的金融支持力，这是发展农村民营金融的初衷，也是所要达到的目标。因此，农村民营金融监管的一个重要内容，便是要监督农村民营银行将资金投向农村，而不能成为农村资金外流的吸管。

农村金融存在的一个突出问题，便是资金外流严重。大型商业银行实行市场化经营，出于经济效益的考虑，大量撤销县以下金融机构，限制县域分支机构对农村信贷的审批权，在信贷上进一步向重点城市、重点企业、大型项目倾斜；另一方面，他们在农村吸纳存款的经营活动并未停止，并将农村资金进一步投向城市。大型银行成为农村资金的吸管，吸得多而贷得少，许多县级机构甚至基本上不向农户和农村中小企业放贷。在大型商业银行纷纷撤出县以下分支机构之后，邮政储蓄近几年却长足发展，其存款规模仅次于四大商业银行而居于第 5 位。邮政储蓄吸纳的存款，很大一部分来自农村。过去，邮政储蓄吸纳的农村资金并不向农村提供信贷，而是全部上存央行。2008 年邮政储蓄改革为邮政银行，但是，如果没有有力的相关措施，其仍可能成为农村资金的吸管，继续成为农村资金外流的一条重要渠道。在农村金融体系中，即使是定位于服务农村市场的金融机构，对农户和中小企业的信贷也出现了不增反减现象，在许多农村地区，农业银行和农村信用社的信贷业务出现了"弃农支工、离乡进城"倾向。

农村金融市场的一个基本特点是低效性。由于农村经济较为落后，农业经济存在较高风险，农村收入总体较少，经济实体的规模化经营水平较低，农业制度尤其土地制度对农村金融产生抑制作用，农村社会信用体系很不完善等，加之农村金融自身的原因，包括金融结构不合理、经营管理水平不高、创新能力不强等，因而农村金融的有效性低，农村金融经济效益低于城市金融经济效益。农村金融的低效性导致农村经济金融出现了一系列深层次问题，其主要表现之一便是农村资金非农化问题日益突出。农村金融供给原本就存在巨大缺口，但低效性使得农村资金大量外流，这对于农村经济无疑是雪上加霜。

民营金融企业在农村建立起来后，在一段较长时期内同样面临着农村金融市场低效性的问题。农村民营金融机构出于自身经济利益的考虑,将吸纳的农村资金投向城市的现象也很可能发生,从而成为农村资金外流的新吸管。这不仅与发展农村民营金融的初衷相悖,而且将进一步加剧城乡金融的失衡,使"三农"问题愈益严重。因此,加强对农村民营金融机构资金流向的监管,防止农村资金外流和非农化现象的发生,应成为农村民营金融监管的一个重要组成部分。

第四节　把加强金融监管与支持金融创新结合起来

支持非公资本进入农村金融领域,充分发挥农村民营金融的作用,必须在加强金融监管的同时,积极支持其金融创新。金融监管与金融创新是辩证的统一体。在农村民营金融的发展进程中,必须正确处理金融监管和金融创新的关系,寻求两者的结合点,真正做到以监管促进创新,以创新改善监管,才能促进农村民营金融健康稳定的发展。

一、积极支持农村民营金融创新

金融创新是农村民营金融发展的动力之源。农村民营金融本身是创新的产物,它只有在不断的创新中才能生存和发展,才能与农村金融需求的现实情况和进一步发展的要求相互适应。如果一旦失去金融创新,农村民营金融就将失去生机与活力、优势和市场。因此,对于农村民营金融,一方面要加强监管,另一方面又要支持其创新。

农村民营金融必须大力推进金融产品创新。金融产品创新能促进农村金融产品供给的多元化,使之同多层次、多样性的农村金融需求相互适应。金融产品创新,不仅能有效提高农村现实金融需求的满足程度,而且能不断激活农村潜在的金融需求,使之加快向现实的金融需求转化。金融产品创新能促进农村民营金融机构扬长避短，发挥优势，提高农村金融竞争的层次，促进农村金融的适度竞争，推动农村金融相互合作。金融产品创新能为农村民营金融企业提高盈利能力和风险控制能力提供更大的空间，使他们能根据自身的特点和农村金融需求的具体情况，选择交易对象和金融工具，以提高资金的流动性和效益性，更好地进行资产负债管理和风险管理。金融产品创新还能不断扩大农村金融规模，提高农户和中小企业金融需求的满足程度，从而有利于改变农村金融低效性的问题，促进农村金融与农村经济之间的良性互动。

农村民营金融机构应充分发挥自身的优势，根据当地农村金融需求的特点，大力发展产品创新。农村民营金融机构具有经营业务的区域性和经营目标的集中性的特点。主要服务于农村当地农户和中小企业，对农户和中小企业的金融需求特点比较清楚，对他们的经济信息比较了解，具有信息成本优势，从而能不拘泥于传统的产品结构，灵活进行金融产品创新以开拓业务。农户和农村中小企业的信用资源少，可供抵押的资产不足，他们希望农村金融机构推出那种少抵押和无抵押的信贷产品。大型商业银行惯于提供交易型信贷产品，严格要求进行资产抵押，他们出于风险和效益的考虑，往往倾向于为大企业提供信贷，而不愿意介入农户和中小企业的信贷业务。农村民营金融企业则能突破交易性融资的限制，通过发挥其内生性、灵活性和信息成本等优势，向农户和中小企业推出关系性融资的创新产品。关系型融资产品的供给，突破了资产抵押型产品的限制，一方面为农户和中小型企业的贷款提供了很大便利，能显著提高他们的金融需求满足程度；另一方面能较大地拓展农村民营金融企业的业务空间，提高他们资金的流动性和效益性。

农村民营金融创新的另一个重要方面，是农村金融市场创新。农村金融市场，是农村金融融通资金、买卖有价证券的场所，一般由货币市场和资本市场两个部分组成。现代农村金融市场体系,理应包括同业拆借市场、票据贴现市场、回购市场、短期外汇市场、股票市场、债券市场、基金市场、回购市场、期货市场、长期外汇市场等。当前,农村经济还较为落后,因而农村金融主要是信贷市场,金融市场体系很不健全,结构非常单一。推进农村金融市场创新,对于农村金融和农村经济发展,具有重大意义。农村金融市场创新,能促进农村金融资源的优化配置,促进农村金融企业的竞争与合作,提高农村金融资本的运行效率。农村金融市场创新,能推动农村金融市场不断向广度和深度发展,扩大农村金融机构的业务空间,为混业经营的发展创造条件。农村金融市场创新,能加快提高农村金融市场的发育程度,强化并发挥农村金融在农村经济中的核心地位和枢纽作用,有利于农村金融的调控和监管。农村金融市场创新,不仅有利于拓展农村金融机构的业务空间,扩大农村金融资产规模,从而缩小农村金融供给总量与农村金融需求总量之间的缺口,而且有助于改善农村金融结构,包括农村金融产品结构、资产结构、所有制结构、市场结构和行业结构等,有助于解决农村金融长期存在的低效性、不适应性和缺乏竞争等一系列深层次问题,从而促进农村金融体系不断完善。农村金融市场创新,将提高农户和中小企业金融需求的满足程度,不断激活其潜在的金融需求,加快农村企业尤其是农业产业化龙头企业的规模化、货币化、股份化、证券化进程,加快现代农业的建设步伐,从而有力促进农村进步、农业增效和农民增收。

269

当前,农村金融市场规模较小,较为落后,与农村经济和农业生产的地位很不相称。解决好"三农"问题,已被提到全党工作重中之重的战略高度;发展现代农业、繁荣农村经济,已被作为首要任务提了出来。因此,农村金融市场存在极大的发展潜力,农村民营金融在市场创新方面具有巨大的发展空间。农村民营金融应在控制风险的情况下,大力创新信贷市场,不仅要创新短期信贷市场,而且要开拓长期信贷市场,重视农村信贷与农业生产周期的相互适应性,逐步提高长期小额农贷的比重。农村民营金融应积极创新保险市场,提高农民保险意识,促进农业保险市场与农村信贷市场的相互渗透,将农业保险与贷款保险结合起来使用,以减少遭灾农户的还贷压力,分散农业的自然灾害风险和农村银行业的贷款风险。

二、农村民营金融监管与金融创新的相互关系

农村民营金融监管与金融创新,是矛盾的统一体,两者相互影响,相互促进,具有根本的一致性。

农村民营监管的根本目的,在于防范和控制金融风险,包括民营金融机构自身的金融风险和农村金融的系统性风险,保证农村民营金融的健康运行和稳定发展,保护存款人和投资者的利益,为农村经济发展提供持续有力的金融支持。农村民营金融创新,为农村金融机构提供了更多可供选择的金融工具,能促进农村金融向广度和深度发展,从而有利于他们转移和分散风险,根据对种种金融风险的识别和预测,更安全地选择资金运用方向,更有效地配置金融资源。农村民营金融创新能突破传统的风险管理模式,即仅仅限于风险调查和风险预测的风险管理模式,它提供了许多新的风险管理手段,使真正意义的风险管理不仅具有可能性,而且具有现实性,因此,农村民营金融创新有助于促进农村金融的整体创新,为农村金融现代风险管理的形成和发展作出贡献。农村民营金融创新的推进,能密切各种金融工具、金融机构之间、金融市场之间的联系,有利于缩小金融工具的买卖差价,从而能降低风险管理成本。农村民营金融创新,一方面有利于开展农村金融之间的竞争,提高竞争水平,另一方面有助于推动农村金融企业之间的合作,在合作中扩大金融创新成果推广的规模和范围,从而提高金融创新的效果。从根本上来说,农村民营金融创新所以具有防范和控制金融风险的作用,是由于这种创新必须遵循农村金融供给与农村金融需

求相互适应的基本原则。农村金融供给与金融需求不相适应，不仅会导致局部金融风险，而且久而久之将产生系统性金融风险。当前，农村金融供给总量与需求总量、供给结构与需求结构都处于不相适应的状态，只有通过农村金融的改革和创新，其中包括支持民营金融的创新，才能提高农村金融的适应性，从而增强农村金融的有效性，这是防范和控制农村金融风险的必由之路和根本方略。

农村民营金融创新与金融监管相互作用、相互促进，两者的作用在一定条件下可以互相转化。农村民营金融的组织方式创新，有利于民营金融企业建立明确的产权关系，发展多样性的产权结构模式，改善法人治理结构，真正发挥股东大会、董事会和监事会的作用，而这些内容恰恰是金融监管的主要内容之一。金融监管能促进民营金融企业规范发展产权组织模式创新，健全法人治理结构，这对于农村民营金融企业发挥内部监控机制的功能，实现健康稳定发展，无疑具有重大意义。金融监管的重点之一是检查民营金融企业的内部监控系统是否完善，风险管理的程序和标准是否健全，风险管理的过程和方法是否有效。而这些内容正是农村民营金融管理创新的重要课题，是他们推进业务创新、控制金融风险必备的基本功。这就是说，金融监管不仅有利于农村民营金融稳健实现业务创新的金融效益，而且能促进他们防范和控制业务创新中的金融风险，从而使民营金融创新得以扎实有效地推进。

农村民营金融创新，能促进金融监管提高水平和效果。一定的金融监管制度和方法，都有其特定的金融背景和条件。当金融创新引起这些背景和条件发生了变化，金融监管也必须相应发生变化，通过监管体制和方式等创新，提高金融监管的效果，达到金融监管的目标。否则，金融监管便不能适应金融发展的需要，不能达到监管的目的和效果。农村金融市场较为落后，农村金融结构较为单一，农村金融创新不够活跃，农村金融的复杂程度远低于城市金融。与此相适应，农村金融监管相对较为简单。大力推进农村金融的改革和创新，已成为人们的共识。农村金融产品、金融市场和金融制度创新的广泛开展和深入推进，必然成为农村金融监管创新的主要推动因素，促进农村金融监管与农村金融创新相互适应，从而进一步开发金融监管的功能，提高金融监管的效率。

农村民营金融创新与金融监管，在存在根本一致性的同时，也存在非一致性。农村民营金融在促进风险管理的同时，又会产生新的风险。农村民营金融企业创新的内在动力，是为了取得更多的利润。这种内在的利益驱动，使得农村民营金融企业往往采取突破金融管制的做法，仅仅注重资金的流动性和效益性，而忽视资金的安全性；仅仅注重金融资产规模的扩张，而忽视资本充足率的要求和宏观调控的意图，这样就有可能引发金融风险。民营金融创新有利于分散和转移风险，却不可能减少风险，更不可能消除风险。农村民营金融产品创新有利于提高农村金融的适应性，但另一方面却可能加大农村金融市场的虚拟性和波动性，从而影响农村金融市场的稳定性。农村民营金融创新有利于扩大农村金融市场规模，加强不同农村地区的金融市场之间的关联度，加大农村金融市场同城市金融市场之间、农村金融市场同国际金融市场之间的关联性，这不仅使不同农村地区的金融风险相互影响，而且很可能使城市金融风险甚至国际金融风险，向农村金融市场波及。农村民营金融创新将影响和推动整个农村金融创新，促进农村金融市场结构日益复杂化，使各类农村金融市场的联系日益紧密，导致不同类型金融市场之间的界限逐渐模糊，从而可能增加不同金融市场之间的风险传染。尤其是当农村衍生金融市场得到发展后，其风险性和虚拟性很可能成为影响农村金融稳定性的因素，其系统风险一旦爆发，对农村金融和经济往往具有很大的杀伤力。显然，农村民营金融创新会产生新的金融风险，加大金融风险的传染和波

272

及,这同农村金融监管的根本要求存在非一致性。

农村民营金融创新的的一大动因是寻求新的利润来源,为此他们往往规避管制。农村民营金融创新要求监管保持一定的弹性,如果监管过于严细,则一些有价值的创新成果可能在萌芽状态即夭折,即使不夭折,也可能影响其市场推广范围和经济效益。金融监管依据的则是既定的监管条文,如果民营金融创新一旦突破有关条文规定,监管部门就将施加干预,这对金融创新是不利的。

农村民营金融创新增加了金融监管的难度。金融创新在增加农村金融市场活力的同时,也会降低市场的稳定性,增加市场的复杂性,从而使金融监管的难度越来越高。农村民营金融创新本身是个不断探索的过程。许多创新举措的推出,与既有的监管条文存在非一致性。这些创新的市场前景、风险程度如何,监管部门对此一时难以作出正确的判断,因而他们对具体的金融创新持何种态度也难以作出选择。

金融创新与金融监管的非一致性,还表现为金融创新具有主动性和超前性,而金融监管则具有被动性和滞后性,金融监管常常落后于金融创新。金融创新源于经济利益的推动,具有显性的经济效益。农村民营金融资本规模较小,经营机制灵活,创新动力较强,创新决策迅速,在农村金融创新方面往往一马当先,争先恐后。而金融监管则常常居于被动地位,在一定时间内难以适应金融创新的需要,甚至会制约金融创新的发展。

由此可见,农村民营金融创新与金融监管,是矛盾的统一体,其一致性是根本的、主要的,而非一致性是非主要的,但必须正视。把两者割裂下来,甚至对立起来,或者把两者的作用完全一致起来,看不到他们之间矛盾的一面,则既不利于农村民营金融创新的推进,也不利于金融监管的改革和完善。

273

三、把支持金融创新与实施金融监管结合起来

农村民营金融创新与金融监管，既然是矛盾的统一体，是辩证统一的关系，那么在推进农村金融和发展中，便应把他们结合起来。

实行金融创新与金融监管相结合，关键在于寻求两者的结合点。农村民营金融创新，是农村金融深化的重要内容，是提高农村金融有效性和适应性的重要路径。如果缺乏农村民营金融创新，则不仅会弱化农村民营金融的生机和活力，制约农村民营金融功能和作用的发挥，而且将影响多元化、竞争性农村金融市场的建立和发展，影响农户和中小企业金融需求满足程度的提高，从而加大农村金融改革的成本，导致农村金融业在金融全球化进程中出现系统风险。金融监管以维护农村金融安全和稳定，防范和控制农村金融风险为目的，具有控制农村金融风险、促进农村金融健康发展的功能和职责。另一方面，农村民营金融创新在分散和转移风险的同时，又会产生新的风险，其正面效应是主要的，但也存在负面效应，为此必须建立金融监管机制，以引导和促进农村民营金融创新。同样，金融监管也既能控制金融风险，又会带来新的金融风险。面对生机勃发的农村民营金融创新，如果金融监管不当，则会阻碍金融创新，阻碍农村金融效率的提高，从而引发更深层次的金融风险。金融监管不当，将会保护低效率农村金融结构，固化与农村金融不相适应的金融运作方式，弱化农村金融市场的竞争性和合作性，使农村民营金融创新成果难以推广运用，进而影响农村金融体系的完善和农村金融有效性和适应性的提高，影响农村经济发展的金融支持力。当前，农村金融创新活跃程度较低，无论是农村金融制度和金融结构创新，还是农村金融产品和金融市场创新，都处于低水平、低层次状态，其原因是多方面的，然而其中一个重要原因，则是农村金融监管滞后，没有与支持农村金融创新结合起来，因

而导致农村金融创新乏力，使农村民营金融业难以建立并发展起来。由此可见，防范和控制金融风险，是金融创新和金融监管共同的目的，也是两者共同的难点和重点。搞好风险管理，既是农村民营金融创新的需要，也是农村民营金融监管的需要，因而风险管理应成为农村民营金融创新和金融监管的结合点，紧紧扣住这一结合点，妥善处理好以下问题，才能有效把两个方面结合起来。

首先，实行适度监管，避免放弃监管和过度监管两种倾向。对于农村民营金融必须监管，监管过松不行，放弃监管更不行。但是，监管过细过严，也会束缚民营金融的创新与发展。农村民营金融企业规模较小，经营的区域范围有限，其一旦发展起来，势必形成点多面广的态势。与大型商业金融企业相比，农村民营金融企业不仅经营方式和业务策略有所区别，而且风险形式也有所不同，因此，对他们的监管，必须结合其运行特点和风险特征，采取适度的监管手段和监管措施。金融监管部门不仅要以防范金融风险为目的，而且要以支持金融创新为己任，寓金融监管于提供金融创新服务之中，在对民营金融企业情况全面分析的基础上，对其创新构想进行指导和帮助，减少行政性的直接管制。金融监管部门应实行从静态性监管向动态性监管转变，不应从静态的既有法规和条例出发，来判断民营金融创新举措，而应实行动态的风险导向性的监管，给农村民营金融创新提供自主、自由、灵活的空间。应该看到，随着农村民营金融的壮大，农村金融自由化进程的加快，民营金融创新风险产生的可能性将相应增加，风险的危害性可能加大，即使如此，金融监管也不应过细过严，而应坚持支持创新与防范金融风险并举的原则，在保证农村金融安全性和稳定性的前提下，放松束缚民营金融创新的行政限制。实施适度监管，必须抓住重点，对于农村民营金融的资本充足率、资金的流向、内部监管体系的建立和监管制度的落实等，应实施重点监管，抓住不放，而对于非重点方面的管制,则应适当放松。

其次,把金融创新与投机活动区别开来,达到既支持创新,又控制风险的目的。民营金融创新,尤其是金融产品和业务创新,极易被误认为金融投机,此种误解一旦形成,金融创新便很可能被扼杀。因此,金融监管要达到既支持创新,又防范风险目的,就必须把创新与投机区别开来。金融创新的中心是减少金融风险,提高农村金融适应性、有效性,而不是去牟取暴利。然而在客观上,金融创新一方面可以成为风险管理的工具,通过创新提高风险防范和控制能力;另一方面,金融创新也可能被用作进行投机活动的工具,以创新之名非法谋取高额利润。农村民营金融企业运用创新工具既有可能是提高风险管理能力和金融效率,也可能是为其投机活动加上一件动人的外衣。因此,监管部门要认真研究创新产品的性质,它可能导致何种风险,这种风险可能造成何种损失,对整个农村金融会带来何种影响等,这样才能较为准确地区分其为金融创新还是投机活动,进而对其采取相应的监管措施。

最后,正确区别农村民营金融企业的大违规与小违规,对这两种不同的违规加以不同的处理。金融创新往往规避既有的管制,如果事事按既有的监管条文办事,则金融创新势必难以推进。而当金融创新一旦危及金融稳定并带来一定的金融风险,这种风险又难以控制时,监管部门便会加大监管力度,采取严格的管制措施。但是,受内在经济利益的驱动,金融创新会规避管制而继续产生,这样,金融创新过程中的规避管制与加强管制便交替出现。在此过程中,金融创新成果不断经受市场检验,其创新效率不断得到提高;另一方面,金融创新推动金融监管不断与时俱进,促进金融监管不断得到改进,使其监管水平和效率得到提升。由此可见,金融创新与规避金融管制相伴相随,金融创新必定会规避某些金融管制,必定突破某些既定的管制条文,否则便无所谓金融创新;更谈不上重大的金融创新;而没有金融创新,也就无所谓金融监管与时俱进,谈不上金融监管方法的改善和效率的提高,以至于从某种意义上可以说,一部金融发展的历史,便是金融创新突破某些金融管制而不断推进的历史,也是金融监管在金融创新推动下不断调整和完善,与金融创新由不相适应到相互适应的历史。农村民营金融本身既是创新的产物,就必然要在发展中不断创新,在创新中实现发展。因此,农村民营金融在创新中必定与既有的金融监管制度存在许多非一致性。金融监管部门必须对农村民营金融创新的违规加以慎重分析,把一般违规和重大违规区别开来,进行不同处理,既要防止对一般违规的管制过细过严,从而使创新成果夭折的倾向;又要防止对重大违规放松管制甚至不加干预,从而使金融风险不断聚积的倾向。

第九章

营造农村民营金融发展的外部环境

和国有金融相比,民营金融一个显著的特点就是投资人的风险承受力弱,其选择金融行业更偏重审慎原则。因此,必须营造一个良好的农村金融生态环境,才能引导民营资本适时流入,并发挥其应有的作用。与自然生态环境一样,农村金融生态环境也是外部环境和基础条件的总和,是政策环境、市场环境、信用环境、人才队伍环境的统称。

第一节 制定和实施配套的支持政策

政策环境就是政府出台扶植民营金融发展的相关政策,消除政策歧视,在行业中体现"公平与效率并重"原则,实现各金融企业之间的利益共享与整体平衡。具体来说,有五个方面的内容:

第一,在严格监管的前提下,政府要允许农村民间金融的存在,并在政策和法律上给予其公开和合法身份,以农村现存的隐性金融,如各种基金会、私人钱庄、企业集资为依托,构建正规农村民营金融的物质基础。

私人钱庄等民间金融机构涉及许多公众的借贷活动,在一定程度上为正式金融机构尚无法发挥作用的领域融通资金作出了贡献,但由于它们未经有关部门批准,其业务活动也不受有关部门监督,很容易引发借贷纠纷和金融诈骗事件,扰乱金融秩序。因此,对一些具备一定的注册资本金,能够依法经营且履约率较高的私人钱庄等"非法"金融机构,应允许其在一定期限内转为合法民间金融机构,予以规范化,对其加强管理和监督。事实上,非正规金融的循环信用体系(相当于我国温州地区的金融会),作为一种村民自助的资金组织形式,存在于许多国家和地区,如德国、中国台湾地区等,虽然具体的形式及作用有所不同,但其目的都是为了解决中小企业和个人的资金需求。它之所以有成长的土壤,就是因为农村地区的商业金融机构获取利润小,不愿意留在农村地区,只有这种合作组织能把资金留在农业和农村。发展农村民营金融,政府应当鼓励各种有益的探索,给予其合法地位,要求其合法经营,加紧法规和监管的跟进,而不是一味地限制、打击民间金融组织。

第二,要鼓励民营资金进入正规金融机构,改变正规金融的所有制性质。农村民营金融和农村经济有天然的联系,在克服信息不对称方面具有优势,有助于防止农村金融资源外流。如果能给予民营资本正式的资格,让其参与到农村金融领域中,在自己争取到的市场内开展金融活动,将会有助于防止农村资金的外流,为农村金融改革保留资源。此外,农村金融市场的放开,还可能会吸引外来的城市资金,进一步充裕农村的资金市场,有利于增强农村金融市场的竞争性。农村金融机构民营化,有利于增强金融活动市场性、竞争性,这是因为有步骤地发展民营金融机构,能够从产权结构和制度基础保证民营金融机构经营自主性,按市场经济的客观规律运作,促进金融市场的公平竞争。政府承认基层金融机构为地方民营经济发展作出的贡献,肯定民间金融机构在突破金融管制过程中的金融创新,最好的办法是让其顺应市场需要,在市场竞争中改造原有金融机构或以民营资本为依托,组建新的金融机构。

民营资本进入正规金融机构,政府在制度设计上既可以借鉴城市商业银行的发展模式,让民间投资人以股份合作的形式加入地方中小金融机构,成立地方性股份合作银行;又可以对农村信用社进行股份制、股份合作制改造,有条件的地方可成立农村合作银行或农村商业银行,从体制上为农村金融机构更广泛地吸收社会资本金、增强服务功能创造条件。近两年,江苏无锡、江阴、张家港三市的农村信用社组建了农村商业银行,吸纳了大量民间资本,为民营资本进入金融业开辟了一条道路。政府应该进一步总结经验,在有条件的地方组建更多的有民营资本参与的股份制、股份合作制银行。

允许民营资本参与农村信用社的改造,政府应在其中起主导和引导作用。只有政府出面负担部分改造成本才能对民营资本产生吸引力。在农村金融体制改革中,最根本的改革是在所有制上打破对民营资本进入金融业的限制,依靠市场规律和政府服务机制,有步骤地开放民营银行。应当通过民营银行试点总结经验,确立和履行产权保护的责任,鼓励内生于民营经济的金融创新行为,为民营经济提供平等的竞争机会。

第三,要不断完善政策与法律环境。比如,我国民营银行在经营过程中普遍遭遇了三大问题和风险,一是绝对控股权问题。根据目前的有关规定,对于所有城市银行,除了政府以外,其他任何控股人的股份不得超过10%;但一旦政府退出,究竟由谁来控股,对此还没有明确的规定。因此,应该允许民营资本控股可以达到30%甚至更多。二是对控股人责任的界定问题,必须设定控股人无限的法律责任。目前法律还没有明确绝对控股人的责任。历史上,钱庄如果因经营不善导致严重后果,钱庄主甚至会跳楼自杀,而目前民营银行这方面的责任还不明确。此外,还应严格控制目前民营银行中普遍存在的控股人相互间的关联性，因为一旦某个大股东要将资金用作他途，他可以说服有关联的股东也抽走资金，使股东大会失去作用，并产生金融风险。因此，政府应在制度上尽快完善相关规定，将民营金融机构的风险降到最低。

要实行支持农村金融机构发展的税收优惠政策，对农村民营金融机构实行减负，降低其经营成本。通过在税收、债权保护、化解历史包袱、再贷款等方面给予优惠政策，建立持续、长效、正向激励的国家政策扶持机制。加快推进农村利率市场化进程，促进农村经济资源优化配置。要通过货币政策适时调整，增加农村地区民营金融机构的信贷资金供给，放开农村地区存贷款利率。在法治环境上，一方面大力完善立法，健全民商事法律制度，贯彻《物权法》，加快诸如《合作金融法》《农业保险法》等农村金融法律法规的立法进度，从法律上明确农村各类财产，包括农村土地、房屋、承包经营权、农业收益权等权利的担保质押有效性，健全农村主体的贷款抵押担保机制。另一方面，要加大司法和执法力度，打击逃废债行为。

第四，构建发展农村民营金融的制度保障体系。我国的农村民间金融目前处于一种无序状态，所以，引导民间资金流向，实现民间金融的正规化、合法化，发展农村民营金融需要建立一套严格的保障制度，要尽快建立民营金融组织的正常进入和退出机制及严格的监管制度。一是存款保险制度。合理的存款保险制度包括几个方面：①根据不同的经营状况实行差别存款保险费率。②银行间的互相监督机制——取消银行现有的国家信用担保机制，建立以市场为导向的社会信用机制。金融机构一旦因主观原因出现经营危机，保险机构有权要求其退出存款保险体系或由其他金融机构对其接管或兼并，把银行经营不善引起的风险降到最低程度。二是利率市场化与贷款担保制度。一方面要尽快创造条件，实现利率市场化，让资金价格来调节资金流向,实现资金供求平衡;另一方面,政府应鼓励、支持和规范民间担保公司的发展,使其更好地为民营企业融资服务,最大程度地减少民营贷款机构的信用风险。政府建立担保公司,支持中小企业发展,应充分利用和整合现有资源,而不是把民间担保公司整垮或挤出市场。三是破产清算制度。目前,我国尚未建立起统一的、完善的破产清算制度,农村民营银行作为债权人的利益得不到保障,主要表现为三方面:①国有企业适应于破产法,非国有企业适应于民事诉讼法。②破产清算要主动申请,所以,在债务人和债权人都没有申请的情况下,不能进入破产清算程序,这就为破产企业逃避债务提供了方便。③一部分债务人通过提前受偿使银行的债权不能公平受偿。债务人自己不申请破产,企业资不低债时,一部分得到消息的债权人采取诉讼手段,取得债权,提前受偿,而银行的债权则往往在进入破产程序后才开始受偿,造成了银行资金的严重损失。我国目前的破产制度不完善,影响了银行作为债权人的利益。要尽快建立包括法人企业、个体私营企业、合伙制企业、自然人在内的破产制度,完善相关法律规定和实施细则。德国《公司法》规定,一旦公司的债务超过资产,公司董事会成员应在三周之内提出破产宣告之请求,否则,他们必须承担由此延迟而引起的一切损失。我国应借鉴其他国家的经验,根据我国的具体情况,制定出相应的法规,以保护银行包括农村民营银行的债权。四是征信制度。金融监管部门应建立一个由中央银行牵头、由各金融机构参与并联合工商管理、消费者协会、税务、保险、不动产管理等部门组成的征信体系,建立包括企业法人、个体工商户、私营企业、合伙制企业、自然人在内的信用数据库。随时向客户提供有不良信用记录的黑名单,以保证金融交易中有关当事人的利益,包括存款人、贷款人、存款保险机构、信用担保机构和金融机构本身的利益。五是对责任者的惩戒制度。对于农村民营金融机构的风险,不仅来自于借款者,而且来自于机构本身,而且本身所潜伏的市场风险和道德风险更大，对社会产生的震荡更严重。如何防范民营金融机构经营者的道德风险是发展农村民营金融必须解决的问题。因此，必须对金融业经营者建立惩戒制度，设立"破产犯罪"这样的法律条文，要求金融业的经营者承担由于主观原因造成的银行损失和金融风险的责任，对其采取"列入黑名单"、"取消资格"、"限制行为"、实施经济处罚、追究刑事责任等惩戒措施，以强化其责任意识，保证其合法经营并主动防范金融风险。

第五，要减少政府包办行为，同时加强对农村民营金融的监管。在我国对国有商业银行实行股权结构多元化、投资主体多样化的同时，我国的金融改革有着体制复归的倾向。一是对城市信用社和农村信用社改造中的政府包办行为，使其具有官办金融的性质。二是新成立的股份制银行如各地的城市商业银行由政府控股，由政府官员控制，甚至像浙商银行这样标榜为民营银行的股份制银行也由政府官员出任主要职务。三是新成立各种政策性银行的呼声不断，如中小企业银行、科技银行等，各地区、各部门对办区域银行或政策性银行扶持本地区、本部门经济发展的热情空前高涨。四是贷款担保机构由政府出资，很少吸纳社会资金，承担中小企业贷款的风险。曾经的农村合作基金会之所以会在全国广泛兴起并迅速扩张乃至被清理关闭，一个非常重要的原因就是地方政府的行为失当，特别是乡镇政府对金融机构的直接管理与控制，使这些农村合作基金会成了当地的"第二财政"和地方领导的"钱包"。因此，农村民营金融组织一定是独立于政府运作的，政府不可干预其人员安排和贷款行为。发展民营金融机构，必须从思想上改变政府包办的观念，真正按市场经济体制的要求来进行金融体制的改革，而不是在碰到某些问题时马上就想到由政府出面来解决问题，最后积累的问题又不得不通过市场化的途径来解决。这样，就会增加改革的成本，降低改革的效益，延长改革的时间。

当然,在加快农村民营金融市场化的同时,对金融行为和风险的监管同样不可忽视。亚洲开发银行曾对亚洲各国小额贷款的监管进行深入的研究,得出的结论是,对小额贷款组织一般不需要审慎监管,通过行业自律就够了。但应该预测到,一些民间金融机构在放贷前即可能允诺高利率,或通过集资诈骗控制贷款利率。由于贷款行为存在不可避免的风险,对社会治安造成了很大的隐患,给金融秩序也带来不安定因素。所以,政府的监管职能必不可少。长期以来,银行监管部门对发展民营金融顾虑重重,对此,银监会提出的六条要求,可以看作是对民营银行的一种规范。这六条要求是:一是新设银行法人机构应在公司治理结构方面有所创新;二是必须能控制住关联交易和关联贷款风险;三是政府不干预银行的日常经营;四是银行发起人股东中应当包括合格的境外战略投资者;五是银行应建立自我约束、自我激励的人事管理制度,拥有高素质的专业人才;六是银行应具备有效的资本约束、资产负债比例管理约束和风险管理约束机制。

第二节　完善农村民营金融的市场环境

随着我国金融改革进程的加快,金融企业正面临由垄断型市场环境向竞争型市场环境的转变。目前农村民营金融的市场环境既是机遇,更是挑战。

一、农村金融市场环境总览

(一)农村金融市场的有机构成

1.农村金融市场需求主体构成分析

新农村建设对农村金融服务提出了新的要求,需要得到金融服务的主体更多了,不同经济主体的需求也大不相同。如新农村建设涉及三个不同层次的经济主体,即农村居民、农村企业和农村基础设施建设项目,这些经济主体性质不同、经济实力不同、风险承受能力不同,对金融服务的需求自然差别很大,而且这三个层次的经济主体,本身还可以进行进一步细分,各个细分群体的总体需求虽然相似,但相互之间还是有较多的差异,都需要金融机构进行深入分析,有针对性地进行服务。

从农村居民这个层次来说,在新农村建设中,增加农民收入是最为核心的环节,因此最大程度地满足农民的金融需求,促进农民增收,就是农村金融体系的一大职能。实际上,农民本身也有不同的层次,比如按照其经济实力,可分为贫困型、温饱型和市场型,不同类型的农民就有不一样的金融需求。贫困型农民缺乏基本的生产和生活资金,有贷款的迫切需求,但无任何抵押质押能力,贷款风险极大,商业性金融机构不愿、也不敢发放贷款;温饱型农民已初步解决生活温饱问题,这类农民一般比较讲信誉,商业性金融机构的小额贷款安全系数更高,贷款回收率较高;市场型农民指的是以市场为导向进行专业化生产经营的农民,这部分农民一般有季节性的大额贷款需求,但由于缺乏商业贷款所要求的抵押担保品,加上贷款额度较大,因此风险也较大,商业银行对其比较谨慎,这类农民的贷款需求难以得到基本满足,此外这类农民对资金结算、汇兑甚至理财也有一定的需求。农村企业和农村基础设施建设也有不同的金融服务需求。农村企业与市场型农民的金融需求有类似之处,但其资金需求相对更大,而且季节性特征不突出,虽然有一定的贷款抵押物,但变现能力远远低于城市地区的中小企业,因此金融机构对其发放贷款特别谨慎,其资金短缺问题十分突出,严重阻碍了农村企业的发展壮大。农村基础设施建设是新农村建设的一项重要内容,但社会效益大而收益小,资金需求规模大,生产周期长,是典型的公共产品。与城市基础设施相比,则缺乏政府财力的担保,收费权质押也难以实施,因而似乎难以直接获得金融机构的资金支持。

2. 农村金融市场供方主体的构成分析

我国农村地区的金融组织功能完善、各司其职，包括各家商业银行的分支机构、农业发展银行、农村信用社、保险公司、邮政储蓄、其他金融组织以及名目繁多的民间借贷，既涉及一般的商业性质的金融服务，又有政策性金融服务，但是由于受历史原因和城市金融的发展指向的影响，这些金融组织并不能满足农村经济发展的需要，也不能满足农民的借贷要求，合作型金融及民间借贷是农村金融市场明暗两大资金供给方。

（二）农村金融市场的容量及竞争性因素分析

1. 农村金融市场的资金需求测算

一方面，随着农村经济结构调整不断深入，农村经济发展的资金需求呈现刚性增长态势；另一方面，资金外流严重，信贷资金流向、流量发生了新的变化。1998 年开始国有银行大幅度收缩基层机构，贷款权限进一步上收，许多县级及以下营业网点单纯吸收存款、逐级上存，再加上农村地区的邮政储蓄机构的"抽水机"效应，导致农村资金以每年 3000 亿元到 6000 亿元的速度外流，造成了农村金融的严重失血。农村经济对信贷资金需求量的刚性增加趋势与农村资金外流之间的矛盾十分突出。据有关部门统计，目前全部满足"三农"的贷款需求，每年约在 1 万亿～1.5 万亿元，而目前农业贷款每年只有 2000 亿元，仅占全国贷款余额的 5% 左右，乡镇企业贷款占全国贷款余额的 6% 左右，而这总共不足 11% 的贷款创造了超过全国 40% 的社会财富。据测算，每年全国农业贷款总需求量（含隐性需求）大约在 5 万亿元左右，其中 2.3 亿农户平均每户按 1 万元计算为 2.3 万亿元，农村企业、农副产品加工业和农副产品营销业平均每年贷款需求约在 2.7 万亿元。由此看来，现有农村金融组织只能满足农贷需求的十分之一。全国人大常委会金融支农调研组的调研情况表明，全国金融支农存在信贷资金不足、农村资金外流严重、农户贷款难、贷款满足率不高、小额信用贷款不完全满足农户需要、金融机构提供的服务比较单一，尤其是农业保险严重滞后等多个方面的问题。现在的农村金融体系从整体上看，已经不适应农村信贷的特点和农民的金融需求。农村资金供求失衡状况严重，巨大的资金缺口为民营金融的发展提供了广阔的市场。

2. 农村金融市场的几大约束性因素

农村民营金融在面临正规金融组织服务真空地带的前提下，政府政策的支持无疑是其发展的充分条件。2004年的国家一号文件和随后几年陆续出台的文件已经表达出允许农村多种所有制金融生存的政策意向。在国家放开农村金融的良好环境下，因利益驱动必然会有大量的供应者进入民营金融这片沃土，从而为我国农业经济飞速发展和农民增收创造良好的氛围，这也是解决"三农"问题和使农村民营金融获得健康发展的前提和基础。

但是，广阔的农村金融市场并非一个规范的市场，诸多的制约性因素不容忽视。①作为现存的农村金融主力军的农村合作金融机构风险管理能力限制了支农作用的发挥，资金供应的操作无法与新形势下的资金需求形成共振，也导致了农村金融市场的扭曲。②农业发展银行业务范围狭窄，功能单一，无法成为农村金融市场健康发育的"引导者"和民营金融的经营标杆。早期农业发展银行还承担着以固定资产贷款为主体的各类农业开发和技术改造贷款等生产性贷款和扶贫贷款等功能，目的是改善农业生产条件和促进贫困地区经济发展。但后期由于政策调整，农业发展银行仅是在农产品收购方面发挥着政策性金融组织的作用，其业务功能单一地退化成"粮食银行"。③地下金融活动冲击了正常金融，使农村融资体系呈现畸形态势。④国有商业银行将农村吸储资金大量上存，引发了农村金融市场中资金供给的"大面积荒芜"，农村民营金融面临资金来源"危机"。一是国有商业银行上存资金大幅度增加,尤其是县域银行资金"上流"更为严重,与县域经济的发展极不相称。二是邮政储蓄向农村大量吸储。农村资金大量逆流回城市,导致对农村信贷投入不足,使农村民间借贷异常活跃。⑤农村金融制度无法满足农村金融市场对金融创新和服务的新要求。近年来,随着农村工商业的迅速发展和市场化程度的提高,农村经济对金融服务的要求趋向多样化。但是大多数农村金融机构要么无视农村经济主体对金融服务的新要求,要么缺乏产品创新能力,金融业务仍然以传统的存贷汇为主,缺少针对农民、农村中小企业和农村集体经济组织的产品服务创新,不能完全满足农村经济发展的需要。此外,能够提高农业和农民抗风险能力的现代金融组织和服务发育不足,如适合农业产业化企业和农户的农业保险、农产品期货等迟迟不能普及推广。⑥外资觊觎农村金融,可能成为农村金融市场的新"引领者",对民营金融的业务扩张造成了隐性威胁。2005 年,美国"行动国际"、ASA、IFC 等机构纷纷参与小额贷款公司竞标,是外资机构觊觎中国农村金融的一个缩影。外资对中国农村金融市场的热情由来已久,迄今为止,包括汇丰银行、花旗集团在内的诸多外资金融和非金融机构,在中国设立的公益性信贷机构已达 300 个左右。从 2005 年开始,有关外资金融机构欲参股中资金融机构的消息不绝于耳——澳新银行拟投入 1.1 亿美元收购天津银行19.9% 的股权,并计划投入 2 亿澳元(1 澳元约合 0.7439 美元)换取上海市农村商业银行约 20% 的股份;荷兰合作银行有意与辽宁农村信用社结盟;IFC 也把进军农村金融作为在中国的主要战略。外资金融机构的战略眼光十分长远,他们并不在乎一时的得失,看重的是中国农村金融未来的广阔市场。目前,外资进军农村金融领域的投入相对来说并不多,即便损失了,亏损额也不会很大。凭借现有的小小投入,他们已经在中国的农村金融领域伸出了"一条腿"。

（三）农村金融市场发展走势预测

培育健康多元的竞争性农村金融市场环境是农村经济金融和谐发展的必然要求，是农村民营金融企业提升服务水平、增强竞争能力的现实需要，也是党中央、国务院推进社会主义新农村建设的有效举措，是加快农村金融体制改革、支持和促进"三农"发展的客观趋势。随着竞争性农村金融市场的逐步建立，农村金融环境将呈现如下变化：

1. 多样化竞争性市场将推动农村金融服务供给扩大、效率提升

随着农村金融市场准入条件的放宽，多种所有制的金融机构和小额贷款组织将落户农村，加之民间借贷从台下规范后走上前台，农村金融市场将呈现组织多样化、竞争交错化的格局。这种竞争性市场逐步形成并不断扩大后，所有农村金融市场竞争主体之间的同业竞争将日趋激烈，尤其是在业务交叉领域和高收益品种上的竞争将更为明显。但应当看到，竞争将带来效率，推动农村金融市场竞争参与者竞相创新金融品种，改进服务方式，提高服务质量，扩大资本供给。这将是打破市场垄断后最为明显的变化。

2. 市场调节促使农村金融机构分工日趋合理、优势各自发挥

通过市场这只无形的手，业务触及农村的各金融机构必然将机构、资金、人才向自身优势业务区域倾斜集聚，以寻求资源配置最优化、经营利润最大化。农业银行将回归农村打造"具有县域金融特色的全国最大零售银行"，小额贷款将成为一项主打业务。其他国有商业银行由于对农村乡镇情况不明，业务重点将主要集中于县级以上城市，农村金融市场开拓对象主要为优良中小企业。政策性银行将调整职能定位，商业化运作倾向开始加强，业务功能范围将明显扩大。农业发展银行将重点支持农业产业化大项目、大企业，开展企业存款、代理保险等业

务。国家开发银行除支持农村基础设施建设和农业资源开发外，将开始参与县域中小企业信贷市场，悄然涉足农村金融市场。新成立的邮政储蓄银行储蓄资金自主运用范围扩大后，将借助网络优势和基层吸储优势，从小额信贷业务入手，从而加剧农村金融小额信贷市场的竞争。此外，民间借贷等"草根金融"一旦规范管理，也将成为农村金融市场中一支活跃的力量。竞争性农村金融市场建设到位后，当前合作金融支农能力有限、国有商业银行贷款限权、非正规金融无合法地位的状况不复存在，功能完善、分工合理、产权明晰的农村金融市场体系将真正建立。

3. 农村合作金融竞争能力将提升，主导而不垄断地位将长期稳固，将成为农村民营金融发展的主要竞争者和市场环境培养的积极支持者

培育竞争性农村金融市场将直接打破农村合作金融垄断地位，但并非简单地削弱合作金融功能，而是试图通过培植竞争对手增强其竞争能力，更好地发挥农村金融主力军作用。通过组织形式改革、治理结构完善、服务功能增强、管理水平提高，具有先天优势的农村合作金融竞争能力将得到明显提升，农村金融市场主导作用越加突出。这是农村商业金融、政策金融和其他非正规金融无法替代的。

4. 金融监管力度与农村金融市场良性规范发展水平同步提高

农村金融竞争性市场形成后，各市场主体间出于竞争和获利需要，必将与金融监管之间形成更为紧密的博弈关系。这一方面对金融监管提出了全新的挑战，另一方面也促进了农村金融市场竞争方之间的相互监督。通过金融监管和同业监督的加强，竞争将逐渐步入良性规范的轨道。尤其是对邮政储蓄、民间借贷、小额贷款组织、农户资金互助组织和其他多种所有制社区金融机构等非正规金融的监管将明显得到加强，农村金融市场

将得到逐步净化和规范,农村金融的风险防范水平将得到明显提高。

二、建立农村金融有效市场环境的对策

要促进农村民营金融的发展和壮大,必须建立农村金融的有效市场环境。要健全农村金融组织体系,调整和优化资源配置,打破农村金融市场的垄断格局,建立开放、有序、竞争的农村金融组织体制。

(一)明确农村合作金融的地位,使其真正成为农村金融市场的主导力量

1. 政府应适当退出

政府应以政策导向、提供服务、协调关系等为主,从而为农村信用社的健康发展提供相对宽松的环境。

2. 要明确农村信用社的法律地位

西方大多数国家的合作金融是在相关专门立法通过之后得到蓬勃发展的。美国有《联邦信用社法》及各州颁布的关于信用社的法案,日本有《农业协同组合法》《农林中央金库法》两部综合性的农村合作金融法律。这些法律保护和指导着合作金融的健康发展。在我国,由于缺乏法律依据,有关部门对农村信用社的监管也是比照商业银行法执行,将商业金融和合作金融混为一谈。因此,在深化农村信用社改革进程中,应尽快制定《农村合作金融法》作为配套措施,对农村信用社的性质、地位、组织形式、权力义务及其与社会各方面的民事关系以法律形式确定下来。

3. 借助舆论宣传,重塑农村信用社在农民中的形象

我国自20世纪50年代实行的农村信用社其实是集体经济所有制形式,它否认了个人财产所有权,农民财产归集体所有,最后形成吃大锅饭的局面,农民对合作社产生了很多认识上的误区。在信用社改革中,观念的转变至关重要,首先得让农民对

农村信用社有正确的认识,重新塑造农信社在农民中的形象,这样农民才会心甘情愿地支持和发展农村信用社。政府可以通过各种媒体宣传合作金融实行的真正原则、意义以及国外合作金融的丰富成果。

4. 政府应责成和协助信用社转变管理机制

包括:①强化约束机制,完善法人治理结构。解决内部人和外部人控制问题,建立现代企业的管理机制。在内部,明确社员对信用社法人财产最终所有权和经营管理层对法人财产权的独立经营权,探索对经营管理层的激励约束机制,改革薪酬机制,防止经营管理者的短期行为和道德风险。在外部,政府对农信社的管理应逐步淡化,把信用社基本决策权交给所有者、理事会和其任命的经营管理者。②提高人员素质,加强队伍建设。要借改革之风,不断完善农村信用社人力资源管理体系,增强内部活力,同时积极引进高素质人才,为农村信用社改革发展献计献策,真正发挥其应有的作用。③加速农村信用社电子化建设。在尚未实现计算机联网的地区,要积极创造条件,争取实现业务网络化运作,例如加快办公自动化系统建设、加强管理决策信息系统建设等,提高金融服务效率。

总之,必须立足现实,通过政府政策导向、明确法律地位、完善法人治理结构、加强队伍建设、引进先进技术等方面重构现有的合作金融性质的农村信用社,使其成为真正意义上的农村合作金融组织。在改革过程中,需要政府、农民、农信社管理者等各方面共同协调好各方利益,以大局为重,避免"穿新鞋走老路"的现象发生,确保改革能推动农村信用社真正成为农村金融市场的主力军。

(二)科学构建农业政策性金融支持体系

1. 拓宽农业政策性金融的资金来源

目前,我国农业发展银行的资金来源单一,主要是央行再贷款形式。央行目前正努力试图改变这种资金供求体制,以切断政策性资金需求与央行基础货币的直接联系,保持央行货币政策的独立性。央行提供给农业发展银行的再贷款,已由1997年的8167.79亿元调减为2005年年初的5699亿元。从2004年7月开始,农业发展银行首次以市场化方式发行政策性金融债券,截至2005年9月,累计发行17期金融债券,共筹集资金1901.7亿元。此外,还利用政府担保从国际金融组织和外国政府获得低息优惠贷款,从而降低资金成本。

2. 随市场变化灵活调整农业政策性金融的资金运用

我国农业政策性金融机构与外国的农业政策性金融机构相比显得不够灵活,主要还是支持粮、棉、油收购和一小部分的扶贫、开发贷款。因此有必要学习国外经验,随市场变化调整农业政策性金融服务的内容,在缩减粮食收购资金金融支持的同时转而支持农业生产结构的调整,较大比例地提高对农业开发、生产、产业化服务等的贷款比重,对经济与生态能协调发展的农、林、渔业等一些获利能力较低的生产经营项目给予低息贷款的支持,提高农民的收入水平,促进生态环境的改善与农业的可持续发展。

3. 制定农村政策性金融法规,完善监管

必须加强农村金融的立法工作,在规范政策性银行经营行为的同时,明确界定其与政府、央行、商行、企业等各方面的关系,摆脱外部客体超越法规的干预,维护自身的合法权益,保障资产的安全。有关法规应包括两个层次:一是国家制定的政策性金融机构法;二是各类政策性金融机构或主管部门制定的内部规章制度。这类法规是国家专门法的补充和具体化,如贷款项目评估办法、贷款审批收放程序、贷款风险防范和管理办法、委托代理机构资格和职责规定等。要加强对农业政策性金融的监管,就应建立多元化、全方位的农业政策性金融监管体系,突出中国银监会的权威性,完善中国银监会对农业政策性金融的监管。

（三）建立开放、有序、竞争的农村商业金融市场，形成农村合作金融与商业金融的协调竞争环境

在真正形成农村合作金融体系的基础上，对于有条件的地区，应着手发展农村商业性金融，以利于农村"大金融"框架的构建。在完善农村金融市场的准入和退出机制的基础上，将经济发达县（市）农村信用社，改造为商业性金融机构，完全按市场化运作；鼓励组建民营的小额信贷银行、合作银行等多种形式的农村金融组织，在经济、金融基础较好，民间借贷发达的市（县），鼓励组建农村民营商业银行。国有商业银行股份制改造基本完成以后，对于部分国有商业银行设在农村的分支机构，在明晰产权的基础上，鼓励其他法人、自然人参股。

农村合作金融组织的发展，构成了对农村商业金融的竞争，同时也为商业金融组织在农村市场的存在提供了条件，真正表现出了对立统一关系。农民互助合作金融组织的发展，会加快农村合作经济的全面发展，农户的单元经营体制，会被新的统分结合的合作经营体制所代替，而商业金融由于有了合作经济组织的存在，其运作资金的成本会比分散经营的农户成本低，同时由于农民组织经济联合体抗拒市场和自然风险的能力显著提高，相应的投放资金风险将减少，在农村长期资金供给短缺的情况下，合作组织的发展为商业金融提供了巨大市场和规模经营的条件。由于农民互助合作金融的示范作用和竞争压力，一部分商业金融组织也将主动和农民合作经济组织相结合，成为有活力的金融主体。随着资金、劳动力、土地和市场的联合，农民由过去分散状态下被动的适应市场和盲目的结构调整，开始转变为主导市场和按照专业化生产要求进行分工分业进行协作生产，农民收入会持续增加，为金融的发展注入了新的活力，金融的发展又持续地支持着农村经济的发展，从而带来整个农村社会的繁荣。

（四）尽快建立政策性农业保险组织体系

结合我国农村实际和参照发达国家的农业保险做法，组建全国性政策性农业保险机构。将国家对农业自然灾害的救济、补贴方式转化为农业保费补贴方式，为建立适应市场经济体制的农业资金投入机制创造良好环境。

1. 建立政策性再保险公司，支持商业保险公司从事农业保险

政府要通过再保险公司支持现有商业保险公司开展农业保险业务，扩大农业保险经营范围；尤其要鼓励商业保险公司代办政策性农业保险业务，探索走政策支持、商业化经营道路；各级财政设立专项资金对商业保险公司开展农业保险业务给予适当补贴或通过政策性再保险公司对商业保险公司开展农业保险业务进行再保险。再保险公司代行国家支持农业保险的职能，应实行单独列账、单独核算的内部核算体制。再保险公司在经营过程中，如因经营农业保险造成亏损，应在政策上允许其申请一定额度的银行无息或低息贷款，用于赔款之需。如遭受连年自然灾害的损失，突破银行贷款额度，国家财政应给予资金的支持，或采用其他的财政手段予以支持。

2. 支持农民和农业经营组织建立为农民生产服务的互助保险合作组织

政府要通过减免营业税、所得税等优惠办法，扶持其发展壮大。具体讲：①应免除经营种植业、养殖业保险业务的全部营业税和所得税，经营农民人身意外保险的业务依法纳税；②对农业保险经营的主体的盈余，可在一定期间内适当减税，以利于经营主体增加准备金积累，降低保险费率，提高农民保险费的支付能力；③应允许经营主体从经营盈余中扣除一定比例的资金作为保险准备金，并在税前扣除，以增加经营主体的资金实力；④盈余的分红不应再纳税。

3. 积极引进外资农业保险公司

充分利用外资公司在农业保险方面的管理经验、技术力量

及高素质人才,为中国农业保险发展注入新的活力。尤其要制定相关优惠政策吸引国外保险公司在我国粮食主产区设立农业保险机构,不断提高农业主产区的农业可持续发展能力。

4.建立农业巨灾保险基金

农业保险风险非常大,如果全面开展农业保险,政府可能难以承受巨大的补贴负担,建议中央和省市两级建立农业巨灾保险发展基金,用以支付农业巨灾保险的补贴,以形成健全的农业保险风险分散机制。农业巨灾保险发展基金的筹集可采取政府投入为主、吸收社会资本投入的多种方式、多渠道筹资方式;政府也可以通过发行农业保险债券筹集巨灾保险基金。以中央和省市财政支持为主建立的中央级和省市级农业巨灾保险基金,主要用于补贴保险部门和再保险部门的超额赔偿款及补贴农民的部分保险费。

三、培育农村资本市场

就像城市经济需要金融市场的支持一样,建立和发展农村民营金融体系同样离不开农村资本市场的支持。一方面,资本市场为所有的企业包括民营金融企业提供了一个资金获得和资本退出的渠道。另一方面,资本市场通过特殊和科学的公司治理制度完善了企业的内部管理,实现了企业利益和投资人的利益最大化。同时,农村资本市场也是农村金融市场的重要组成部分。

(一)资本市场不只是解决农村民营金融企业的融资问题,而是实现农村金融综合竞争力提升、农村金融产业结构战略调整的重要前提

1.资本市场有利于促进农村民营金融企业以资本为纽带的利益机制的形成

大量的对城市金融的调查表明,金融企业只有推行股份制和股份合作制,让投资人以股东的身份参与到企业经营中去,并

通过在资本市场上运作,建立起内部产权相互持股、参股、控股关系,才能形成以资本为纽带的利益关联机制,形成民营金融企业各投资主体之间的利益共同体。

2. 资本市场有利于突破农村民营金融企业的资金制约瓶颈

目前我国农村民营金融的资金来源以私人资本为主,财政和国有银行只能在服务上提供支持而支持力度相对有限。对于合作金融企业,从严格意义上来说,资金来源应该是农民的少量积蓄。相对于国有金融企业,民营金融企业更存在资金断供的问题。因此,发展民营金融企业的投入资金就只有运用有效的直接融资手段,调动城乡居民手中掌握的资金。因为,资本市场的首要功能就是筹资功能。特别是股票市场融资数额大,同时还可以通过配股和增发新股,连续不断地筹集资金,更重要的是筹集的资金可以长期使用,无需偿还。这是保证金融企业稳定业务、降低风险、改善财务指标的关键。

3. 资本市场有利于加速民营金融企业的机制转换

经过股份制和股份合作制改造,金融企业可以明晰企业产权关系,转换企业经营机制。经过股份制改造后的龙头企业一般有非常规范而明晰的法人治理结构,能够保障企业产权机制的落实和委托代理问题的妥善解决;投资者可以用基于其股东的投票权行使作为投资者的权力,对企业施加影响,形成对企业决策的内部约束;同时还可以通过在股票市场上的“用脚投票”来表达其对企业的投资选择,形成对企业经营的外部约束。二者的相互作用,共同约束着企业经营者的行为。此外,经过上市环节后,民营金融企业还有相对完善的信息披露制度。企业经营绩效和财务信息的公开披露,保证了投资者“用手投票”的内部约束和“用脚股票”的外部约束的实施。

4. 利用资本市场可以提高农村民营金融企业的资源配置效率

通过资本市场,金融监管部门可以在规划制度上把好布局关,真正做到突出重点,择优扶强。因为,利用资本市场可以凭借资本强烈的利润追逐动机,促进资源的自由合理流动;机构可以通过资本市场进行大范围的兼并收购、资产重组和产权交易运作,走金融集团化、规模化道路,这样既能促使农村重点金融企业规模的形成,又能够解决重复建设的遗留问题,优化行业结构、优化存量资产配置。

5. 资本市场能改善农村民营金融企业的经营业绩

农村民营金融企业改制上市以后,通过证券媒体对企业的宣传、推荐和数千万股民对企业的关注、了解和传播,大大提高企业的知名度,有效增加企业的无形资产,对企业招商引资、合资合作、产品创新和衍生品销售都具有十分积极的意义。

6. 促进农村金融结构的战略性调整

资本市场的资本运营是产业结构形成和发展的重要力量,也是产业结构调整的有效手段。因为资本市场可以通过已有的企业股权的收购、兼并、重组,完成资产的交易、转移和增值,完成发现价值、创造价值和实现价值的过程,实现企业低成本战略扩张和优势互补。资本市场通过资本运营从存量调整和增量调整两个角度快速切入,改善现有不合理的产业结构,使产业结构更趋合理、优化和高效。

(二)培育农村资本市场、发展农村民营金融企业的途径选择

为了推动农村民营金融的发展和壮大,进而实现农村金融的国际化、现代化,利用资本市场推进民营金融应从以下几方面入手:

1. 更新观念,确立资本市场理念

在中国的投资领域中,农村金融是最大、最后的有待开发的市场,也是最有前途、获利较高、风险较大(基于行业考虑)的投资产业之一。21世纪是中国金融全面融入全球、向现代化迈进的历史时期,因此,支持起步高、结构优、规模大、素质好的金融

类企业上市,是依托资本市场、发展大金融,是金融走向科技化、集团化和国际化的正确抉择。中国金融监管部门历来对金融企业上市支持有加,制定了较多的相关规范和鼓励政策。同时,金融板块的影响力、大市值交易和高成长高定位,将进一步证实中国金融产业是证券市场、乃至整个资本市场最具开发潜力的增长点,是应当予以积极支持、重点倾斜、加速培育的产业领域。利用资本市场推进农村民营金融企业组建和上市是个新生事物,在我国才刚刚起步。对此,我们要大力宣传《证券法》,普及资本市场知识,不断提高人们运用资本市场,推进农村民营金融经营的能力。

2. 积极推行股份制和股份合作制,强化农村民营金融机构经营中的利益关联机制

对于经济发达地区,可由政府牵头,利用当地的民营企业和个人的资本优势,在部分利用当地金融资源(如优质客户、窗口等)的基础上,直接组建股份制或股份合作制民营金融企业,引进人才进行规范化运作逐步达到上市条件。或对当地原有的金融组织进行股份制改造,引入民营资本,实现民营资本控股,这是农村民营金融企业从组建到规范经营,再达到上市条件的最便捷途径。通过形成你中有我,我中有你的紧密结合的利益机制,建立起企业内部名副其实的"利益共享、风险共担"的利益共同体。

3. 利用股票市场,造就农村区域性甚至全国性的民营金融重点企业

应充分利用境内外股票市场,培育和扶持农村重点金融企业上市,形成一批实力强、影响大、辐射面广、带动力强的巨型企业,造就农村民营金融队伍的中坚骨干是推进农村金融发展的重要途径。对此,相关主管部门对农村金融类上市公司的审查具有举足轻重的作用,其审查的核心内容不应当是金融企业的规模和历史业绩,而应当是:金融企业是否是当地"三农"经济

的重要支持力量,是否拥有一定的金融核心资源,其发展战略是否具备可行性,企业内部是否形成了"利益共享、风险共担"的利益机制等。对于民营金融龙头企业或上市公司来讲,都存在利用资本市场对现有的内部治理不足进行改造和提升企业的问题。因此,只要不是企业内部的根本性问题,监管部门应该在防范和控制风险的前提下,放宽农村民营金融企业的上市条件,让资本市场造就农村民营金融"航母"。

4. 培育农村产权交易市场,盘活农村金融资产

经过新中国成立后合作金融几十年的发展,我国农村已积累了大量金融资产,但这些资产由于种种原因处于低效率或无效率状态,甚至完全闲置或大量流失。随着合作金融改革的深入,民营金融企业的形成和发展,原有合作金融企业面临的竞争必然更加激烈,经营形势也更加严峻,市场竞争必然伴随着企业的关停并转,农村金融的产权交易因此成为了大势所趋。这些都需要有规范化的产权交易市场作为中介。目前,日趋频繁的民营企业收购和农村金融资源整合为产权交易市场提供了十分广阔的发展空间。同时,大力开发农村产权交易市场具有十分重要的现实意义。第一,可以盘活农村巨额集体资产,为推进农村金融结构调整提供中间媒介,以有效遏制农村金融改革过程中的重复建设问题。第二,可以促进农村经济结构调整,为农村资产重组,兼并收购创造有利条件,从而促进证券市场与产权交易市场的共同繁荣,推进农业产业化经营的发展。

5. 贯彻"强化管理、注重引导、优化服务、加强协作"原则,为充分利用资本市场推进农村民营金融创造宽松环境

(1)强化管理。随着农村金融改革的深入发展,管理任务越来越重,各级政府要切实抓好重点金融企业的管理工作,通过有效管理,确保新上一个企业,成功一个企业;扶持一家企业,成功一家企业。特别是在组织实力雄厚、发展强劲的民营企业上市方面,管理工作更要主动、细致。

（2）注重引导。第一，抓好政策的支持、引导。对中央和省市政府已经出台的有利于农村民营金融企业发展的各项政策，要切实贯彻落实。有的政策要根据变化了的情况及时进行调整。第二，抓好制度的完善与保障。要将民营金融建设逐步纳入规范化、法制化的轨道。明确重点金融企业的自主权，保护其合法权益；明确金融中介服务组织的资格、条件、权利、义务、经营范围、收费标准及法律责任；要建立健全金融管理的约束机制，保证各方面都能正确行使权利、履行义务、承担责任；要逐步建立比较规范的市场体系，明确市场主体的权利、义务、交易规则等，以促进民营金融的规范发展。

（3）优化服务。各级各部门要按照"市场金融"的要求，切实转变职能，做好服务工作。在服务组织形式上可以不拘一格，自由组建。

（4）加强协作。农村金融业务涉及的部门多、集中度低、经营风险大。政府要在计划审批、税收管理、资金利用、土地征用、企业上市等方面要加强协同配合，及时为民营金融企业排忧解难。力争在当地或全国范围内真正形成一种推动、参与、服务民营金融的良好氛围，形成一种利用资本市场推进农村民营金融的坚强合力。

第三节　建立和完善农村社会信用系统

民营金融机构对信用风险的敏感度要高于国有金融机构，更适用审慎性原则。农村社会信用的状况会直接决定民营资本的行业投向，对农村民营金融的起步和发展形成源头性的影响。因此，农村信用环境和农村民营金融发展的相互关系，可以概括为：前者是前提和保障，良好的信用环境是农村金融实现可持续发展的必由之路。

一、我国农村金融信用环境建设的主要问题和难点分析

当前,我国农村社会经济生活中的金融信用缺失现象相当严重,一些企业和个人利用各种手段和方法恶意拖欠,逃废金融机构债务或诈骗资金,失信现象日益增多,严重制约了农村金融信用功能的发挥,大大提高了金融机构的经营成本和风险,极不利于信贷资源的优化配置和社会主义新农村的建设。因此,加强农村社会金融信用环境建设,提高全社会金融信用意识,已成为当前我国农村金融改革与发展面临的一项重要任务,必须高度重视。

(一)当前农村金融信用环境的四大表现

1. 拖欠逃废金融机构债务甚至诈骗资金现象相当严重

从企业方面看,其拖欠、逃废金融机构债务已达到历史高峰。仅以企业为例,目前在农村金融机构开户的改制企业中,经过金融债权管理机构认定的拖欠、逃废债企业占企业总数的60%,占企业贷款本息的40%。另外,近几年一些企业或个人利用金融票据诈骗也相当严重,给国家和信用社造成重大经济损失。企业、个人拖欠、逃废债务及诈骗资金,不仅造成农村金融机构不良贷款比例升高,增大了运营风险,影响到金融资源的配置效率,而且使我国长期以来面临的信用不足及由此导致的经济秩序失衡问题更加突出,直接威胁到国民经济的健康发展。

2. 全社会尤其是农村尚未牢固树立金融信用意识

目前我国经济正向社会主义市场经济转变。根据市场经济是信用经济、契约经济的定性,它要求全社会都必须讲究信用,以诚信作为行为准则。然而,由于转轨时期人们认识的局限、不良习俗的惯性及追逐利益的取向,一定程度上给人们的思想带来了负面影响,使人们的信用观念淡化,导致违约、违规、逃债、赖账、诈骗等失信的现象屡见不鲜,严重阻碍了社会主义市场经济建设的进程。这犹如空气污染,破坏了市场经济环境,扰乱了

市场经济秩序,也影响精神文明建设和社会进步。因此,农村金融信用问题已成为制约我国农村经济发展的重大问题。

3. 金融信用评估机制建设缓慢

根据西方发达国家的经验,建立客观公正的金融信用评估机制,能够有效地遏制企业和个人不讲信用的行为。但在这方面,目前我国做的很不够,在农村,对资金消费者的信用评估更是一片空白。坦率地说,目前我国尚未建立起科学合理的金融信用评估体系,城乡信用社、会计师事务所、审计部门、司法等部门,并没有形成合力,联手作战,而是站在各自的角度,按照不同的理解,审视企业或个人的资信,往往给出不够系统全面的企业或个人资信判断,即在信息生产环节不严格,造成虚假信息盛行,致使信贷资金出现风险。同时,在企业内部,也没有能够建立起信用管理部门,使金融信用失去了微观基础。企业不当授信和受信企业缺乏信用管理而违约现象经常发生,对信贷资金构成了严重威胁。总之,由于目前我国金融信用评估机制不健全,企业和个人的信用状况得不到科学、合理的评估,市场不能发挥对信用状况的奖惩作用,企业和个人便失去了金融信用建设的动力。由于农村金融市场的消费者较大部分是个人,信用评估不仅牵涉面较广,而且技术操作上的难度相比城市大得多。

4. 涉及农村金融信用的法律法规不健全

市场经济也是法制经济。通过立法的形式实现对企业及个人的资信进行管理,才能确保金融信用制度的建立和信用法规的实施与落实,用法规的方式来约束规范人们的信用。但是从目前我国实际情况看,目前尚未有针对农村金融机构的相关法律,取而代之中国人民银行制度并负责实施的一些规定以及各级信用社参照中国人民银行拟订的范本制定的章程,这些规定和章程的法律效力比较低。而在《民法》《保密法》《合同法》《商业银行法》《企业管理条例》等法律法规条文中,尚无有关金融信用的法律条例,这就使得农村金融机构在金融信用管理方面无法可依,企业和个人违法乱纪现象屡禁不绝,导致金融资产的大量流失。

（二）农村信用环境建设的几大难点

长期以来,农村金融机构虽采取多种措施进行清收,但不良贷款余额和占比仍居高不下,根本原因是农村信用环境差,金融机构与地方有关部门也在不断努力进行整治,但收效不大,其难点在于:

1. 农村借贷缺乏严格的法规制约

以农村信用社为例,农信社与贷款户以签订合同方式形成借贷关系,借款人到期不归还贷款只能履行合同相关条款,借款人如违约,即便信用社依法起诉,法院也只是形式上的判决,执行起来相当困难。无论贷款金额多大,只要借款人不涉嫌犯罪都不能追究其刑事责任。说穿了是农村信用社拿债务人没办法,从而导致部分个体"老板""农民企业家"用贷款转嫁经营风险。

2. 借款人缺乏足够的市场风险意识

由于我国农民长期处在计划经济模式管理生产经营状况下,对市场经济不很适应,尤其对市场风险缺乏足够认识。突出表现在选择生产项目上不作科学的市场调查,盲目跟风,结果造成市场供大于求,价格下降,导致整个行业经营困难,归还贷款也就成了泡影。

3. 政府行政干预、"点贷",干扰了正常的农村金融秩序

一是个别地方政府为了引导农民快速富起来,以突出政绩,搞些带有"形象工程""政绩工程"色彩的项目,不惜花力气找上级金融主管部门领导跑贷款,使基层农村信用联社在被动、违心、无奈情况下发放贷款。比如前几年发放的大棚贷款,农民在政府部分干部的误导宣传下,错误地认为是政府的帮扶行为,结果效益普遍较差,农民归还贷款出现困难,即使少数效益好的贷户也不愿意归还贷款本息,个别地区甚至出现集体抗还现象,致

使其他项目贷款回收也受到不同程度的影响。二是党政干部借款，"私借公用"和村级债务形成的不良贷款清收难度较大，对社会公众带来较大负面影响，对清收普通百姓的沉淀贷款增加了难度，使区域性信用环境进一步恶化。

4. 社会闲散人员强行贷款增加了信贷资金的风险度

市场经济带来的贫富差距和人们追求物质生活的享受欲，以及社会上一些丑恶现象的泛起，给农村金融秩序和平稳运行增加了难度。个别带有恶势力的社会闲散人员打着经营的幌子，采取恫吓、要挟、收买等手段套取贷款，甚至强迫信贷人员违反操作规程放贷，借款后基本不予偿还。

5. 农产品效益低下给农村信用环境的改善带来了客观上的困难

我国农业始终是弱势产业，其利润率一向走低，近几年国家虽出台了减免农业税和粮食直补政策，不同程度上降低了生产成本，但农产品生产资料价格却在不断上涨。农产品利润并没有实质性提升，农民偿还贷款能力也没有得到真正提高。虽然近年来农产品价格上涨，但总体利润水平仍远远低于其他产业，而且价格上涨并非长期供求关系所引起，是一些市场性的因素在发生作用，必将随着这些因素的消失而回落。

二、改善我国农村信用环境的对策和措施

改善农村金融信用环境，建立农村社会信用系统，需要金融机构自身的努力，更需要政府的导向和全社会的合力。

（一）现有的农村金融机构应当发挥信贷杠杆、利率杠杆等多种手段的作用

在农村信用环境建设方面，金融机构可发挥作用的空间还很大：

（1）随着省联社的成立，农村信用社已成为省政府领导下的地方农村金融组织，各市、县政府部门要逐步弱化行政干预农

村信用社贷款行为，并积极主动帮助农村信用社清收党政干部贷款和村级债务，引导农民诚实守信，协调相关部门创造一个良好的农村信用环境。

（2）积极推广农户联保贷款。农户联保贷款是指社区居民组成联保小组，农村金融机构对联保小组成员发放的，并由联保小组成员相互承担连带保证责任的贷款，实行个人申请、多户联保、周转使用、责任连带、分期还款的管理办法。农户联保贷款为解决农户贷款担保困难，降低金融机构贷款风险，起到了非常积极有效的作用。同时，联保小组成员必须通过机构的信息等级评定，符合等级要求方具有联保资格。多户联保，责任连带，有效加强了联保人之间的信用监督。

（3）积极开展信用村、信用户和信用企业评定工作。对不同的信用等级，分别执行不同的信贷政策和差别利率，初步建立信用激励机制。

（4）改善信用环境，做到"七个结合"。为了切实做好信用环境建设工作，各联社应确立"七个结合"的工作方针，即信用环境建设与增强全民诚信、守信意识相结合，与支持地方经济的发展力度相结合，与农村金融机构规范经营相结合，与贷款优先、利率优惠相结合，与树立农村金融机构的社会形象相结合，与有无贷款不良记录相结合，与盘活不良贷款相结合。

（5）及时总结经验，善于创新思路。思想意识指导着行为实践，反过来，有效的实践又不断地拓宽着思路。根据各地市郊的实际情况，在创建信用环境过程中，可采用以下方式：①口头引导。对于借款人、担保人甚至帮助说情的介绍人，在贷款办理前，由信贷员口头进行信用培训，对贷户进行"信用洗脑"，讲明守信用包括哪些内容：按期或提前还贷，按月付息，按合同用途使用资金，付息时间，反映经营情况和提供资料要真实。违约的处罚措施：批评教育，停止新贷，压缩贷款，依法起诉。增加授信的条件：实力增强，信用良好，无不良记录，项目可行。口头当面宣讲,更加直观清楚,易于贷户牢记。②公告宣传。利用黑板报、公告牌等形式,在各村、金融机构门前、信贷室内张贴有关守信的内容,违约处罚措施,增加授信的条件等内容,广泛宣传,营造信用氛围。③约见责问。贷款发放后,经贷后检查,贷户如果出现付息迟延、贷款逾期、资金挪用、反映虚假情况的现象,初次由信贷员对其进行批评教育,停止新贷,累计出现两次由信贷主任与贷户见面责问,超过三次则作为淘汰对象。④依法起诉,树立反面典型。对于故意赖账,态度不积极主动的贷户,决不手软,依法起诉,即便贷款收不回来,也不能让其逍遥法外。

(6)农村金融机构应以改革为契机,一方面强化内部管理,尤其在信贷管理上要有新办法。要将信贷人员的工作业绩与工资挂钩,与行政职务相联系,与法律条款相对照,内部稽核审计部门要积极配合领导加强监督,实行责任追究制度,从内部管理上避免违规违纪违法操作行为。另一方面积极开展评审信用乡(镇)、信用村、信用户活动,建立农民信用信息披露制度,在群众中创造诚实守信者荣,拖债欠款者耻的良好氛围。

(二)改善农村信用环境,需要全社会的合力

信用环境建设是一项系统工程,仅仅依靠农村金融机构自身的力量,过于单薄,需要政府、社会和各部门的相互协作、共同努力,构建完善的信用评价系统和有效的信用激励和惩处机制。

1.以政府为主导,着手建立社会信用征信制度

所谓征信,就是信用征集,即对个人和企业的资信状况进行系统的调查、收集、评估和加工,然后通过征信机构向客户提供征信资料、数据和信用报告。建立企业和个人信用征信制度的目的是为证明、查验法人和自然人的资信情况,并通过制度来规范企业和个人的信用行为,提高公民的诚信意识。在这样的信用体系中,公民将信用视为自己的第二生命,因为没有信用的人在社会中将寸步难行。

2. 培育专业的信用评估机构

完善的企业和个人信用评估制度必须有权威的信用评估机构作保障。目前，农村独立运作的信用评估机构基本上还是空白，银行开展的资信评估仅限于对信贷登记企业进行评级，不仅面窄，而且信用信息不完整。我国与国际市场融为一体后，社会对独立、公正、有权威的信用评估机构和信用产品的需求将不断上升，信用中介服务行业发展的市场潜力相当大，可由政府和专业机构联手进行广泛的推动。

3. 建立规范的信用评估指标体系

没有科学、统一的信用评估指标体系，评估机构作出的信用评估结果就无法在异地共享，更无法与国际接轨。现阶段我国的信用评估刚刚起步，各省市采用的指标体系不太一致，评价结果只能在本区域有效。鉴于目前全国缺乏统一规范的企业和个人信用评估指标体系，各省区市可参照国际标准和兄弟省市采用的指标，综合考虑国情省情，仅选取若干核心指标建立评估指标体系，待今后国家出台统一标准后再进一步完善。对企业的信用评估可选取并建立如下指标：一是从工商部门采集企业的工商注册登记、经营管理者的基本信息、重合同守信誉情况以及不良经营记录；二是采集企业经营状况、财务状况及有关不良记录；三是从国税和地税部门采集企业税务登记情况、纳税情况及不良记录和处罚情况；四是从银行采集企业贷款及偿还、抵押或担保、贷款风险程度记录及不良信用记录等。个人信用评估指标体系可由价值体系和信誉体系两部分组成：价值体系包括个人拥有的房产、汽车、家用电器等有形资产，个人拥有的专利、商标权、著作权等无形资产；信誉体系包括个人受教育程度、收入水平和稳定性、历史金融信誉、历史司法信誉、社会地位和家庭婚姻状况等。然后通过统一的数学模型对企业和个人信用进行量化和分类运算，最后得出评估结果。评估应遵循国际上规范的做法：对企业信用评估采用评级制，对个人信用评估采用打分制。另外,信用数据的加工、存储、管理、使用、信用报告等也要做到规范化,以便更好地与国内、国际市场接轨。

4. 基层政府率先垂范,全力打造信用政府

政府是信用环境建设的第一责任人。基层政府要率先垂范,把建设信用环境的责任担当起来,并树立起信用政府形象。要坚持打破地方保护,绝不能支持纵容当地企业逃废债务。对支持纵容当地企业逃废债务的,建议由行政监察或司法机关追究有关当事人的责任。拖欠金融机构贷款的地方政府,要尽快制定并落实解决问题的方案,继续实行并逐步完善"黑名单"制度,探索推出"红名单"制度,各地信用环境建设的经验表明,对不讲信用者实行"黑名单"制度,充分发挥新闻舆论和社会监督的作用,是优化金融信用环境的重要手段。

5. 各职能部门加强协调,形成合力

司法、工商行政管理等部门要进一步规范企业破产和改制工作,督促改制企业加强与债权机构的沟通,企业改制方案一定要征求债权机构的意见,改制过程必须有债权机构的参与,企业的债权分割和资产清偿必须依法进行,不可随意悬空或逃废债务。各级工商行政管理部门在办理改制企业开业、注销登记时,应要求企业提交经所在地金融债权管理行长联席会议办公室签章认可的金融债权保全证明文件,对不能提交金融债权保全证明文件的企业,不得为其办理有关登记注册和颁发新的营业执照;工商行政管理部门在作出吊销企业营业执照的决定后,要及时向当地人民银行通报。

6. 国家应进一步规范农村借贷行为,加大打击逃债力度

在现有法律法规的基础上,研究制定追究借款人违约的民事及刑事责任。公检法部门要加大执法力度,提高办案结案率。同时,执法部门要为农村金融保驾护航,对社会闲散人员强行贷款行为要坚决予以打击,对不符合贷款条件,对信贷人员使用恫吓、要挟等手段或到金融机构营业场所无理取闹的,只要机构报

案,公安部门就应立即制止,决不手软,还农村金融一片净土。

7. 动员全社会力量帮助农民增强市场经营的风险意识,提高抗风险能力

同时,政府部门应引导农民成立行业协会,发展"公司＋农户＋基地"的生产模式,打造参与市场竞争团队,培养农民的经纪人,形成龙头企业带动千家万户发展商品生产的格局。

8. 国家应进一步采取措施平抑物价

国家在对农民进行减免农业税和粮食直补政策的前提下,要针对目前农产品价格上涨的形势,采取相应手段平抑物价尤其是农产品生产资料价格的上涨,最大限度提高农产品利润率,使资金投入有合理的产出,让农民多赚钱,以促进信贷资金在农业生产中良性循环。

第四节 培养农村民营金融人才队伍

人才队伍的缺失,是影响农村民营金融体系建设和发展的最大因素。我国农村金融人才环境与城市金融人才环境一脉相承,二者之间既相互竞争也相互依存。只有从整体上加大金融人才环境的营造力度,才能从根本上解决农村金融的人才短缺问题。作为政府,要努力建设一个有利于人才创业、施展才能的区域发展大环境和良好的体制、机制等政策大环境;作为用人单位,要为人才提供良好的工作环境和事业发展环境。

一、我国农村金融队伍建设面临的主要问题

（一）农村金融人才的总量明显不足

经过 30 多年的改革开放,我国金融业取得了长足的发展,现已形成包括中央银行、银监会、证监会和保监会在内的比较完善的金融监管体系以及多层次、多类型的金融市场主体,如银

行、证券、保险、信托等,基本上实现了金融体系的多元化。然而,相对于欧美发达国家数百年的发展历史,我国金融业人才的积累时间较短,目前总共不超过 300 万人,人才占人口和人力资源的比例远远低于欧美发达国家。

（二）农村金融人才结构性矛盾突出,表现为一般性人才过剩,高级人才短缺

目前,在农村金融机构中,基础性人才基本上能满足需要。但建设社会主义新农村,农村金融界必须要有"领军"式的金融家以及一批持有国际执业资格的高级专业技术人才。而农村金融界领域方面还有很大差距,尤其缺乏既有丰富的金融企业领导经历又通晓国际惯例,既懂银行又懂证券、保险等金融知识,以及懂农村经济、熟悉农村工作的复合型企业领导人才。随着银行业务的商业化,农村金融机构纷纷撤离农村,农村金融人才随之向城市集中,农村成了金融人才的沙漠。

（三）农村金融人才市场化配置机制很不完善

城市金融人才的引进基本上形成了市场招聘、双向选择、择优录用的机制,城市金融人才流动较为畅通,这为吸引年轻的金融人才创造了条件。但在农村金融方面,金融机构进人就较多地延续计划经济的管理方式,选任的范围不宽,方式比较单一,真正通过市场选聘的金融人才还比较少,有些金融机构内部,传统的用工制度还没有完全被打破。

（四）支农金融体系不健全,农村金融人才建设与建设社会主义新农村不适应

经过近 20 多年的农村金融体制改革,迄今为止形成了包括商业性、政策性、合作性金融机构在内的,以正规金融机构为主导、以农村信用合作社为核心的农村金融体系。对此,农民评价说:"农村金融是多龙吸水,一龙下雨。"农民得不到贷款,农业生产得不到扩大,农民收入难以提高。从另外一个意义上讲,农村金融并没有形成真正为农村服务的金融体系,因此也就没有

真正建设一支为农村服务的金融队伍。随着国家"十一五"发展规划作出的建设社会主义新农村的部署，农村金融与农村经济建设以及社会发展的不匹配将得到有效调整，人才作为核心资源将得到重视。

（五）农村金融人才的整体素质堪忧

目前，农村金融系统的人才队伍与城市金融人才和新形势、新任务的要求相比，还有很大的差距，主要表现为：学历层次偏低，大专以上学历的人才所占比例较小，只有28.7％；具有计算机、国际金融、法律、外语、会计等知识和业务技能的专业人才数量不足；梯次性结构不尽合理的现实情况仍很严峻；在人才队伍分布上，仍存在着地区、部门、专业间不均衡的状况，适应新职能的专业人才严重不足的矛盾十分突出。由于历史的原因，支撑支农事业的农村信用社人才匮乏、素质低下已成为共识，在用工关系上，农村信用社员工"近亲繁殖"现象十分严重，据调查，个别联社涉及亲属关系的员工高达60％以上。

（六）农村金融人才观念淡薄

一是过于重视金融业务的开拓而忽视金融人才的培养，对人才的资金投入不够，没有充分发挥人才资源开发在农村金融发展过程中的基础性、战略性和决定性作用；二是在人才衡量标准方面，过于看重学历、职称、资历和身份等外在要素，对品德、知识、能力和业绩等内在要素不够重视，还没有做到不拘一格选人才；三是相对于外资金融企业，国内金融机构中的人性化因素还比较少，以人为本的理念往往只停留在口号阶段，具体的执行措施很少，没能真正做到机构发展与个人发展的有机结合。

二、改善金融人才环境的几大措施和思路

（一）培养农村金融人才队伍，要从改善金融人才环境入手

"栽得梧桐树，自有凤来栖。"良好的环境是孕育人才的摇篮，环境优则人才聚、事业兴。我们应积极营造良好的人才环

境,吸引更多的资本、技术、人才流入农村。

1. 创新政策措施,努力形成引才、聚才、用才的正确导向

通过宏观调控、政策引导等手段,以柔性流动为主要方式,引导人才向农村地区流动。一个地区的人才政策是否完备、配套,是吸引和稳定人才的关键。人才政策和制度,是人才环境中最重要的内容,政策导向在人才环境建设中具有决定性意义。应围绕农村金融发展的重大战略和重大项目制定配套的人才政策,积极营造宽松的政策环境,消除体制性、制度性障碍,建立包括非公有制经济组织在内的平等的人才发展环境;建立有利于人才流动的绿色通道,实行人才储备政策、放宽人才工资政策、强化人才奖励政策、优化人才服务政策。建立农村人才资源开发专项基金,引进紧缺人才。在引进人才方面,取消人员计划审批,建立引进人才绿色工作证制度,对急需人才,简化手续,随来随办;对特殊人才,打破常规,特事特办。设立引进特殊高层次金融管理人才专用的高级专业技术岗位。在评价人才方面,专业技术人员不受户籍、所有制、身份、档案的限制,均可参加专业技术资格评审或考试,公务员可以参加职业资格考试,为农村实用人才评定职称。在使用人才方面,引进急需的高层次人才到金融机构工作,可直接聘任为中层领导职务。在激励人才方面,高层次和专业人才可实行特岗特薪,对在金融业务拓展中作出贡献的人才授予杰出人才奖等。通过这些政策的实施,引导各类人才汇集到振兴农村金融的宏大事业中来。

2. 完善体制、创新机制,为人才发挥作用提供空间和舞台

制度建设具有根本性、长期性和全局性的特点。完善的体制和机制,是激发人才活力的关键。要在目前金融人才竞争日趋激烈的新形势下取得主动、抢得先机,必须按照有利于促进人才的成长、有利于促进人才的创新活动、有利于促进人才工作同经济社会发展相协调的要求,坚持不懈地推进改革,不断创新完善人才工作体制机制。这种新体制和机制应该具备六个特征:

关系顺畅，职责明晰，分类到位，机制灵活，制度健全，政策配套。继续完善人才评价标准，建立以业绩为重点，由品德、知识、能力等要素构成的各类金融人才评价标准。改进人才管理方式，变"管人"观念为服务观念，变单位管理为社会管理，推行人事代理制度，鼓励人才柔性流动，打破人才单位所有、部门所有、地区所有，实现人才资源社会化。创新人才激励机制，真正使一流人才、一流贡献获得一流的报酬。

3. 培育市场，建设宽畅、高效的农村金融人才交流通道和人才服务平台

在不断建立和完善人才引进、管理的政策、制度的基础上，还应通过市场这只无形的"手"构筑起一条宽畅、高效的农村金融人才通道，使市场调整配置人才机制真正运作起来，作用切实得到发挥。充分发挥农村地区人才中介服务机构的作用，建构人才和企业供需的交换平台，实现人力资源的市场化配置。构建统一、集中、规范、高效的公共人事服务体系，为各类金融机构和人才提供公共人事服务。促进人才在金融行业、地区、城乡间的合理流动，形成整体性人才开发机制。加强与中央有关部门、大专院校、科研院所的联系，为农村金融的发展寻求更广泛的智力服务和人才支持。逐步建立以公开、平等、竞争为取向，以市场配置为基础，适应所有制和利益主体多元化要求的，机制健全、运行规范、服务周到、指导监督有力的人才市场体系。组织大中城市政府所属人才服务机构到农村地区帮扶；实施城市对农村的金融智力资本输出战略。

4. 加大宣传，使科学的人才观深入人心，营造农村人才"四个尊重"的社会氛围

充分利用报纸、电视、网络等有关媒体，大力宣传重视人才、以人才工作带动事业发展的典型事例，使全社会从中实实在在地感受到人才对于建设社会主义新农村和农村社会经济发展的重要性。

5. 健全法制，切实保障人才的合法权益

完善人才法规体系，是推动人才资源开发和维护人才权益及财产安全的重要保障。我们应该尽快把人才资源开发活动纳入法治化轨道。健全行政执法责任制；建立人事争议仲裁机构，对人才流动、使用中出现的争议予以仲裁；实施公务员行为规范教育，加大对县乡公务员监督力度，转变公务员的工作作风。通过立法、执法，使人才管理的各个环节都做到有法可依，严格按照法律办事，积极营造机制健全、监督有力的人才法制环境，保护各类人才的合法权益，真正做到让人才来了放心，留下安心，工作舒心。

6. 加强职业金融家和金融"工匠"队伍的建设，为职业经理人队伍的健康成长创造有利条件

一是加强对高级管理人员任职资格的管理。对高级管理人员的任职条件，要更好地体现重职业道德操守、重工作经验、重从业纪录的要求。同时，要抓紧建立对高级管理人员履职行为进行持续监管的相关制度，逐步建立全国联网的高级管理人员信息系统。确保高质量的合格高级管理人员进入市场并能勤勉履职，提高金融管理水平和监管有效性，促进金融企业稳健发展。二是加强对职业金融家的教育培训工作。充分发挥金融业协会在加强金融监管和行业服务中的重要作用，银监会应进一步加强对金融业协会工作的指导和督促，指导协会组织开展银行业金融机构从业人员业务培训与资格考试，提高金融机构从业人员素质。各金融机构则要结合实际，制定人才发展规划，落实人才开发培养措施，实施人才职业生涯计划，加快职业经理人的开发和培养。三是建立健全职业银行家的激励机制、约束机制和流动机制。金融机构内部要建立健全高管人员的长期有效的激励机制和约束机制，推进职业银行家考察、发现、跟踪、培养和进出机制的建设，切实发挥"人是生产力中最活跃因素"的积极作用。

在重视培养金融业管理者同时，我们需要重视金融"工匠"

的教育和培养。"工匠"是指具有某种特定技能的，能够完整地根据设计或某种既定工艺加工制作产品的人。金融业的"工匠"包括客户经理、风险管理人、信贷管理人等等。农村金融机构的经营战略与模式正在发生变化，逐步走向银行化，并将业务"条状化"，抵押贷款可以做成产品生产线。产品生产线从创意开始，到设计人员形成产品设计，到产品生产出来推向市场，最后到产品维护。在这个产品过程中，"工匠"的作用举足轻重。在产品线上，每个"工匠"式的员工接受基本功训练，获得熟练的技能，并将这些技能应用在产品生产的每个环节并连续不断地对已有产品进行打磨，促使金融机构的每条产品线上的服务不断深入，更具人性化、更方便、更安全和快捷，每条产品线上的操作走向程序化、标准化，业务分工更加精细，产品日臻完美。

既要建立职业经理人的激励机制，也要建立促进产生中高级"工匠"的激励机制和制度安排。在金融教育中引入专业技能训练来培养一批金融人才，要像当年训练"点钞能手"那样训练每一条产品线上的经理。

（二）加强农村金融人才队伍建设的思路

1.要加强农村金融人才队伍层次的建设

加强了农村金融人才队伍建设，必须着重抓好以下四支队伍的建设工作：一是要大力培养和造就一批金融理论、农村经济功底扎实、熟悉国内外金融业务、能够正确分析判断经济形势、具有较强应变能力的农村优秀金融企业家队伍；二是要培养和造就一批掌握现代金融知识、熟悉农村工作、善于开拓市场和经营管理、通晓市场规则和国际惯例、思想道德素质高的职业经理人队伍；三是要大力培养和造就一批熟悉业务、擅长经营的各类高级专业技术队伍；四是要抓好活跃在农村金融第一线的高素质金融员工队伍建设。

2.根据农村金融活动的特点培养金融人才

与农村经济相适应的农村金融的需求，具有资金需求量小、季节性强、点多面广、经营成本高和风险的外在性强、不可人为控制等特点。农村金融人才必须适应农村经济的具体情况,了解农村经济、社会、自然、乡村的风土人情、消费偏好等,必须拥有适应农村艰苦工作条件的敬业精神。

3. 加强教育培训,着力培养人才的创新能力

在提高各类农村金融人才思想政治素质和履行岗位职责能力的基础上,重点培养农村金融人才的创新精神,开发人才的创新能力。围绕创新能力建设,应改革教育培训的内容、方法和机制,培养大批创新型人才。同时,利用全社会参与建设社会主义新农村的大好时机,优化整合各种教育培训资源。

4. 建立健全人才激励机制,强化竞争机制

要建立人才竞争机制,使选人用人真正做到"领导能上能下,职工能进能出";以扩大民主、加强监督为重点,不断做好公开选拔管理者、规范竞争上岗等方面的工作。

5. 引导人才合理流动

要加强人员交流工作,促进人员合理流动,使每个人尽可能做到专业对口,才尽其用,促使其个人爱好、专长得到充分发挥。对优秀人才,根据其所处的阶段,人力资源部门要设计优秀人才的发展维度,将优秀人才选拔到中高层职位上,或到不同单位、不同岗位锻炼和发展,克服呆滞的人才任用方式。要积极创造条件,为每个员工提供施展才华、实现自我价值的机会和场所。

6. 要坚持"党管人才"的原则

建设一支为社会主义新农村服务的农村金融队伍,关键在党。随着改革开放和社会主义市场经济的不断发展,金融业原有的干部人事制度不断发生变化,人才管理的方式逐渐改变,党委的职能在弱化,这一问题在农村金融领域尤为突出。坚持"党管人才"原则,就是要充分发挥党的领导核心作用,充分发挥党的思想政治优势、组织优势和密切联系群众的优势,把广大金融人才凝聚到我们的金融事业中来。

第十章

农村非正式金融的引导和规范

　　一般来说,农村民营金融有一部分是由农村非正式金融转化而来的。研究农村非正式金融,对于我们深化对农村民营金融认识,制定切合实际的扶持农村民营金融发展的对策,具有重要的意义。农村非正式金融大多是通过自发的、无形的、松散的非正式组织形式来实现的,它是在国家的正式金融和制度系统之外运行的重要民间互助经济活动,既有积极的促进效应,也有明显的负面效应。农村非正式金融的利率主要受正规金融机构对农村服务的程度和市场利率的影响。农村非正式金融的组织形式多种多样,在管理上要进行分类指导。

第一节　农村非正式金融存在和发展的原因

　　农村非正式金融,亦称"民间借贷",主要指非金融机构的农村个人、企业及其他经济主体和社会组织之间进行的以货币资金为标准的价值让渡及本息偿付,一般是以盈利为目的的资金借贷活动。

农村非正式金融是属于正式金融体制之外的,即没有纳入中国人民银行等金融管理机构常规管理系统的金融活动。具体来说,非正式金融具备以下几个方面的含义:①从交易活动的主体来看,交易的双方基本上是从正式金融部门得不到融资安排的经济行为人,比如发生相互借贷行为的农民、乡村企业老板;②交易对象不是被正式金融所认可的非标准化合同性的金融工具,而是随着交易的内容不断发生变化,其具体的形式是非标准化的;③正式的金融中介具有规范的机构和固定的经营场所,而非正式金融一般不具备这些特征;④非正式金融一般处于金融监管当局的监管范围之外。农村非正式金融是广大农村经济主体和社会组织为满足融资需求,自发开展和形成的,游离于政府金融监管之外的非官方资金融通活动。

与"官办"金融相比,农村非正式金融有着明显的特征:一是社区性。农村非正式金融活动发生于农村社区,基于一定的地缘、血缘、业缘关系而成立。二是借贷利率参差不齐。既有免息的友情借贷,也有低于银行利息的准友情借贷,还有高利贷。三是期限和结息方式多元化。民间借贷资金主要用于从事生产运营,期限上有中短期结合,多数在一年以内。有些放贷者为了赚取更多利差,一般不太愿意发放期限过短的临时性借贷。在结息方式选择上,有些民间借贷行为主体也参照银行做法,实行按年或按季结息,但利随本清方式仍占主导地位。四是隐蔽性。民间借贷大多为当事人之间私下进行的,数额大小、借期长短等具体情况鲜为人知。五是情感性。借款与否、借多借少,没有标准,高兴时多借点,不高兴时,少借或不借。六是复杂性。除了亲情、友情和利益因素外,还有其他利害攸关的原因,每一笔债务的发生都有曲折故事。七是分散性。农村非正式金融发生于数以亿计的农村经济主体和社会组织之间,交易的频率高,金额小,高度分散。八是层次性。经济落后地区以无息为主,经济较发达的地区以付息为主。在经济欠发达地区或者收入较低的农户中,生活性借贷需求是主要的方面。在经济较发达地区或者收入水平较高的农户中,生产性借贷显著增大;而在生产性借贷需求中,非农业生产性需求上升而农业生产性需求下降。总之,农村非正式金融与农村经济的发展状况相呼应,层次分明。

从人类历史看,非正式金融是与商品经济相伴随的,是私有制出现后的一种经济现象。但是,不同时代民间借贷的内涵、性质、方式迥然不同。

历史上的剥削阶级社会中,民间借贷成为少数剥削阶级分子剥削广大劳动人民的工具,少数剥削阶级分子利用所掌握资金变成了食利阶层。所以,马克思在揭露民间借贷的本质时指出,高利贷不改变生产方式,而是像寄生虫那样紧紧地吸在它身上,并使它虚弱不堪。高利贷吮吸着它的脂膏,使它精疲力竭,并使再生产在每况愈下的条件下进行。

新中国成立以后,通过土地改革,没收了封建地主和封建富农的土地等主要生产资料,通过建立互助组、初级社、高级社到人民公社,在农村建立起了社会主义集体经济制度。在人民公社时期,农民个人的生活资料的绝大部分通过"工分"的形式从集体中来分得。农民之间的个人财富差距很小。加之在政策上限制农民个人发展农副产业,基本上不存在用于扩大再生产方面的借贷。借贷的用途仅限解决家庭日常工作的困难,所以,民间借贷的种类、范围、规模、数额都很小。只是在家计方面一旦遇到困难时向亲朋好友、左邻右舍求助。而这种民间借贷中绝大多数的借贷是属于以感情为基础的互助性质,可以说高利贷在中国农村一度已经绝迹。

农村改革以来,政策上鼓励农民发展多种经营、私营经济,农村用于扩大再生产方面的资金需求不断增长。同时,农村又重新出现个人财富的两级分化。扩大生产的资金需求和收入差距的拉大为非正式金融重新活跃提供了土壤。20世纪80年代后期至90年代初期非正式金融达到鼎盛时期。90年代,随着我国金融改革的深化和金融监管的加强,非正式金融的作用又渐渐弱化。现阶段,非正式金融规模的不断上升又改变了借贷规模逐年萎缩的局面,尤其是江浙一带,非公有制经济较为发达,非正式金融有相当的规模和影响,已经到了不容忽视的地步。

那么为什么非正式金融能长期存在呢? 原因有多种,其中最基本的原因是供求矛盾。正规金融机构的有效供给不足是非正式金融得以生存的根源。

一、经济高速增长为非正式金融再度活跃提供了丰富的养料

农村改革以来,随着农民收入的增加,农民开始积累了富余资金。浙江、江苏、广东等经济发达地区,由于乡村工业经济的高速发展和对外贸易的开拓,农民手中积累了大量的资金,而江西、湖北、四川、河南等欠发达省份,由于许多农民工的辛勤劳动,也给自己的家乡带来了丰富的流动资金,同时,迅速膨胀的地下经济和其他的非法活动大量涌入农村民间金融市场,极大地增加了资金供给,使民间借贷再度活跃有了可能。

二、银行储蓄负利率为非正式金融再度活跃提供了天然土壤

农民收入持续增长,经过长年积累手中掌握了一定规模的资金,一时没有合适的生产项目去投资,而自 1997 年以来至 2004 年 10 月,储蓄存款利率连续调低。虽然此后几年,利率有所提高。截至 2008 年 9 月 4 日,一年期居民储蓄存款利率为 4.14%,税后利率实际为 3.93%,受物价上涨等因素影响(如 2008 年 5、6、7 月我国居民消费价格指数 CPI 同比上涨分别为 7.7%、7.1%、6.3%),储蓄存款实际已是负利率。股票、国债、期货等新型的投资网络还没有延伸到广大的农村,而且习惯上又不能为大多数农民接受和认同,比较现实的和熟悉的方式是选择比正式利率高一些的非正式金融市场。

三、农村正规金融弱化和农民金融需求的特殊性是非正式金融再度活跃的根源

正规金融机构的贷款门槛高,手续繁琐,办贷时间长是阻碍农村金融机构为农户提供金融服务重要原因之一。一般农户的资金需求量小,季节性强,需要灵活、快捷的金融服务,而正规金融机构的借贷手续严格而又复杂,他们对金融机构的繁杂手续望而却步。当前正规金融的缺陷主要表现在:一是信贷管理体制过严。各国有商业银行信贷审批权限普遍上收,基层行信贷权十分有限,大部分只有推荐权和调查权,然而一旦贷款出现风险时,基层行又是第一责任人,并实行严格的责任追究制度,减弱了基层行信贷发放的积极性。二是信贷程序繁琐。如有的商业银行规定企业信贷投放要经过信用评级、综合授信、贷款调查和贷款审批等环节,信贷准入条件十分严格。三是银行创新和服务相对滞后。突出表现在贷款的发放中利率缺乏弹性,往往"一浮到顶",增加农民、企业负担;贷款的期限较为单一,没有根据农业生产的特殊性合理确定以及信贷产品不多等。这些因素使正规金融不得不向民间借贷让出部分借贷市场。

农民金融需求的特殊性也是造成正规金融机构供给不足的重要原因。其主要表现为:①单位资金需求量小。家庭经营规模的狭小和较低的抗风险能力决定了农户的信贷资金额度非常有限。②农户缺少贷款抵押资产。农户最主要的可供金融机构抵押品应该是土地,但由于中国目前农地的所有权属于农村集体单位所有,农户只是拥有承包经营权,不具备作为进行贷款抵押的条件。除了土地以外,一般农户很难提供可供金融机构贷款抵押品的资产。③一些农户信用观念淡薄。据人民银行南昌中心支行课题组 2003 年的调查,江西丰城市尚庄镇的很多借款户即使有钱也不还,对上门收贷者概不理睬,形成了借信用社的钱可以不还的不良风气。其他一些乡村也不时有类似情况发

生。④农户的经营方式为金融机构在贷款时进行量的规定和计算带来困难。农户的家庭经营，从表面上看是个体经营单位，但又与工商企业有很大的不同。它在财务管理、核算、制度等方面都很不规范，财务透明度很低。例如，农户经营费中所占用的类别，虽然从理论上来说，是可以划分清楚的，但在实际生产和生活中，生产经营性资金和生活消费性资金、固定资产和流动资产等农户并没有明确的概念和详细的分类及统计资料，这就给农村金融机构对农户的贷款的信用评估活动带来障碍，增加信贷过程的交易费用。对广大的中下农户的金融壁垒不仅是中国现阶段存在的现象，而且是一般发展中国家普遍存在的现象。孟加拉国经济学家穆罕默德·尤诺斯曾经对正规金融机构为什么不愿向农民提供金融服务的原因进行了调查，银行经理方面的普遍回答是："这点小钱不值给他们填表用的纸钱呢！""他们没有任何担保。""这是规定。""我们还须征得上级的同意。"①看来，金融机构对农户的封闭是比较普遍的现象。这充分地体现了正规金融机构的官僚作风和管理体制的僵化。按照商业盈利和降低风险的原则，这些金融机构的某些行为是可以理解的。但是，有些时候银行根本不去农民中间进行考察，就将农民排除在金融服务之外，这就是正规金融体系的不足之所在。

正规金融机构的营业网点多分布在城镇地区，很少延伸到广阔的乡村地区，他们不能及时了解农民的资信状况和金融需求，农民也不愿跨越遥远的距离去和他们打交道。除了地理距离之外，双方的观念差别、相互理解的困难、农民不情愿接受而金融机构不愿放弃各种规章制度和繁杂的手续等因素，也拉大了正规金融机构和农民之间的思想距离。

总之，从商业银行的角度来看，追求利益与风险控制是其经

---

① 穆罕默德·尤诺斯:《乡村银行的经验与反思》，社会科学文献出版社 1996 年版。

营的基本准则。只有在满足潜在的预期收益大于风险时,才能使他们产生放贷的动机。商业银行的规范经营是保证其安全运行的必要措施。而农民无论是在资产抵押、信用担保,还是在金融机构对其评估方面都存在着巨大的技术上的障碍,这无疑会增加商业银行评估等方面的成本。在中国农村,由于上述种种原因造成了农村金融市场发育不良的状况。

四、灵活的期限和还款方式是非正式金融再度活跃的催化剂

民间融资的期限十分灵活,大多为1年,少则三五个月,多则1年以上,也可根据双方约定,提前或延迟还款时限;民间借贷中的借款人和出借方均认为较划算,手续简便。借款人认为民间融资比银行贷款来得快,在短时间内筹集所需资金,可以应对稍纵即逝的商业机遇,即使利息偏高,甚至高于银行贷款利息,但保证了家庭正常生活和企业正常运营,不必计较区区利息支出;如果低于贷款利息,还可从利息上获得微利。出借人认为,民间借贷比存款收益高,又免交银行存款必缴的利息税。农业生产季节性的特点和农户生产规模小,经营兼业多也与农村非正式金融市场手续简便、现金供应及时等特点相适应。

以上综合因素造成了非正式金融有很大的市场,也是农民熟悉而又愿意接受的借贷形式。下表可以看出不同地区农户的民间借贷规模。

表　2003年中国东、中、西部三大地带农村借贷情况

	单位:(人、元)/户			
	全国	东部地区	中部地区	西部地区
样本数	20842	7087	7780	5975
家庭常住人口	4.094	3.982	3.981	4.375
年内累计借入款金额	1414.413	1756.517	1179.571	1314.425
1.银行、信用社贷款	369.045	335.715	278.785	526.103

续表:

	单位:(人、元)/户			
	全国	东部地区	中部地区	西部地区
2. 合作基金会借款	7.094	3.528	3.470	16.042
3. 私人借款	1015.962	1373.118	889.899	756.483
其中:无息借款	541.383	605.144	625.508	356.217
4. 其他	22.145	44.156	7.416	15.214

资料来源:农业部农研中心 2003 年农村固定观察点的统计数据。

从上表可以看出,全国农民民间借款占年内累计借入款金额的 71.83%,东部地区此比率为 78.06%,中部 75.44%,西部 57.55%。可见,中国当前农村金融市场中,为农户提供资金的主要来源仍然是民间借贷。

国内许多学者的研究也表明,目前农村民间借贷的规模较大。从 1986 年开始,农村民间借贷规模逐渐扩大已经超过了正规信贷规模,而且每年以 19% 的速度增长。据中央财经大学一课题组对全国 20 个省份的抽查,2003 年全国地下信贷的绝对规模在 7405 亿~8164 亿元之间。2004 年,浙江、福建、河北等地区的民间借贷规模分别为 550 亿元、450 亿元、350 亿元,约占当年贷款增量的 15%~25%。人民银行南昌中心支行民间借贷课题组经过调查推断,江西全省民间借贷约占各项存款的 4%,2003 年全省民间借贷规模约为 130 亿元,相当于全年贷款新增量的近三成左右,并且借贷规模呈扩大之势,在 50 个样本乡镇中有 44 个的借贷规模在上升,比例达 88%。而且民间借贷个案的数额明显趋大,交易额从几百元、几千元扩展到几万元、几十万元,样本中单笔最多的高达 120 万元。统计数据与调查研究均表明我国农村普遍存在民间借贷现象,借贷规模较大。

从农村民间借贷是否收取利息来看,根据 2003 年农村固定观察点的农户数据可以看出,全国无息借款占私人借款的

53.89%,东部地区此比率为44.07%,中部70.29%,西部47.09%;即中部的无息借款比重较大,东部和西部民间借贷中有息借款所占比例更大。在当前农村借贷中,付息借贷主要表现在盈利性的生产借贷方面,而生活借贷多以亲情式的无息借贷为主。中国农业大学人文与发展学院教授叶敬忠等2004年对河北省易县宝石村(相对贫困地区)的问卷调查发现,2笔是有息借贷,其余278笔均为无息借贷;但是有隐性利息("人情债"),大部分农户表示会为对方提供劳动帮工,或者在可能的条件下向对方提供无偿贷款。农业部农村改革试验办公室副研究员朱守银等2003年在安徽亳州和阜阳的6个县对18个村217个农户进行了问卷调查,414笔民间借款中,90%以上是无息借款,有息借贷只有27笔,占6.5%,其中,低息借贷有11笔,占2.6%。从以上的调查与统计可以看到,相对贫困地区的民间借贷以无息借款为主,经济较发达地区民间借贷付息比例高。

从农村借贷利率水平来看,根据中国人民银行温州市中心支行公布的借贷利率加权平均数:2003年年利率10.8%。可以看出,2003年该地区民间利率是农信社贷款利率上限7.965%(六个月至一年)的1.356倍。民间利率水平均高于正式金融机构农村贷款利率。温铁军2001年调查表明,民间借贷中月息低于1.5分的借贷,占了近36.4%;月息1.5~2分的占20.5%;2~4分的占18.2%;超过4分的占了近25%。按农信社贷款利率上限8.775%(六个月至一年)计算,月息2分的民间借贷是农信社贷款利率的2.735倍。人民银行新疆昌吉州中心支行行长傅祖宏等2003年对新疆昌吉州农村民间借贷情况的调查也表明,农村民间借贷期限一般都在半年以内,月息一般为10‰~20‰。以上调查研究和公布的统计数据能看出,民间借贷利率一般高于正式金融机构农村贷款利率2~3倍。

第二节　非正式金融的组织形式

从组织形式上看,非正式金融的大部分形式属于自发的、松散的、不规范的非正式组织形式。但是,随着农村经济的发展和政府对非正式金融的管理的加强,总体上呈现出向规范化、正式化的趋势。

一、自由借贷——农村非正式金融的最基本形式

农村自由借贷是指农户与农户之间、农户与乡村企业或其他社会组织之间、乡村企业与乡村企业或其他社会组织之间所直接发生的无息或有息的借贷活动。这种自由借贷形式在农村有着非常久远的历史,也是在中国不同地区都普遍存在的借贷形式。这种自由借贷大致包括以下几种情形:一是口头约定型。这种情况大都是在亲戚、朋友、同乡、同事、邻居等熟人之间进行,他们完全依靠个人间的感情及信用行事,无任何手续,一般数额较小,而且双方关系密切。二是简单履约型。这种借贷形式较为常见,大都仅凭一张借条或一个中间人即可成交,一般数额不小或双方关系不十分密切;借款期限或长或短,借款利率或高或低,凭双方关系的深浅而定。三是高利贷型。个别富裕农户将资金以高于银行利率4倍的利率借给急需资金的农户或企业,从而获取高额回报。民间借贷的资金筹集是多方面的。一般来说,一个民间放贷人是本人有一笔余款,还有的就是放贷人信誉比较好,亲友或者其他人把钱交付于他,可以获得高于银行存款利息的利息收入。放贷人把这些钱贷出去,获得利差。在农村,民间借贷者就是农民,农民的民间借贷很多,比如生病、婚嫁、盖房子、购买生产工具等大事情,因为农民资金来源很有限,都需要借款,有亲友借款,也有民间借贷。

很多民间金融都有一种信任机制,大家都比较熟,互相相信,是一个熟人社会,流动性比较差。如果出现问题,有非正规

的制裁机制,也就是所谓的社会排斥,大家谁也不理你了,这种感觉是很难受的。这种自发性的民间自由借贷的积极意义是,它可以有效地弥补正规的金融组织服务的不足,能够弥补农村社会日益多元化的生产和生活资金需求,而且这种民间自由借贷的社会外部性成本也很低,它和社会正式金融组织的制度也不发生直接冲突,并不会对正常的金融秩序造成破坏性影响。但是,因为这种民间自由借贷的合同很不规范,约束只是靠借贷双方的信誉和道德等非正式制度因素来维持,缺少第三者保护。所以,发生纠纷的情况也不少。另外,由于自发性民间借贷的范围、规模、金额比较小,借贷的时间也比较短,只能在非常小的范围内满足于村民生活和生产短期资金不足,远远不能满足乡村社会进一步发展的需要。随着乡村社会的发展,扩大再生产的资金需求在上升,靠这种形式是满足不了民间资金融通的。这种借贷形式的作用呈现出不断下降的趋势,在此基础上产生更高级的民间借贷形式是大势所趋。

案例:民间借款计息也得按规定来。2004 年,江西吉水县硅厂刚成立,该厂的唐老板和吴老板向老赵借款 4.81 万元,硅厂给老赵写了一张借据,并盖上公章,唐老板和吴老板还约定2005 年 3 月 24 日之前还钱。如果到期不还钱,拖一个月,硅厂就要按照借款的 10% 作为利息进行赔偿。本以为谈得这么细致,硅厂应该不会拖欠,让老赵没想到的是,借据到期后老赵多次向唐老板讨债,对方却总是说没钱,更不要谈利息的事情。于是,老赵把硅厂告上法庭,要求对方还本钱付利息。硅厂也向法庭表达了看法,称硅厂实际只向老赵借款 3.7 万元,而非 4.81万元。借款时老赵要求将 1.1 万元利息也写进借据。另外,借据中约定按每月 10% 计息违反法律规定,要求降低利息计算标准。2007 年 7 月 18 日,吉水县人民法院一审判决要求硅厂归还老赵借款 4.81 万元及此款利息,但利息不能按照每月借款的10% 计算,而应按中国人民银行规定的同期同类贷款 4 倍利率来计算。吉水县人民法院是根据《最高人民法院关于人民法院审理借贷案件的若干意见》第六条规定,民间借贷的利率可以适当高于银行的利率,但最高不得超过银行同类贷款利率的4倍。本案中借据上约定的利率超出了银行同类贷款利率4倍,超出的部分法律不予保护。

二、私人钱庄——一种扩大了的民间自由借贷方式

钱庄,是指在民间个人或少数人成立的为借贷双方提供担保的组织。它是民间自由借贷的扩大形式,比民间自由借贷的活动范围要大一些。一般民间自由借贷都是在非常熟悉的亲戚、朋友之间来进行,而通过钱庄可以把借贷的范围扩大。

其实,在农村这种以人际交换为主的乡村社会,不仅资金借贷行为的发生需要中间人,而且许多经济活动,如土地的转包、房产的买卖都需要中间人。作为中间人或保人,一般来说是具有一定的经济实力或是乡村的权威人物。

中保人的作用主要体现在以下几个方面:①中保人把供需双方介绍到一起。②他是双方签订合约的见证人,在发生纠纷或引起诉讼时,中间人往往充当第一道保护屏障。就是说只有中间人调解不了的纠纷才有必要通过更高级的方式加以解决。③一旦一方违约,中间人又要充当保人的角色;有时中保人自己要赔偿违约损失的一部分。这种方式的非正式金融在中国有很长的历史,新中国成立到农村改革以前曾经消失,农村改革以后又重新活跃起来。主要原因是改革以来农村的商业机会在增加,资金短缺成了普遍的现象,靠自发的自由借贷方式难以满足资金需求。借贷双方可能是互不认识或没有建立稳定的信誉关系,但他们都认识中间人,通过中间人使商业关系得以实现,从而降低了违约风险。当借贷双方发生争议或毁约时,中间人有义务进行调解。当中间人地位很高或很有"面子"时,便使这种借贷双方的个人义务感得以强化,从而加重了违约者的心理负

担。在发生争议时,中间人的地位越高,"面子"越大,调解成功的可能性就越大。如果钱背或钱庄仅仅从事乡里的正常民间金融活动,其正面作用是显而易见的,但有一些钱庄却把收取手续费变成了攫取暴利的手段,这就走向了反面。

案例:新中国的第一个私人钱庄——方兴钱庄。在温州等地的经济金融活动中,私人钱庄甚至占据着相当重要的地位。20世纪80年代温州就有地下钱庄了,1984年第一家公开亮相的方兴钱庄开办人叫方培林,在温州苍南县,很有名。方兴钱庄1984年挂牌营业,是当地政府允许的。方兴钱庄的运作效率非常高,利率市场化,有时一天之内1万块钱可以转3次,转一次就是一笔利息收入,所以收入很高。后来,在本地营业的国有商业银行分支机构首先跳出来反对,人民银行也派人来调查,说不合法,被迫转入地下运作了数年,最终停下,这也是80年代的事情。令人感兴趣的是,考虑到方兴钱庄在当地的影响,如予以强制手段取缔,肯定会造成客户的损失而产生社会的混乱。于是人民银行允许在苍南县钱库镇的银行和信用社也实行利率浮动,改变了以往的服务方式,成为由人民银行总行批准的在全国率先进行利率改革的试点地区,欲以此与方兴钱庄竞争,进而挤掉钱庄。方兴钱庄就是在这种竞争环境中于1989年正式关门。后来,其他类似的私人钱庄均以非法金融机构名义被取缔。

三、合会——介于正式组织与非正式组织之间的乡村金融合作组织

合会原是民间盛行的一种互助性的融资形式,是集储蓄与信贷于一体的组织。一般是由若干人组成的,相互约定每隔一段时间开会一次,每次聚集一定的款项,轮流交给会员中的一人使用。合会是建立在日常关系的基础之上。一般情况下,只有关系较好的人之间才会相互信任,也才能够提供如此帮助。合会有不同的形式,依其资金的使用方式不同而分为三种,即"轮

会""标会"和"摇会"。其中,事先固定使用次序的称为"轮会",亦叫"楼梯会",这种会是因为每个人入会资金的数额相等,呈现楼梯状而得名。入会者经自愿认股后,形成借款的先后顺序,入会者收取和支付利息多少取决于借款的顺序的先后;以投标方式决定使用次序的属于"标会",标会的组织形式与楼梯会大致相同,不同的是借款的顺序不是事先规定的,而是通过利息的多少决定的,出息高的人优先取得借款权;按抽签方式确定使用次序的叫做"摇会"。通常每会是由十多人参加,每隔一个月或半年举行一次会议,合会金额不等。头几次使用会款的会员一般是资金的借入者,他们付出的会款多,相当于付出了一笔贷款利息;而后几期使用的会款会员则为资金借出者,他们收到的会款比付出的会款多,相当于得到了一笔储蓄利息收入。

合会的好处是会息低、会期短。一般会款规模较小的合会安全性好,互助性也强;相反,会息高、会款规模大的合会的风险高,并有可能演化成金融诈骗组织。

不管是哪种形式,组会的人是第一个得到借款的人,而且不支付利息。这体现了这种"会"的助人之处。因为第一个人遇到了困难,需要得到帮助,所以大家支持他组会,不向他收取利息。而他要以适当的方式向入会成员表示感谢。其他人因为没有为组会作出贡献,所以要支付利息,不能无偿使用资金。一个人需要资金较多时,可以同时参加或组织多个"会"。他可以同时从多个会中得到经济上的支持,这也意味着他今后要向多个会还钱。合会这种金融互助组织也起到社会沟通的作用,当然也有人将这种方式用于纯粹的商业目的。

看来,要界定合会的合法性与社会效应的关键在于这种组织的规模。如果规模较小,参与者主要限定在社区的狭小范围内,并且组织管理措施得力,可以视为民间自由借贷组织的扩展形式,发挥其在农村资金调剂的积极作用。如果规模过大,超出社区的范围,就很容易演变成金融诈骗,危害参与者的利益,扰乱国家的金融秩序。

在我国,合会广泛分布于香港、台湾等地区和内地大部分省份。按照国家的法律规定,合会是非法的组织。根据国务院1986年1月7日颁布的《中华人民共和国银行管理暂行条例》规定,个人不得设立银行或从事其他金融业务。根据这些规定,民间自办的"合会"等组织先后被取消。规模较大的"合会"被视为违法犯罪活动而遭到严厉打击。

案例1:江西临川前几年,一些小砖窑老板,联系附近村庄的一此农民,组织了一个合会,大约10人。该合会每个季度开一次会,合会资金每个季度轮流交给下一个入会人使用。当年,在临川,有些农民同时参加5~6个这样的钱会,每月需要拿出好几百元用于支付会费;其中最大的一个钱会有30多人参加,每人每月支付会费就达200元。运行了一至两年后,由于一些会员拿到资金后拒绝再循环周转使用,出现了金融诈骗,这些合会逐渐消失,有些会员损失惨重。

案例2:2004年福建福安市高达25亿元的民间"标会"崩盘后,使60余万人的私人资本血本无归。村民缪某向记者展示了一张会单。这张会单显示,会头是穆阳镇王某,参加会的村民(会脚)有31人,会是"月会",每个会脚每月要交300元会钱,底座(最低竞标标金,实际上是利息)是30元,开标日期是2002年3月10日。"会"是这样运作的:会头(发起人)负责召集会脚,在第一个月,每个会脚要向会头交纳600元的会钱,总计是18600元,其中的一半交给会头免费使用,作为对会头筹集会钱、组织竞标、追缴会钱的回报,另一半9300元则拿来竞标。出的利息最高(假设是60元)的那个会脚,可以拿走这9300元的钱使用,但从下一个月开始,他每个月都必须交纳360元的会钱。这样的竞标每个月都要进行一次,一直到31个会脚都轮遍。由于村镇的经济发展程度低于城市,村镇标会的规模也小于市区,利率也低于城市。因此,不论是穆阳镇的会头王某还是赛岐镇的会头张某都把聚拢来的会钱进一步集中到福安市区更大的会里。甚至福安周边的县市,也出现了资金流向福安的情况。就这样,在高额利率的刺激下,大量的资金从村镇流向城市,从百元会流向千元会,又从千元会流向万元会、十万元会,最终形成了盘根错节、大会套小会的复杂的资金链条。利率是资金的使用价格,那么究竟是谁出得起这样高的资金价格? 这个问题的答案指向了地下赌场。在当地,地下赌场的存在几乎是个公开的秘密。这些赌场的赌资巨大,知情人士说,标会崩盘之前,一个赌场光是向赌徒抽取的赌资每天都在 50 万元以上。这里的规矩是赢了的赌场抽 7%,输了抽 6%。由于金额巨大,计算赌资时甚至不得不直接用尺量、用秤称。2004 年 5 月 16 日,当地大会头李某突然到公安局投案自首,这个消息一夜之间传遍整个福安城,多米诺骨牌就此倒下,不到一周时间,福安城内的标会全部倒下,不到两周时间,村镇一级的标会也全数停标。有的会员损失达 600 万元。

通过这两个案例我们可以清楚地发现,合会这类金融组织与一般的民间自由借贷活动有着很深的渊源关系。与案例 1 相似的合会与一般的民间自由借贷很相似,是以互助为宗旨,不以盈利为目的,区别只是合会有一个松散的非正式组织,而民间自由借贷连松散的组织也不存在。而与案例 2 相似的一类合会是以盈利为目的的非正式的非法组织。与一般的自由民间借贷有本质的区别。自由民间借贷的范围是发生在亲戚、邻里或朋友之间的行为,而案例 2 的"合会"的会员范围已经远远地超出了血缘与地缘的界限。一般的民间借贷无论是对村民,还是对社会都是有益的,它确实起到了正式金融机构对乡村服务不足的补充作用。可以说即使将来社会高度发展了,仍会有其存在的空间。而案例 2 一类的合会不但跨越了传统的血缘和地缘关系,而且成为跨地区、甚至跨省的金融组织。合会组织是少数人所操纵和掌握的谋利工具,而且信誉度极差,存在着欺诈行为,对正式金融机构的正常经营业务构成了干扰。因此,政府加以取缔是非常必要的。

类似合会的民间借贷组织在法律上判为非法的组织,用行政和法律的手段加以取缔,表面上看似乎是合理的,也是比较容易的。但在实际生活中,只要正规的金融机构的服务满足不了农村社会日益多样化的资金需求,这类介于正式组织与非正式组织之间的组织就存在着生存的土壤。而且要准确地定性也并非容易。如同样是合会,案例1的性质属于非盈利民间互助组织,虽然其后来出现了金融诈骗一事,而案例2则属于以盈利为目的的非法组织。对于不同的形式应该加以区别对待。总的来说,对合会一类组织应该以限制为主。

四、民间集资——一种漠视风险的大规模民间借贷

在农村,少数大户、专业户和有一定规模的乡镇企业都有可能产生对大规模资金的需要,出现民间集资的情况。集资形式包括生产性集资、公益性集资、互助合作办福利集资和纯营业性集资等,具体包括以劳带资、入股投资、专项集资、联营集资和临时集资等。民间集资形式的创新夹杂着对风险的漠视以及欺诈的骗局,不时在一些地区引发社会震荡。1997年的亚洲金融危机促使政府加大了治理非法集资的力度。1998年4月,国务院颁布了《非法金融机构和非法金融业务活动取缔办法》,提出了"变相吸收公众存款"的概念,同时设置了"未经依法批准,以任何名义向社会不特定对象进行的非法集资"的兜底条款,极大地扩展了监管机关的权限空间,为其监管执法行为增加了更多的灵活性,使一些游走于不同监管机关的权力边界之间的集资形式创新重新回到监管的框架内。大规模的集资特别是规模较大的公募资金,没有经过批准是不受法律保护的。

案例1:纯营业性集资案——西安金园公司集资案。西安金园汽车产业发展股份有限公司(以下称金园公司)法定代表

人董某找到被告人王某担任法定代表人的陕西明道启圣投资管理有限公司，签订协议进行"海外上市"包装，双方编造海外上市谎言，以在海外上市为名发行原始股，以快速增值作为诱饵，实行诈骗。从 2006 年初开始，王某等人在全国范围内陆续联系了 50 余家中介公司，合作开展金园公司的股权转让事宜，并在多家媒体上不断发布金园公司将在海外上市、公司业绩良好等方面的虚假消息。王某成为全国总中介并向各省市分中介公司非法发行股票诈骗。大量购买金园公司股权的"股民"直接将款汇到指定银行账户上。"股民"汇款购买假的股权后，得到虚假的证明，金园公司则承诺 2006 年 9 月底将在海外上市。不到半年，王某、董某等犯罪嫌疑人先后被警方抓获。经审查，王某、董某涉嫌非法集资、诈骗股民 2700 余人，资金达 6200 余万元，其中个人购买股票最多的达到 147 万元，涉及全国除西藏、海南、港澳台外的 29 个省区市，132 个地市，还有不少日本人。2008 年 7 月 21 日西安市中级人民法院对此案作出一审宣判，判处主犯王某无期徒刑，并处没收个人全部财产；董某有期徒刑 10 年，并处罚金人民币 40 万元。截至 2008 年 8 月 5 日，警方已追回受害人资金 3000 余万元。

案例 2：生产性集资案——重庆梁平县和安徽亳州案。我国的一些中小私营企业，由于多种原因，常会出现资金短缺现象。而部分私营企业却不符合银行贷款门槛，为了解决资金短缺问题，一些企业便向职工集资，并许诺支付一定的利息。重庆市梁平县工行支行 2006 年 7 月对 14 户私营企业进行了调查，14 户企业都有向职工集资行为，共集资 136 万元。安徽省亳州市工行支行 2005 年对 50 户中小企业进行了调查，其中 38 户企业有向职工集资行为，并且股东和职工集资总额占其民间借贷的 32%。

通过上述两个案例，我们可以看出，两个案例性质完全不同。案例 1 严重干扰了金融秩序，必将受到严厉打击，而案例 2

则有点资金互助性质,既没有受到打击,也没有得到肯定和提倡。

五、农村合作基金会——一关了之

农村合作基金最早是一种新型社会保障组织,后演变为农村合作基金会。农村合作基金会是合作制集体经济组织。1983年一些乡村为有效地管理、用活和清理整顿集体积累资金,将集体资金由村或乡管理并有偿使用而设立基金会;1984—1986年处于萌发阶段;1987—1991年处于改革试验阶段,逐步得到政府和有关部门的鼓励和支持;1992以来,开始处于推广和稳步发展阶段,在1995年前,在当地农业行政主管部门的批准下,全国农村相继建立了农村合作基金会,有区级的、乡镇的、村级的。基金会筹集资金渠道主要有:①集体积累资金,即向农民收缴的各项统筹提留资金。如水利费、土地使用费、公路养路费、五保户军烈属、民兵训练费、文教卫生科技服务费等。②农业发展资金:上级拨付或捐赠的支农建设资金。③农户入股资金,并对农户实行入股自愿、退股自由的原则吸纳。④代管资金:财政拨给乡(镇)事业单位的经费收入、各项罚款或收入。就总体来看,合作会基金是由乡村个人和集体两部分构成的。从当时各地的实践来看,尽管个人资金在基金总额中的比例在不断增加,但集体所有的资金还是占主导地位。因此,这种合作基金会具有集体合作经济组织的性质。合作基金会资金主要用于:乡(镇)、村办企业,农用基本建设,农户种养殖业,农户生活困难救济等。合作基金会是农村改革以来出现的新生事物。自20世纪80年代试办以来,在保证农村资金基本上用于农村,支持农业,防止农村资金外流方面,起到了不可替代的作用,在一定程度上缓解了正式金融体制安排下资金供给不足的矛盾,有利于农村经济的发展。特别是它采用短期、小额、优惠的方式很受农民的欢迎,对农户发展农业的支持具有其他金融组织不可比拟的优越性。

但是,它在发展过程中,也存在不少问题。大部分农村合作基金会违反其初衷,以招股名义高息吸收存款,基金会将筹集资金用于发放贷款,违反金融法规经营金融业;内部管理混乱,严重地影响了农村的金融秩序。1999年,国务院下令取缔农村合作基金会。被很多理论家视为农村金融的未来希望的农村合作基金会就此灰飞烟灭了。

虽然农村合作基金会这种形式已不再存在,但我们仍可通过对其分析,借鉴其优点,摒弃其缺点。农村合作基金会在其存在的历史阶段,一方面填补了基层农村金融体制断层,其业务主要面向小农户,从事银行、信用社认为业务不经济的小额信贷服务,能够以灵活的金融活动来弥补银行、信用社的不足;另一方面,从近些年的实践经验看,只有在那些农村合作基金会发展较好的地方,高利贷才得以被抑制。然而在其发展的过程中政府对它进行了过多的行政干预,且由于缺乏完善的监管机制,导致了许多凭关系、走后门的情况发生,农村合作基金会的功能被严重扭曲。

第三节 农村非正式金融的利率分析

非正式金融的利率与正式金融市场形成的利率既有相同之处,又有不同之处。非正式金融的利率既有零利率的,也有高于有关法律规定的最高利率水平的高利贷。高利贷的屡禁不止常常是社会各界口诛笔伐非正式金融的重要理由。那么,非正式金融的利率是否合理,它是由哪些因素决定的呢?

非正式金融的利率从一般意义上讲,会受全社会市场平均利率的影响。当宏观经济处于景气阶段,消费和投资热情高涨,会使资金的价格上升。非正式金融的利率也会受到影响而同步上升。相反,当宏观经济处于萎缩时期,消费和投资倾向趋淡,会带来资金过剩而引起资金价格的降低,进而影响和带动非正式金融利率下降。

一定时期的宏观经济政策,特别是货币金融政策也会对农村民间信用市场产生影响。扩张性的货币政策会加大正规金融部门的竞争力量,减少非正式金融的市场份额,压低非正式金融的利率;相反,宏观上实行紧缩的货币政策,会刺激非正式金融利率的上扬。可见,民间的利率虽然有时高于正式金融机构的利率,但是,在一定程度上能够比较真实地反映金融市场的资金价格。

但这只是一般的规律。除受此一般规律影响之处,非正式金融利率还有自己独特的制约因素,这就是经营风险及垄断、信息不对称和农户收入变化。

一、经营风险及垄断

印度经济学家苏布拉塔·加塔克从供给的角度说明了非正式金融的利率决定因素,认为非正式金融的利率(r)基本上由四个因素决定的,用公式来表示就是:$r = \alpha + \beta + \gamma + \pi$。

公式中,α 为管理费用;β 为风险费用;γ 为放款的机会成本;π 为垄断利润。管理费用不会很高,机会成本也很低,因为金融机构的储蓄利率也比较低。这样,民间借贷的利率主要取决于风险费用和垄断利润两个因素。在农村,如果农业产量和农民收入水平提高,农民的债务偿还能力相应提高,拖欠的概率就会降低,风险费用会相应减少,致使利息率降低。而利息率下降会削弱放款人的资金垄断权利的机会。[①] 按照这一模型,民间借贷的利率水平与农村的经济发展水平呈正相关关系。然

---

① 以上公式参见韩俊等著:《农村市场经济体制建设》,江苏人民出版社 1998 年版。

而,这种模型的缺陷是只从供给的角度来考虑问题,没有从需求方面考虑问题。多少有些脱离近年来的中国农村发展的实际情况,仍然无法解释中国农村民间借贷利率的形成机制。

在中国农村的广大地区,表面看来,似乎是随着农村经济的发展,农民收入水平的提高,借贷的数量会减少,其实现实情况要比这种推理更复杂。现实情况是,农村经济的发展、农民收入水平的提高未必能够减少资金短缺,相反却会使农村资金进一步短缺,从而增加了资金持有人获取高额垄断利润的机会。这主要是因为农村改革以来,农民对资金的需求结构发生了变化,农户的投资意识不断增强,即生产经营性资金需求比重在上升,生活方面资金需求的比重在下降,农户对资金需求的增长速度远快于农民收入的增长速度,这一点在经济发达地区更明显。

如果把正规金融机构对农村金融服务的状况因素考虑进来,情况会复杂一些。如果农村的正规金融机构的服务范围能够覆盖到广大的乡村农户,使他们生产和生活中所缺资金能够得到解决,这必将有效地冲击农村食利阶层的垄断利润。但是,由于种种原因而造成了正规金融机构的服务覆盖长期与广大农户脱节,农户对资金需求的主要有效渠道不得不依靠非正式的民间借贷,这必然为农村的食利阶层进行资金垄断提供更多的机会,从而造成民间借贷利率水平的提高。

在非正式金融中,自古以来就存在利息远高于正式金融机构的高利贷现象,一些地方至今仍沿袭着“驴打滚”的利滚利借贷方式。如何看待和评价这一现象呢?前面论述过,决定民间借贷利息的因素之一是风险费用。由于民间借贷无论是合同的形式还是对需求者的资产评估,合约的履行等方面都很不规范和不确定,因此对贷方而言风险值增大,借方到期无力偿还的现象还并不鲜见,甚至血本无归的情况也不在少数。对于贷方而言,如果利率不高于同期正规金融机构的存款利息而放贷,等于是做出与自己的风险和收益不对称的行为选择。对于借方来说,因正规的金融机构的贷款来源被堵死,遇到急需资金时只好接受高利贷的借贷。因此,民间利率高于正规金融机构的利率有其合理性一面。

从农村信贷活动的供给方来讲,非正式贷款人的信贷供给必然表现为供给方的垄断。按照垄断市场的经济学原理,垄断的供给方有能力对其所提供的产品实行配给,从而获得超过边际成本的垄断收益。我们借助于下图来进行分析。

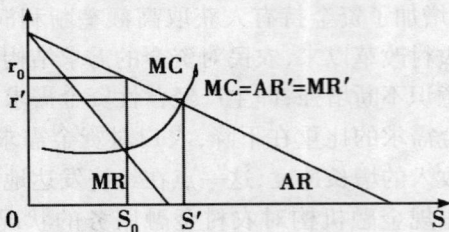

图　民间金融垄断利率决定模型

上图是由标准的新古典垄断厂商模型改造而成的民间金融利率决定模型。在该模型中,横轴 S 表示民间信贷供给,纵轴 r 表示民间利率,AR、MR 分别表示信贷供给方面临的平均收益曲线和边际收益曲线,MC 表示提供信贷的边际成本曲线。假定信贷供给方按照边际成本等于边际收益原则决定信贷供给,那么 MC 与 MR 相交时,信贷供给均衡于 S_0,对应于 AR 曲线,均衡利率为 r_0。如果信贷市场是充分竞争的,那么信贷供给方的平均收益曲线和边际收益曲线分别为 AR′和 MR′(两曲线重合于 AR 线)。信贷市场达到均衡时,决定的最优信贷为 S′,最优利率为 r′。显然,从图中可知,$S′ > S_0$,$r′ < r_0$。这说明,非正式金融中供给方的垄断,使得其索取的利率比正规金融部门的利率要高。再从非正式金融的需求方来看。作为民间金融的主要借方,农民(在这里不分析乡镇企业)的贷款需求受到了来自于自身特征的限制。农户的贷款需求具有季节性、临时性、异质性、

贷款的不同用途难以区分等特点,这些特征不仅使得正规金融机构对于农户贷款的逆向选择和道德风险难以把握,而且也为民间金融索取较高的利率提供了现实的依据。此外,农民不能够提供有效的抵押品,所依赖的是抵押品化的社会关系;而抵押品化的社会关系并不意味着是无偿获得的,往往是以一定意义上的人身依附或人处在弱势地位,没有与放款人进行平等谈判的地位。

借贷市场的分割进一步强化了垄断的程度。因为地域特征强、交通不便、信息闭塞等原因,民间借贷市场处于彼此分割的状态,借贷资金的流动受到极大的限制,利润率平均化过程受到阻碍。对于供给方来讲,市场的分割导致其垄断地位的增强,潜在进入的威胁减少,追求超额利润的动机膨胀。即使存在若干个小范围的民间金融子市场,但由于地区的差异和民间金融市场的地缘性、血缘性等特征,也难以通过放贷人之间的竞争来降低居高不下的利率。而对于需求方来讲,由于同样的原因,也难以在众多的资金提供者中进行选择。在这样的条件下,即使存在其他利率更低的市场,也会造成借款人搜寻这样的市场的成本增大。两方面的因素结合起来,对于居高不下的民间借贷利率起到推波助澜的作用。

由于非正式金融的交易一般发生在社会关系比较紧密的人群之间,人们的关系链无法得到更大的扩展,因而社会信用圈比较小。对于放贷方来讲,其客户的扩展受社会关系的限制,因此,单位资金成本较高,不能够形成规模经济的优势。另外,对于不同农户贷款的不同用途,不可能实行统一的甄别和监督成本。两方面结合起来,使得规模经济不能够体现。为了弥补因此导致的成本增加,必然会抬高所索取的利率。加上贷款的数量不大,负担的固定成本过高,必然导致利率高于边际成本,以达到补偿平均成本的目的。

在非正式金融活动中,很多大额借款和高利贷都需要中介人,一方面,由于中介人对借贷双方的相关信息比较了解,因此可以把借款人和贷款人连接起来,从而促进了民间借贷活动的发展。但是,对于中介人来讲,为了详细地掌握借贷双方的相关信息,必然要花费时间和金钱成本进行搜索。为了弥补该项成本,中介人必然要求借款人给予补偿。另一方面,在借款人违约的条件下,中介人一般都必须承担一部分甚至是全部的违约责任。这样,中介人就面临着为借款人偿还债务的风险。为了对此风险加以补偿,中介人必然在贷款的利率上动点子。两方面结合起来,就是中介人索取的中介费用,它构成了利率的组成部分,从而抬高了利率的水平。

从形式上看,民间存在无偿借贷的形式,但实质上民间的无偿借贷也是有利率的,只是利息的支付形式不一定为现金罢了。无偿借了人家的钱,要背上因借贷而带来的"人情"的包袱。为了偿还这笔"人情"债,债务人或者是通过为贷方劳动帮工的形式,或者通过经常在人面前说好话的形式,或者在可能的条件下也给借自己钱的人提供无偿借款的形式以及其他形式进行补偿。这种为债权人提供的各种服务对债务人来说,等于支付了利息。总之,在非正式金融中,无论形式如何都不存在"免费的午餐"。

二、信息不对称

新古典经济学在市场是充分的,信息是完备的假定下证明了通过市场本身能够实现均衡,并实现社会福利最大化。20世纪70年代以来,信息不对称理论突破上述假设,并取得巨大成就。

美国经济学家、诺贝尔经济学奖得主乔治·阿克劳夫(George Akerlof)在1970年发表《柠檬市场:质量不确定性和市场机制》论文,被公认为是信息经济学的开山之作。柠檬在美国俚语中是"残次品"或"不中用的东西",柠檬市场是分析在信息不对称时,会出现逆向选择,导致了市场的低效率和市场失灵。

阿克劳夫逆向选择理论揭示了看上去简单实际上又非常深刻的经济学道理。逆向选择问题来自买者和卖者有关车的质量信息不对称。在旧车市场上,卖者知道车的真实质量,而买者不知道。这样卖者就会以次充好,买者也不傻,尽管他们不能了解旧车的真实质量,只知道车的平均质量,愿意按平均质量出中等价格,这样一来,那些高于中等价的上等旧车会退出市场。接下的演绎是,由于上等车退出市场,买者会继续降低估价,次上等车会退出市场;演绎的最后结果是:市场上成了破烂车的展览馆,极端的情况是一辆车都不成交。现实的情况是,社会成交量小于实际均衡量。这个过程称为逆向选择。

为更加清楚地说明逆向选择理论模型。我们可以考虑最简单的情况,假定卖者出售的车有两种可能类型:$\theta = 8000$(高质量)或 $\theta = 2000$(低质量),每一种车的概率分别是 $1/2$;买卖双方有相同的偏好且对车的评价等于车的质量。显然,如果买者知道车的质量,那么均衡价格 $P = 8000$(高质量)或 $P = 2000$(低质量)。如果两类车都进入市场,车的平均质量 $E\theta = 5000$,由于买者不知道车的真实质量,不敢保证出高价就能买到高质量 $\theta = 8000$ 的车,所以,愿意出的最高价格 $P = 5000$,希望能够买到 $\theta = 8000$ 的车,但在此价格下,高质量车的卖者将退出市场,只有低质量车的 $\theta = 2000$ 卖者愿意出售。买者知道高质量的车退出以后,市场上剩下的一定是低质量车的卖者。唯一的均衡价格是 $P = 2000$,只有低质量的车成交,而高质量的车退出市场。如果市场上是 $\theta = 8000$ 到 $\theta = 2000$ 的连续分布,尽管推理稍微复杂一些,但同样证明这一理论。

这个例子尽管简单,但给出了逆向选择的基本含义:一是在信息不对称的情况下,市场的运行可能是无效率的,因为在上述模型中,有买主愿意出高价购买好车,但市场这一"看不见的手"并没有把好车从卖主手里转移到买主手中。而按照传统经济学的理论，市场调节下供给和需求是总能在一定价位上满足买卖双方的意愿的。二是这种"市场失灵"具有"不利选择"或"逆向选择"的特征，即市场上只剩下次品，这也就是人们通常所说的"劣币驱逐良币"。这一结果很重要，因为按照传统理论通常的思路，市场的竞争机制应导出相反的结论，即"良币驱逐劣币"或"优胜劣汰"。可见，引入信息不对称会深刻地改变我们分析问题的角度，并能改变很多被认为是"常识性"的结论，使市场有效性理念又一次遭到重创。

美国经济学家、诺贝尔经济学奖得主约瑟夫·斯蒂格里茨（Joseph Stiglitz）把逆向选择理论应用于信贷市场，解释了信贷市场的特点。约瑟夫·斯蒂格里茨与安德鲁·魏斯（Andrew Weiss）在1981年合作的划时代论文《不完全信息市场上的信贷配给》，创造性地分析了信贷市场由于信息不对称而引起的逆向选择和道德风险，指出企业存在的骗贷行为与信息不对称有关。他们认为银行降低坏账损失的最优策略是对贷款进行配给而不是提高贷款利率。这些创见因现实世界信贷配给十分普遍而使研究更进一步接近更为现实的信贷市场理论，并对公司融资、市场理论和宏观经济学的研究也产生了巨大影响。在古典经济学中，供大于求利率就会下降，供不应求利率就会上升。如果供求总平衡的话，均衡利率会很容易确定下来，长期来看供求平衡。约瑟夫·斯蒂格里茨对这一理论提出了质疑，他发现在借贷市场上供求不相等是一个长期的现象，实际利率比均衡利率要低。

贷款人的投资是有风险的，而且不同的贷款人的风险偏好不同。那些对未来投资回报率预期较高的人，愿意接受较高的利率，如果银行想通过提高利率来提高效益，就会把那部分预期有稳定回报的低风险投资者拒之门外。贷款给高风险者，银行的风险就会增大。如此循环下去，最终结果是贷款质量下降。

不但不能提高银行的利润,反而会蕴藏着巨大的金融风险。约瑟夫·斯蒂格里茨解释为,银行靠提高利率的办法无效,而采取信贷配给是有效的方式。在所有申请贷款的人中,只有部分人能够得到满足,哪怕有部分人想提高利率来获得更高的贷款,银行也不会同意。银行是通过有选择性地给申请人贷款的办法来降低风险。用他的理论可以解释为什么发展中国家的一些民间信贷市场上利率奇高无比,原因也是"劣币驱逐良币",即风险大的借款人驱除了风险小的借款人,只有使得利率调到高位,才能抵消高风险成本。

在农村的民间金融上,高利贷存在的主要原因是借贷双方的信息不对称。为了降低信用风险,贷方需要用高价格来弥补潜在风险。利率提高,还贷能力强的低风险群体就退场,而高风险偏好的投资者或者不在乎利率的高低或无力考虑利率的高低。非正式金融市场又不具备商业银行所具备的信贷考核制度与配给机制,利率自然就被抬高了。

三、农户收入变化

在农户追求预期效用最大化的假设前提下,随着收入的增加,农户的面子成本会上升,支付利息的能力和意愿都会提高,所以农村友情借贷市场利率与农户的实际收入正相关;对于非友情借贷,在农户追求借款利润最大化的假设前提下,经营活动的机会成本决定借款人对利率的谈判能力,在其他就业机会中获得的收益越高,对利率的承受能力越低;而其他就业机会中获得收益的增加,农民实际收入增加。从而得出农村非友情借贷市场中的利率与农户的实际收入负相关。综合友情借贷市场与非友情借贷市场的金融需求角度的利率决定特征,可以得到农村借贷利率决定图,如下图所示。

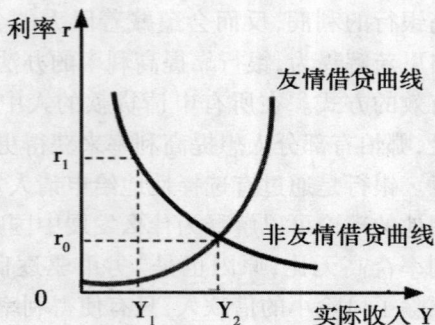

图　农村借贷利率的决定

由于我国目前农民实际收入水平不高(大概位于图中的 Y_1 点所示位置),决定了中国农村非友情借贷与友情借贷的分离均衡。非友情借贷的利率很高,为 r_1;友情借贷的利率很低,几乎为无息。概括起来就是中国农村友情借贷市场通常是无息或低息,而在农村非友情借贷市场却出现了高息的情况,即在中国农村社会延续了数千年的高利贷。由此可以进一步推论,要在中国农村经济中得到商业性均衡借贷利率,最根本的途径是增加农户的实际收入。在图中,随着实际收入的增加,非友情借贷利率会下降(随着实际收入增加,农户越来越不会因为生活所迫而借高利信贷),而友情借贷利率会相应上升,因为在收入提高的情况下,农户更看重"面子"。他们会宁愿支付一定数量的利息,而不愿欠人家的"人情债"。最后,当农户实际收入增加到 Y_2 时,就会出现农村金融市场的均衡利率 r_0。

第四节　农村非正式金融的效应分析

改革开放以来非正式金融的兴起与发展,是市场机制自发作用的结果,是官方金融约束政策下市场自发的金融深化。非正式金融在全社会特别是在县域农村经济发挥了集中节余资金进行社会化配置、从而延续消费与再生产链条的职能。从这个意义上说，非正式金融在我国经济转型中的存在，不仅是不可或缺的，一定程度上还是不可替代的，它有利于缓解金融抑制、促进经济增长，有利于推动产业升级、增强经济活力，有利于矫正二元结构、缩小城乡差距。当然，非正式金融市场对经济金融运行和金融宏观调控有一定负面影响，对此我们必须要有清醒的认识。

一、非正式金融的积极效应

（一）解决了农村市场对资金的大量需求，对促进农村经济发展具有不可忽视的积极作用

目前，我国大部分农村的生产组织依然保持着传统农业的经营规模狭小、劳动生产率低下、资金盈利低的原始形态，因而农户的收入水平一般不会很高，抵抗意外风险的能力也就较弱，若遇天灾人祸导致农业歉收，或家庭礼仪支出过多，或是农副产品销路不好等，农民便极有可能陷于入不敷出的境地，再加上自身积累能力的不足，导致农民在生活与生产等方面举债不可避免。农村中的一些个体及私营企业由于经营规模小，自身资金有限，受银行贷款手续多、周期长及担保抵押的制约，常常借助民间借贷进行资金周转。可以说，如果没有非正式金融，农业生产和农村经济的发展都会受到一定程度的影响。

（二）为民间大量的闲散资金找到了出路

近年来，随着经济的发展和人民生活水平的提高，民间积累了大量的闲散资金，特别是江浙一带，仅温州地区就有1000多亿元。对江西、四川、湖北等欠发达省份，外出打工人员的收入不断回流，不但成为金融机构重要的资金来源，也成为民间融资主要的资金来源，有50%以上的农村民间融资是打工回流资金。根据2006年的调查，仅重庆市梁平县外出务工人员有20

多万人,70%的农村家庭至少有一人在外打工,务工收入达9亿元。有源源不断汇回或带回的打工收入才使农民手中有了富余资金。随着人们金融意识的增强,民间的大量资本自然有投资、投机的动机。我国银行存款利息较低,为追求利益的最大化,庞大的民间资金必然要寻找新的出路,所以,非正式金融便成了大量的民间闲散资金的主要投资渠道。

（三）弥补了正规金融收缩服务的间隙,缓解了金融抑制

在我国,国有商业银行是金融体系的主体,资本金占比70%以上,资产规模达80%以上,近年来,国有商业银行由于体制和管理上的问题导致不良贷款比重上升,从而采取了上收贷款审批权限,提高贷款发放的门槛等措施;特别是从1998年至今,四大国有商业银行共撤并3万多个县及县以下机构。工农中建四大行已基本取消了对农业的放贷。农业发展银行作为我国唯一的农业政策性银行,由于定位和功能的狭隘,无法发挥正常的支农作用。以湖南省的一个市为例,其下辖的7个农村县(市)金融服务网点,2004年比2000年减少了101个。农业银行剩下的51个营业所,大部分相当于储蓄所的职能,只揽存不放贷;支行也存在职能弱化的情况,有一家县支行5年来只发放贷款30万元。江西省1998年以来金融机构从县域地区撤并的营业网点达2790多个,不少乡镇成为金融盲区。在这种情况下,民间借贷的进入刚好弥补正规金融收缩服务的空间,满足了农村多层次的金融需求。

（四）推动了金融机构服务水平的不断提高,有利于推进利率市场化,增强民间资金配置效率

首先,民间融资造成居民储蓄存款的大量分流,为增加储蓄存款,金融机构必须采取各种措施,提高资金筹措能力,如存款营销制度、理财服务等;其次,民间融资会促使金融机构转变贷款营销理念,加快信贷新业务的创新;第三,民间融资随行就市体现出利率市场化的特征,民间融资资金来源主要是现金和银

行存款,通过支取银行存款,促进了资金在欠发达地区循环,通过资金的合理流动,有效调剂民间资金余缺,提高了资金的整体使用效率。

（五）强化了信用意识,提高了农民的诚信观念,体现了中华民族互通有无、互帮互助的传统美德

民间融资是建立在借贷双方诚信基础上的一种有偿互助机制,在当今信用体系建设还不完善的情况下,民间融资不但解决了资金供需双方的需求,也强化了经济实体之间相互信赖、相互帮助的民间借贷关系的硬约束,在一定范围内为社会信用体系建设营造了良好的氛围。非正式金融的实质是城乡居民之间互相调剂资金,特别是那些免利息的亲情、友情借贷,解决燃眉之急,同舟共济,互相帮助,这是我们民族一直保持的优良传统,非常有利于三个文明建设的健康发展,有利于促进社会和谐。

二、非正式金融的负面效应

（一）非正式金融的利率失控

在非正式金融市场中,高利贷的存在是不争的事实,它不利于中央银行对市场资金利率的统一管理,弱化了国家运用利率杠杆调控资金供求关系的能力。高额的利息支出,加重了生产经营者或农民的负担,严重干扰与侵犯了国家对储蓄与借贷等金融管理的正常秩序。据人民银行南昌中心支行调查,高利贷在农村比较普遍,约占非正式金融市场的30%左右。这种高利贷月利率多数在10%～20%之间,极少数特殊用途的高利贷,月利率高达30%,但期限多在1个月以内。根据最高人民法院的司法解释规定,非正式金融的利率可以适当高于银行的利率,但最高不得超过银行同类贷款利率的4倍。但是,从历史和现实来分析,非正式金融的利率常常因无管制而导致市场混乱,从而引发社会问题。

（二）农村非正式金融容易滋生个人非法金融问题

农村民间金融制度安排依靠农村社会关系网络,这种网络具有区域性,当制度参与者超过一定区域时,信息不对称问题就不可避免了,拥有信息多的一方可能损害拥有信息少的一方。即使制度参与者之间的信息不对称问题不严重,也存在潜在风险。一般而言,社会关系网络的约束成本是稳定的,但金融收益是不固定的。当金融交易额较小时,金融交易者违约可能性较小,当金融交易额超过一定临界点时,违约的收益大大超过固定的约束成本。总体上说非正式金融具有很强的风险因素。以合会为例,随着其会员数目的增加和相互之间了解的程度的减少,盈利性功能逐渐突出,安全性就不断地下降。一般情况下,风险并不为外人所知,只有当出现倒会时,风险才以放大形式曝光。比如,最新的合会倒会案例是福建省福安标会大规模倒会事件,倒会始于2004年5月16日,估计涉案金额9亿元。此前,福安标会资金通过"会抬会""会套会"的形式被那些会首集中,大量流入当地赌场,利率不断标高,资金流动不断加快,新会的会期不断缩短,一些会首、会员由于不能及时支付会钱,导致标会的资金链发生断裂,从而引发崩盘。福安标会倒会案涉案人员在2004年12月14日被判刑,既涉及"集资诈骗",又涉及"非法吸取公众存款罪"。

（三）农村非正式金融容易产生经济纠纷

一方面,民间金融大部分都是乡村邻里、亲朋好友等社会小团体的基础上建立起来的,其信用域极其有限,资金规模往往较小,抵御市场风险的能力较差;另一方面,由于非正式金融的债权人或者是碍于情面,不好意思获取必要的证明手续,或者是以获得高额利息为目的,缺乏对借款对象的审查和对借款用途的有效监督。而借款人由于急需用钱,不论利率高低,自己承受能力如何,只管把钱弄到手。结果往往是债权人不能按期收回资金或根本无法收回,债务人不能按时归还借款,从而引发债权、债务纠纷。

（四）农村非正式金融给国家产业宏观调控带来困难

一些用途不好、效益不好、不符合国家产业政策的投资项目被银行卡住以后，非正规金融便为其融通资金，使国家的调控手段大打折扣。如近几年的煤炭行业，受高额利润的驱使，只顾眼前利益，在已有一定数量和规模的情况下，一些小规模的煤矿、煤窑仍然应运而生，小煤窑的大量上马和乱开采，使森林资源遭到破坏，矿工的生命安全也受到威胁。而这些小煤窑能得以投产，从资金上来说，是得益于非正式金融。总之，非正式金融助长了投资的盲目性，带来了重复建设、资源浪费、环境污染等负面效应。

（五）农村非正式金融给国家金融宏观调控带来困难

首先，一些民间借贷机构从一开始就是有先天的痼疾，业务经营存在不规范，如高息揽存，盲目贷款。由于民间借贷活动的频繁发生，个别人尝到了甜头，逐步从单纯的借款活动中分离出来，非法吸收存款，高利率发放贷款，办起了非法"地下钱庄"，扰乱了金融秩序，给社会安定和经济发展带来不稳定因素。其次，民间借贷游离于国家政策法规之外，脱离了人民银行的监管范围，国家无法掌握其规模和问题，缺乏制度保障，存在很强的制度风险。第三，民间借贷活动在金融机构之外进行，造成大量资金体外循环，干扰了金融机构业务的正常运转，给国家的货币政策造成冲击。

（六）非正式金融目前还难以得到法律的保护

虽然民间借贷在我国古代就已经存在，但新中国成立以来政府对其活动经历了由禁止、打击到默认而不提倡的过程。即使在改革开放以来，其一直作为地下经济的一种以灰色状态生存。目前虽已引起重视，但由于缺乏法律保障，非正式金融市场还处于半地下状态。经济金融界正在讨论如何引导、规范和发展民间借贷。

第五节　非正式金融的引导及规范

在农村发展中,特别是农村工业的发展中,资金已经成为一个重要的制约因素。农民进入非农产业往往得不到有效的资金支持,特别是小企业和家庭企业在起步或遇到资金周转困难的时候,也得不到资金扶持,这大大制约了农村经济的发展。在解决农村资金不足的问题上,有两种方式可以选择:一是加强正规金融的服务,对现有农村金融机构进行改革,增加信用社的贷款和储蓄能力;二是发挥非正式金融的作用,促进有序的民间金融市场的形成。农村非正式金融作为一种内生的制度安排,其产生和发展有其客观必然性。它在弥补农村资金供求缺口、促进个私经济发展等方面起到了积极的作用,但在一定程度上也扰乱了农村金融秩序,增加了社会不稳定的因素。因此,我们有必要合理引导和规范农村非正式金融,将其纳入可监控的范畴,通过有效手段降低非正式金融的风险。

一、明确民间金融的地位,改善农村金融领域中二元结构的紧张与对立,为民间金融市场的健康发展创造良好的社会环境

民间金融的市场空间实际上取决于正规金融的市场空间,因为实际的金融需求是由经济活动所决定的,对金融系统来讲,这个需求是外生的,正规金融无法满足的需求,必然由民间金融或非正规金融来满足。对民间金融的认识,有一点应该澄清,即民间金融不等于非法金融,尽管现在的法律政策对民间金融仍然采取相对严厉的态度,但在法律禁止和正规金融已经占据的市场之间,民间金融仍然有广阔的空间。从制度经济学的角度看,民间金融也是一种有效的制度安排,而且具有自发性,在应对正规金融难以解决的信息不对称等问题时,民间金融有自己的独特优势,可以有效降低交易

成本。尊重民间金融,客观认识民间金融,注意学习和研究民间金融,依法对民间金融进行合理的引导和管理,可能更有利于正规金融和民间金融的合理竞争和良性互动。目前,我国农村金融领域二元结构比较明显,从规范我国农村民间金融的法律法规来看,民间金融与正规金融的关系是紧张的,而不是互补的,主要表现在:一是对农村民间金融一律限制甚至禁止。这种一刀切的方法显然是不合适的,从发达国家的经验看,即使在经济发展到了一定水平,大银行、股票市场、二板市场等正规的金融安排与其他正规和非正规的金融机构、金融安排都是同时存在的,其服务于不同特点的不同对象。所以,对于农村的金融安排要考虑到我国的经济和农村发展水平。二是人为地将正规金融与民间金融对立起来。这种思想和做法本质上是对民间金融的一种歧视。要放弃用正规金融一统农村金融的设想,正确认识正规金融与民间金融对农村经济发展的互补作用。要有条件地允许民间金融的合法化,为发展农民自主参与的各种民间金融,提供良好的环境条件。从国外的经验来看,美国、日本等发达国家都曾通过使民间金融"合法化"的方式来规范民间金融,并取得了较好成效。我们要积极鼓励正常的农村民间金融活动,给民间金融以合法的空间,以使规范意义的信用合作拥有温床和土壤。

二、引导与堵疏结合,规范借贷行为,加强政府对民间借贷市场管理

(一)加强宣传,充分发挥舆论导向作用

要大力搞好宣传工作,让群众了解民间借贷活动必须严格遵守国家法律和行政法规的有关规定,遵循自愿互助、诚实守信的原则。

(二)制定符合当地特色的关于非正式金融市场的地方性法律法规

金融监管部门要在对民间借贷活动深入调查的基础上,尽

快制定《民间借贷管理办法》或《民间借贷管理条例》,承认民间金融的合法地位,以弥补该方面的法律空白,并制作一份规范的民间借贷协议,规范民间借贷行为,限制民间借贷涉入范围,明确民间借贷双方的权利和义务,以减少纠纷。

(三)对于各种不同组织形式的非正式金融应该分别加以对待

对于非常久远的民间自由借贷,除高利贷要依法严厉打击外,其他形式的自由借贷在政策上要继续加以鼓励,要尊重民间的自愿互助,发挥其对正式金融机构服务不足的补充作用,同时要引导其逐步走向规范化,要尽量减少借贷合约中口头契约数量,增加书面契约的数量。对于"钱庄"等类似性质的并且扰乱农村正常金融秩序的非正式金融要坚决予以取缔。合会之类的民间金融组织,原则上是中国文化传统的组成部分,不能禁绝。为防范风险,可以规定一户家庭一月所入会脚金额之和不得超过一定金额,所获会金总额不得高于一定金额,以减少倒会可能性。对于民间集资,要根据不同情况具体分析。对于农村公益性集资、互助合作办福利集资,如村民共同出资修路、修水利等出资形式,应予以鼓励;对于一些乡村企业内部职工入股集资、专项集资、以劳带资等生产性集资,可采取不鼓励也不限制的政策;对于一些打着合作开发名义而进行的非法集资,如一些地方出现的借种植、养殖、项目开发、庄园开发、生态环保投资等名义的非法集资,要按照有关法律法规严厉打击;对于纯营业性集资,同样要予以严厉打击。

(四)建立和健全农户、农村中小企业信用制度

首先,完善我国征信体系。把民间借贷中的农村中小企业、农户及其他借贷人的信用纳入整个征信体系,使我国征信体系得以完善,从根本改善我国的银行信贷环境。2001年以来,温州市由政府大力推动,联合各有关部门和金融机构,打造"信用温州",建立企业信用信息平台;目前,浙江省也正在全力推进

"信用浙江"的建设;而上海市近年来在个人征信试点方面也取得了成功的经验。

其次,建立信用评级机构,把通过征信体系收集来的信息进行分析和处理,并根据信用评估标准对借款人进行信用认证与评级,完善信用管理体系,保护守信者,处罚违反信用者。

第三,建立信息管理公司,把这些信用资源集中起来,大力发展社会信用基础,切实搞好居民信用纪录等,为银行更好地介入民间借贷打好坚实的信用基础,并做成电子档案可随时备查,做到社会资源共享。

(五)建立监测体系,防范借贷风险

一方面,要建立起有效的监测制度。通过统计局农调队或农村金融监管组织定期采集民间借贷活动的有关数据,及时掌握民间借贷的资金量、利率水平、交易对象,为有关部门制定宏观政策提供数据支持,并相应地将民间借贷行为纳入宏观调控体系。另一方面,可在民间借贷活跃地区设立相应管理机构,为借贷双方当事人在借据合同的规范性、利率的法律有效性等方面提供咨询和指导,并对因借贷引起的纠纷进行调解。

三、组建农村民营金融企业,将民营金融纳入金融监管范围

由于农村非正式金融规模较大,因此,需要政府及金融机构对民间资本进行积极的引导,把丰富的民间资本通过正常渠道引入到正规金融领域中。目前关键要结合农村信用社的改制,打破国家垄断、部门垄断、行业垄断,有步骤地向民间资金开放竞争性领域,拓宽民间资金投资范围,鼓励并规范民营企业家以多种形式参与金融投资,发展民营金融。国外在这方面的一些做法值得借鉴,如法国农业信贷银行体系是在民间信用合作组织基础上由下而上逐步建立起来的,是典型的半官半民式体制模式,它由地方农业信贷互助银行、地区(省)农业信贷互助银行和中央农业信贷银行三个层次组成,其中地方与省行都是群

众性的合作组织,有充分的自主权,主要从事农业贷款的发放、农村基础设施投资等业务;类似的还有美国的"农村合作金融体系""小企业管理"(SBA)和日本的"农林渔业金融公库"等。

认可农村民营金融,并不是放任自流。我们不能因"高利贷"和个别地区"金融风波"的存在,便对此持"压制态度",也不能任其自行。在放开农村民营金融的同时,要加大监管力度。加强农村民营金融监管,是在农村市场金融运作中保证民营金融机构安全和提高资产质量的内在要求;加强农村民营金融调控,是农村经济健康发展的重要保证。因此,农村民营金融监管和农村民营金融调控不是限制金融发展的因素,而是促进农村民营金融健康发展和提高农村民营金融效率的重要措施。要使农村民营金融活而不乱,实现发展、效率、稳定三者的最优结合,监管方式的科学化和调控方式的灵活有效是最为关键的一环。农村民营金融机构所服务的对象,主要是中小企业和农户,经营的主要是小额零售业务,其单位资产的管理成本高、风险大。许多国家的实践证明,正规金融组织对农户金融服务的覆盖面往往不足农户总数的20%,大量的农村金融服务需要农村非正规或民营金融来满足。尤其是我国的社会主义新农村建设,无论是发展经济,还是加强基础设施建设,都需要大量的资金投入。发展农村民营金融,适逢其时。我国的农村民营金融在历史上早就存在,且有良好的行业自律传统。近年虽然经过多次清理整顿,仍然存在着种类繁多的民营金融形式,说明他们在农村有生存的土壤和需求。政府在对民营金融监管中应该摆正自身的位置,以引导、监控为己任,而不是对其进行过多的干预。曾经在广大农村兴盛的农村基金会衰败的一个主要原因就是政府做了过多的行政干预。前车之鉴应引以为戒。作为政府,要从完善法律、制度、政策入手,在严格市场准入条件、提高准备金率和资金充足率及实行风险责任自负的情况下,引导和鼓励民营的小额信贷银行、合作银行、村镇银行、社区银行、农村资金互助社等多种形式的农村民间金融健康发展，达到合法、公开、规范，并纳入到农村金融体系中加以监管，以增加农村金融的服务供给，满足"三农"多层次的融资需求。目前我国一些省份已经开始了民营金融的试点。2007年，四川省首家经中国银监会批准的新型农村资金互助合作社——苍溪县益民农村资金互助社正式挂牌营业。

四、强化正规金融机构的服务功能，增强竞争力

（一）增加营销观念，提高服务质量，加大营销力度

非正式金融与正式金融间具有较强的负相关性。正规金融机构投入的增加不但将直接压缩非正式金融的生存空间，而且通过两者间市场份额的消长形成强大的示范效应，引导非正式金融自觉将行为置于制度约束之下。如温州地区的信用社在民间借贷的冲击下，实行浮动利率，与民间信用开展竞争，不仅改善了业绩，也使得当地的民间借贷利率下降。

所以，商业银行要更新市场营销观念，民间借贷的存在与发展，已经证明了农村中小企业和农户并不是"无肉的骨头"，开发中小企业和农户等客户群体也是创新特色金融产品的一个重要举措。因而要从思想上认识到解决民营企业融资问题的重要性，跨越所有制的局限性。开展多样的投资理财咨询服务，改善服务质量，推出金融新产品，增强在金融市场的竞争力。

农村信用社转变观念，抓住"地利""人和"的优势，坚持在支持经济发展过程中防范和化解金融风险，不断加大信贷投入力度。让信贷员成为真正的营销员，改坐门"等贷"为"送贷"上门，稳定已有的"黄金"客户，争取民间借贷领域的优质客户，把信用社办成真正的合作金融组织，建成自主经营自我约束的法人实体。批准信用社组织高于基础利率一定比例的存款，激励农村资金用于农村，减少资金外流，降低资金矛盾。要创新贷款保全方式，推广信用村建设、农户联保等措施，切实保障信贷资

金安全。

商业银行和信用社要充分利用已有的投融资有利条件,适当介入民间融资领域,化解民间融资的金融风险,用金融工具为社会公众提供保值增效服务,在社会公众中树立金融部门的良好形象,聚集金融品牌效应,为日后商业金融服务的崛起奠定基础。

(二)简化手续,提高信贷效率

适当简化贷款手续,在额度内,随贷随取,缩短贷款审批时间,特别对那些资信好,实力强的贷户要千方百计满足其资金需要,全面提高工作效率。要加强硬件建设,满足不同层次的借贷需求,掌握、预测借款人还款能力,摆脱对担保、抵押的过度依赖,与非正式金融展开有效的竞争。

(三)建立适合农村经济发展的金融中介机构

建立信用担保公司,专门为民间借贷提供担保,解决中小企业抵押、担保难的问题。在比较发达的地区还可成立信用中介管理公司,为个人与个人、个人与企业、企业与企业之间借贷,提供必要的法律咨询和保护;积极鼓励民间力量兴办中小企业信用担保机构,扩大担保资金来源,提高担保行业的竞争力,促进中小企业信用担保的规范、健康和可持续发展。

(四)加快利率市场化改革

当前除考虑逐步放开农村信用社贷款利率,确保农村金融机构的利差能抵补成本和风险外,要适当扩大县级国有商业银行存贷款利率浮动幅度,通过利率杠杆调动商业银行支持中小企业和农业发展的积极性。如规定存款可在法定利率基础上浮动 30%,贷款利率实行差别利率,最大的浮动幅度可在法定贷款利率基础上浮动 100%。通过市场化利率改革,使资金在同等条件下在正规金融与民间金融之间合理分布,用市场手段优化资金这一稀缺资源的配置。

总之,非正式金融在一定程度上填补了正规金融对农户及一些乡村企业金融服务上的空缺，促进了农村金融组织的创新和农村金融市场的开拓，对农村经济的发展起到了一定的推动作用。随着市场经济发展和金融改革深化，社会融资的组织化、机构化是大势所趋，传统民间借贷在全社会融资结构中的边缘化不可避免，继续长期地依赖非正式金融市场解决农村中小企业融资困境也是不现实的。应该通过引进现代化金融工具逐步替代、改造和提升传统的民间借贷，避免农村中小企业融资对非正式金融的路径依赖，调整社会融资结构由自发向自觉转变，提高融资效率，促进金融发展。此外，同样重要的是，无论正式金融制度还是非正式金融制度，它们要在中国农村经济社会中发挥应有的作用，归根结底取决于广大农户利用这些金融制度的能力。因此，通过有效途径和采取适当政策尽快增加农户实际收入是增进中国农村金融服务水平的关键。

参考文献

[1]江其务:《民营金融市场准入问题研究》,华南金融研究,2001 年 8 月。

[2]郭沛:《降低准入条件促农村金融市场发展》,中国农村信用合作,2007 年 3 月。

[3]吴国平:《论我国农村民营金融的市场准入》,广西金融研究,2003 年 7 月。

[4] 纪瑞朴:《新型农村金融机构降低准入门槛带来的隐患》,红旗文稿,2008 年 2 月。

[5]梁丽萍、陈江:《金融机构市场退出机制探析》,西部金融,2007 年 12 月。

[6]唐青生、袁天昂:《对放宽农村金融机构准入"新政"的几点思考》,西南金融,2007 年 12 月。

[7] 李树杰:《农村银行业金融市场准入政策规定中的几个问题》,金融理论与实践,2007 年 7 月。

[8] 吴晓芬:《论我国民营银行的开放》, 科技和产业,2007 年 5 月。

[9]魏刚:《撤销转破产:我国金融机构市场退出模式的现实选择》,武汉金融,2007 年 9 月。

[10]梁昌盛:《建立金融机构市场退出机制的问题探讨》,安徽农学通报,2007 年 13 月。

[11]于谨凯、李毕争:《我国民营银行的市场准入与退出机

制:博弈策略分析》,海南金融,2007 年 12 月。

[12]范玲玲、林智乐:《我国失败银行市场退出制度的缺陷及其完善》,重庆城市管理职业学院学报,2007 年第 3 期。

[13]张喜玲:《我国银行业金融机构市场退出机制的问题与对策》,金融与经济,2007 年 7 月。

[14] 阎维杰:《银行业金融机构市场退出现状和存在的问题》,中国金融,2007 年 3 月。

[15] 陈颖:《银行业市场进入与退出分析:统一的市场角度》,中央财经大学学报,2007 年 5 月。

[16]人民银行南昌中心支行课题组:《对江西省民间借贷情况的调研与思考》,金融与经济,2004 年 4 月。

[17]曹力群:《农村金融改革与农户借贷行为研究》,中国农村研究,2001 年 10 月。

[18]张杰、谢晓雪、张淑敏:《中国农村金融服务:金融需求与制度供给》,西安金融,2003 年 5 月。

[19]彭陆军:《我国现行民间借贷的效应分析及对策思考》,企业经济,2005 年 7 月。

[20]刘兆发:《农村非正式结构的经济分析》,经济管理出版社,2002 年。

[21]张庆亮:《中国农村民营金融发展研究》,经济科学出版社,2008 年。

[22]张永波、程晓娟:《我国农村金融供求问题探析》,四川行政学院学报,2006 年 5 月。

[23]张琴、赵丙奇:《从农村金融需求的视角看农村金融改革》,软科学,2006 年 2 月。

[24]唐双宁:《农村金融市场发展与农信社的改革》,中国发展观察,2006 年 5 月。

[25]韩京考:《从美国社区银行看我国农村金融机构发展的取向》,经济纵横,2006 年 6 月。

[26]谌争勇:《新农村建设中农村金融体系的重构》,广东金融学院学报,2007年3月。

[27]朱旭东、马妮:《发展和完善我国农村民间金融体系》,中南财经政法大学学报,2005年6月。

[28]陈秀花:《社区银行——解决农村金融困境的一种可行途径》,山东经济,2007年5月。

[29]刘红:《功能观视角下的农村金融体系》,财贸研究,2006年1月。

[30]安翔:《路径依赖下民营金融发展的国际比较》,经济问题,2007年。

[31]张怀富:《略论分享经济》,中南财经大学学报,2001年6月。

[32]马山水、罗丹:《乡村股份合作企业治理结构的缺陷及其矫正》,经济问题,2001年7月。

[33]谢家智、冉光和:《中国农村金融制度变迁的路径依赖》,农业经济问题,2000年5月。

[34]刘伟:《经济解读:银行股份制改革意义新解》,上海证券报网络版,2004年3月6日。

[35]刘民权:《中国农村金融市场研究》,中国人民大学出版社,2006年。

[36]张庆亮:《中国农村民营金融发展研究》,经济科学出版社,2008年。

[37]詹继生:《金融竞争力研究》,江西人民出版社,2007年。

[38]李明昌:《建立发展竞争性农村金融市场》,中国金融,2006年6月。

[39]邱立军:《农村金融体制改革问题研究》,工业技术经济,2007年4月。

[40]韦丽云:《推进农村金融体制改革的思考》,中国乡镇企

362

业会计,2007 年 10 月。

[41]王峰、傅坤:《民间金融与农村正规金融的竞争与合作》,江西金融职工大学学报,2007 年 4 月。

[42]谢毅:《民间金融发展现状与理论思考》,广西经济管理干部学院学报,2005 年 4 月。

[43] 詹继生:《发展民营金融企业需要处理好若干重要关系》,企业经济,2006 年 5 月。

[44]张学忠、李业兴、高雅文:《农村合作金融的竞争结构分析及战略选择》,中国合作金融联合网,2007 年 12 月 17 日。

[45]柳艳妮:《农村民间金融探讨》,中国集体经济,2007 年 1 月。

[46]李蔚、苏振天:《金融结构优化:农村金融改革的着力点》,合作经济与科技,2007 年 12 月。

363

[47]杨荣:《引入竞争机制,优化农村金融生态环境》,襄樊职业技术学院学报,2007 年 2 月。

[48] 陈时兴:《推进农村民间金融规范化的思考》,学习时报,2007 年 12 月 18 日。

[49]牛华勇:《有序竞争与强力监管》,人民日报,2004 年 4 月 18 日。

[50]陈柳钦:《我国农村民间金融发展问题探讨》,西华大学学报(哲学社会科学版),2006 年 6 月。

[51] 李劲松:《构建支持新农村建设的农村金融》,农村经济,2007 年 2 月。

[52]雷中浩:《农村信用社提升核心竞争力问题探析》,平顶山学院学报,2007 年 5 月。

[53]萧衍昆、罗富国:《国有商业银行核心竞争力的提升与管理创新》,武汉金融,2002 年 2 月。

[54]蒋龙兴、濮立新、张新华:《谈农村金融制度创新》,济南金融,2002 年 12 月。

[55]高艳:《我国农村非正规金融存在的理性思考》,安徽大学学报,2007年1月。

[56]周立:《两部门合作:农村金融体系形成的一般逻辑与中国经验》,当代银行家,2005年4月。

[57]管述学:《农村民间金融合法化的路径分析》,生产力研究,2007年8月。

[58]郭艳云:《农村民间金融组织及其规范》,福建行政学院福建经济管理干部学院学报,2007年1月。

[59]白永秀、马爱东:《论中国企业家的素质及其培养机制》,求是学刊,2002年1月。

[60]韩俊等:《中国农村金融调查》,上海远东出版社,2007年7月。

[61]王爱俭:《中国社区银行发展模式研究》,中国金融出版社,2006年1月。

[62]何德旭:《中国金融服务理论前沿(4)》,社会科学文献出版社,2006年3月。

[63]张庆珂:《关于农村金融信贷民营化的研究》,西部经济周刊,2007年5月。

[64]宋焱:《改善农村信用环境提升农村金融服务水平》,金融时报,2007年8月1日。

[65]贾俐贞:《金融自由化与中国金融开放》,中央党校出版社,2005年。

[66]应寅锋、张婷:《对农业发展银行改革的思考》,山西财经大学学报,2006年2月。

后 记

随着农村经济的发展、新农村建设的推进和农村经济体制改革的深化,农村金融改革滞后的问题凸显出来,农村金融供给与农村金融需求不相适应的矛盾日益突出。推进农村金融体制改革和创新,健全农村金融体系,强化农村金融服务功能,是农村金融需求主体的殷切企盼,成为金融理论界面临的重大研究课题。发展农村民营金融,是形成多种所有制和多种经营形式的农村现代金融体系,提高农村金融适应性和有效性的必然选择,也是解决好作为重中之重的"三农"问题,发展现代农业,繁荣农村经济的迫切需要。近几年来,江西省社会科学院组织研究力量,对农村民营金融进行了研究,该项目被列为江西省社科规划的重点课题。汪玉奇对全书进行了审定。詹继生对课题进行了论证,设计了研究的基本思路和本书的撰写框架,并对全书进行了总撰。

参加撰稿的研究人员分工如下:

詹继生:第一章第二、三节,第三、八章;孙育平:第五章;李小玉:第六章;陈谨:第二章;万平贤:第十章;王文乐:第四、九章;赵华伟:第七章;杨锦琦:第一章第一、四节。

发展农村民营金融,是农村金融的体制改革的重大突破和创新,其中有许多新情况和新问题需要深入调研。由于我们水平有限,调查不够系统,研究不够深入,书中错误和缺陷难免,望读者批评指正。

汪玉奇　詹继生

2008.10.16